アメリカ外交の分析
歴史的展開と現状分析

杉田 米行 編

大学教育出版

アメリカ外交の分析
―― 歴史的展開と現状分析 ――

目　次

序　章　現代アメリカ外交の特徴 ……………………（杉田米行）…3
　はじめに ………………………………………………………………3
　1. アメリカ外交の理論的考察 …………………………………………4
　2. アメリカ外交の分析 ── 事例研究 …………………………………5
　おわりに ………………………………………………………………9

第1章　核戦略構想とリアリズム
　　　　── ハンス・モーゲンソーともうひとつの冷戦史 ──
　　　　　　　　　　　…………………（大賀　哲）…11
　はじめに …………………………………………………………………11
　1. キッシンジャーの「限定核戦争」論 ………………………………13
　　（1）キッシンジャーの来歴　13
　　（2）『核兵器と外交政策』(1957年)　17
　　（3）限定核戦争論の限界　20
　2. モーゲンソーの「冷戦」批判 ………………………………………22
　　（1）モーゲンソーのリアリズム　22
　　（2）「核戦略の4つの逆説」(1964年)　25
　　（3）『クロスロード・ペーパーズ』(1965年)　26
　　（4）『真理と権力』(1970年)　27
　　（5）核時代の国家論 ── レヴァイアサンの終焉？　29
　3. 冷戦思想史の展開 ── リアリズムから見えるもの ………………30
　　（1）限定核戦争から全面核戦争へ　31
　　（2）正戦論の帰結としての核戦争　32
　　（3）国家と安全保障の崩壊　32
　おわりに …………………………………………………………………33

第2章　アメリカ的「多国間主義」を超えて
　　　── 冷戦初期リアリズムの世界政府論批判 ──
　　　　　　　　　　　　　　　　　　　………（三牧聖子）…38
　はじめに …………………………………………………38
　1．「理念の国」とリアリストの出会い
　　　──「例外主義」批判としてのリアリズム ………42
　2．リアリストと世界政府論者
　　　──「二つの世界」における「一つの世界」論 ……44
　3．国連の擁護者としてのリアリスト ………………48
　4．リアリストの「一つの世界」論
　　　──「下」からの「世界共同体」の形成 …………54
　5．リアリズムによる「二つの世界」の克服 ── 対立の多元化 …57
　おわりに …………………………………………………60

第3章　両大戦間期の孤立主義 ── ローズヴェルト大統領と孤立主義 ──
　　　　　　　　　　　　　　　　　　　………（西川秀和）…68
　はじめに …………………………………………………68
　1．第一次世界大戦と孤立主義の形成 ………………69
　2．ローズヴェルトと中立法 …………………………72
　3．ローズヴェルトの隔離政策提案 …………………77
　おわりに …………………………………………………87

第4章　1930年代におけるアメリカの中国認識と対日政策
　　　　　　　　　　　　………………（高光佳絵）…93
　　はじめに ……………………………………………………93
　　1. アメリカの対日「宥和」政策 …………………………94
　　2. アメリカの東アジア政策担当者の中国への認識 ……96
　　3. アメリカの東アジア政策担当者の日本への認識 …101
　　4. 日中間の妥協への期待 ………………………………104
　　おわりに …………………………………………………108

第5章　外交問題評議会「戦争と平和の研究」における対日戦後
　　　　処理構想
　　　　── アメリカ知識人・外交問題専門家の抱いた安全保障観を中心に ──
　　　　　　　　　　　　………………（佐々木　豊）…117
　　はじめに …………………………………………………117
　　1. WPSの起源と展開
　　　　── 国務省の戦後政策立案機関との関係を中心に ……118
　　2. 対日戦後処理をめぐるWPSの討議とメモランダム ………126
　　　　(1) 対日安全保障の確立と日本の非軍事化・非工業化問題　126
　　　　(2) 領土処理問題　140
　　　　(3) 天皇制の処遇　147
　　おわりに …………………………………………………151

第6章　大戦期アメリカの対イラン外交政策
　　── 緩衝的役割から枠組み設定としての外交へ ──
　　　　　　　　　　　　　　　………（藤原郁郎）…*168*
　はじめに ……………………………………………*168*
　1.「テヘラン宣言」について ………………………*171*
　2. 英米石油協定 ……………………………………*177*
　3. アメリカ石油産業の外観 ………………………*180*
　4. アメリカ国内石油枯渇問題 ……………………*185*
　5. デゴライヤー報告 ………………………………*190*
　おわりに ……………………………………………*192*

第7章　「忘却された戦争」をめぐる未解決な歴史的課題
　　── 朝鮮戦争に向けた韓国とアメリカの準備 ──
　　　　　　　　（マーク・E・カプリオ、訳者：島村直幸）…*203*
　はじめに ── 朝鮮戦争をめぐる未解決な歴史的課題 ……*203*
　1. 朝鮮戦争への道程 ── 北朝鮮とソ連の攻撃準備 ………*204*
　2. なぜ中国は朝鮮戦争に参戦したのか ── 第2の歴史的な課題 …*211*
　3. 米韓関係の次元 ── 朝鮮戦争に向けた韓国とアメリカの準備 …*215*
　おわりに ──「突然さ」をめぐる政治学 …………………*223*

第8章　池田政権の「ビルマ重視路線」と日米関係
──戦後日本外交と東南アジアの冷戦1960－1963──
……………（吉次公介）…233

はじめに …………………………………………………………………233
1.「イコール・パートナーシップ」
　── 日米関係と東南アジア政策……………………………………235
　(1) 池田政権の成立　235
　(2) 池田訪米──「イコール・パートナーシップ」とアジア問題　237
2.「ビルマ重視路線」の形成と日米関係 …………………………241
　(1) 池田政権の対東南アジア基本姿勢──脅威認識と対抗手段　241
　(2)「ビルマ重視路線」の萌芽　242
　(3) 池田訪緬　246
　(4) アメリカへの働きかけ　249
3.「ビルマ重視路線」の実施と日米関係 …………………………251
　(1) 日緬関係強化の好機──ビルマの軍事クーデター　251
　(2) 日緬経済技術協力協定の成立　252
　(3) ネ・ウィン政権成立後におけるビルマをめぐる日米関係　256
おわりに …………………………………………………………………258

あとがき ……………………………………………（杉田米行）…266
執筆者紹介 ……………………………………………………………268

アメリカ外交の分析
―― 歴史的展開と現状分析 ――

序　章

現代アメリカ外交の特徴

はじめに

　アメリカは冷戦終結後、唯一の超大国として君臨しているといわれる。特に、2001年の同時多発テロ事件（9.11）以降は、アメリカを表わす「帝国」という言葉が頻繁に使われるようになった。その裏づけとして、アメリカの圧倒的な力の優位を前提としたアメリカ帝国論がたくさんある[1]。
　確かに、現在のアメリカの軍事力は他の追随を許さない。しかし、自動車、航空機、ハイテク分野におけるアメリカ経済の競争力に関して議論の余地はあるものの、軍事力ほど他を圧倒していない。しかも、その軍事力を経済面で支えているのは、膨大なアメリカ国債を保有する日本や中国などの東アジア諸国である。また、イラク戦争が示すように、アメリカが他国を説得し、従わせる力も低下している。さらに、民主主義を世界に拡大するというアメリカの理念やイデオロギーに対する懸念もある。このように、経済力、政治力、イデオロギー力が低下するに従って、アメリカは唯一、比較優位のある軍事力に訴える軍事偏重主義に陥っている。これは、アメリカの強さではなく、アメリカの脆弱性を表しているといえる。アメリカが圧倒的な軍事力を保持しているために、自らの軍事力に心酔し、しがみついているだけなのである。そのために、アメリカの外交エリートは、経済力など軍事力以外では、相対的に力が低下しているにもかかわらず、アメリカが帝国的な責任を果たさなければならないと認識している。さらに、その帝国的な装いを維持するために、軍事力に依存することになり、結果、経済力や他国を説得する力がますます低下するという悪循環

に陥っているのである[2]。

　現在のアメリカ外交はアメリカの強さの象徴なのか、弱さの表れなのか、議論のわかれるところである。本書はこの疑問に迫るために、理論的・歴史的側面からアメリカ外交を再検討している。

1. アメリカ外交の理論的考察

　「核戦略構想とリアリズム ── ハンス・モーゲンソーともうひとつの冷戦史」において、大賀哲は冷戦下におけるアメリカの核戦略構想をリアリズムの理論形成の観点から捉えなおしている。核戦略論はこれまで、冷戦史研究の中でも政策研究の意味合いが強く、当時の思想状況や理論状況を踏まえていることはほとんどなかった。政権の内側にいる人間と外側にいる人間でどのような政策論争が起こったのかについては、必ずしも先行研究が及んでいるとはいえない。

　大賀は、ヘンリー・キッシンジャー（Henry Kissinger）の限定核戦争論に焦点をおき、ハンス・モーゲンソー（Hans Morgenthau）のリアリズムと比較しながら、政権の内外の思想状況を再検討している。キッシンジャーの限定核戦争論とは、ゲリラ戦から全面核戦争に至るまでに起こりうる、あらゆる段階の戦争を想定し、いかなる段階の戦争にも有効に対応できる各種能力を備えることによって、すべての段階の戦争を抑止しようとする戦略である。だが、リアリストたちは、このような限定的核戦略が米ソのイデオロギー対立を前提とする絶対戦争、つまり、敵を根絶やしにするまで続けられる戦争に他ならず、かえって健全な外交政策を阻害すると考えていた。

　三牧聖子は「アメリカ的『多国間主義』を超えて ── 冷戦初期リアリズムの世界政府論批判」において、アメリカ的多国間主義へのリアリストの貢献を分析した。9.11以降、アメリカは単独行動主義を露にしているが、その軌道修正を担うべき国際主義者も、その根底に単独行動主義への志向を隠し持った多国間主義しか提示できていない現状こそ、一層深刻な問題である。

　今後、アメリカ外交が、単独行動主義的な多国間主義を見直し、真に国際社

会と共存する多国間主義に移行するための思想的淵源は、多国間主義の対極に位置づけられてきた現実主義的思想に求められる。リアリストたちは、米ソ間の信頼を醸成したり、機能主義的な結合をしたりすることによって、世界共同体を形成していこうとした。

　リアリストたちは、共産主義陣営からの防衛において一致した自由主義陣営の結束よりも、共産主義陣営という共通の敵以外に連帯の要件を持たない自由主義陣営の脆さ、共通利害の表層を一枚剥ぎ取ったところに立ち現れる自由主義陣営内の足並みの乱れを強調した。彼らは自由主義陣営のイデオロギー上の統一性を謳うより、アメリカと同盟国との間に「民主主義」という根源的価値の定義をめぐり、重大な不一致が存在することに注意を促したのである。だから、アメリカは、自らの理解する「民主主義」を同盟国に押し付けるのではなく、彼らが定義する「民主主義」に理解を示さねばならない。これが多国間主義の基本である。

2. アメリカ外交の分析 —— 事例研究

　本書の後半部分では、1930年代以降の事例研究を行なうことで、アメリカ外交の特徴を理解しようとした。西川秀和は「両大戦間期の孤立主義―ローズヴェルト大統領と孤立主義―」において、アメリカ外交政策に議会と国民が大きな影響を及ぼすことを分析している。第一次世界大戦後、ウッドロウ・ウィルソン（Woodrow Wilson）大統領は国際主義を推進しようとしたが、孤立主義的な議会と国民に阻まれてしまった。1920年代の共和党政権は、国際経済の面では孤立主義ではなかったが、政治的には孤立主義の傾向を示した。

　1930年代になると、議会と国民の孤立主義の傾向はますます強くなった。1937年9月6日、フランクリン・D・ローズヴェルト（Franklin D. Roosevelt）大統領が行なった隔離演説は、孤立主義がどの程度、議会や国民に浸透しているかを測るための演説だった。その結果、ローズヴェルトは枢軸国の勢力拡大を阻止するために積極的な外交政策を展開するには時期尚早だと判断し、1940

年に隔離主義者と決別するまで積極的な外交政策を展開しなかった。そして、最終的に、1941年の真珠湾攻撃により、ローズヴェルトが苦慮した孤立主義とのせめぎあいに終止符が打たれた。このローズヴェルトの試みは、アメリカ外交が議会と国民の影響を受けていることを端的に示している。

ただし、この問題は「アメリカ外交政策を決定しているのは誰か」という問題と関連している。大統領が任命する閣僚やホワイトハウス側近は外交政策立案にどのような役割を果たすのか。アメリカ外交において、国務省官僚など官僚組織はどの程度の重要性を担っているのか。どのような条件がそろったときに、議会や世論が外交政策に影響をおよぼすのか。このような理論的考察をすることで、この事例研究の重要さも増してくる。

外交面では、エリートの認識も重要である。「1930年代におけるアメリカの中国認識と対日政策」において、高光佳絵は1930年代におけるアメリカの対日政策を規定した重要な要因として、アメリカ国務省極東部が中国をどのように認識しているかを重視した。中国政府の統治能力および軍事力への評価がきわめて低かったため、満洲事変から日中戦争勃発に至るまで対日宥和的な政策が形成されたのである。

日本はアメリカの対日宥和政策を中国への圧力としようとする期待が常にあった。だが、アメリカの東アジア政策担当者は日本の軍事的優位に対して黙認したに過ぎず、日本側が期待するほどには対日宥和的ではなかった。日本は期待はずれに終わったわけだ。

外交政策において、担当者の意識・認識が果たす役割に着目することは重要だが、意識・認識を独立変数として分析するには細心の注意が必要である。外交政策決定過程にかかわる者の意識・認識を、世界システムの変遷やアメリカ国内事情など、構造的枠組みの中に入れて分析して初めて、その重要性を理解できるのである。

また、シンクタンクもアメリカ外交政策決定過程に貢献していると考えられる。佐々木豊は「外交問題評議会『戦争と平和の研究』における対日戦後処理構想―アメリカ知識人・外交問題専門家の抱いた安全保障観を中心に―」において、著名なシンクタンクである外交問題評議会が第二次世界大戦中に主催し

た研究プロジェクト『戦争と平和の研究』に焦点を当て、そこで打ち出された対日戦後処理構想を実証的に分析している。

『戦争と平和の研究』に集った有識者・外交問題専門家は、アジア太平洋地域におけるアメリカの安全保障環境が根本的に変容したことを認識し、それに対応した安全保障上の措置を提唱した。そこには権力政治的な側面も強くみられた。一方、戦後日本を含む同地域の経済秩序構想に関しては、国際協調・多国間主義に基づく安定と繁栄を図る立場が支配的であったが、いずれの場合も、パワーの優越に基づくアメリカ主導の秩序が構想されていた。

この論稿は、従来の研究では使用されてこなかった『戦争と平和の研究』作成に携わった各研究グループの討議録を用いた実証研究である。ミクロレベルで実証すればするほど、『戦争と平和の研究』がマクロレベルの枠組みの中でどのような役割を果たしたのかを考える必要がある。つまり、『戦争と平和の研究』で提唱されたことが、どれだけ政策レベルで影響を与えたのか（または与えなかったのか）ということと、その原因を解明することが必要となろう。

ヨーロッパ列強の利権争いが繰り広げられていた中東はアメリカにとって遠い存在だったが、第二次世界大戦後は、アメリカのプレゼンスが一挙に高まった。藤原郁郎は「大戦期アメリカの対イラン外交政策 ― 緩衝的役割から枠組み設定としての外交へ ―」において、イランをめぐる国際関係を分析することで、戦間期から第二次世界大戦後にかけて、中東に対するアメリカ外交政策の変容を分析した。このことは、冷戦の起源における中東の位置づけにも関連する。

冷戦起源論における中東の位置に関しては、従来イランにおけるソビエト軍駐留問題に連関して論じられることが多かった。だが、藤原は、第二次世界大戦末期の時点で、サウジアラビアがイランやイラクよりもはるかに巨大な原油埋蔵量を有していることが判明したことを重視している。

目を第二次世界大戦後のアジアに向けると、朝鮮戦争の未解決問題が現在の北朝鮮に関するイメージにまで影響を及ぼしていることがわかる。「『忘却された戦争』をめぐる未解決な歴史的課題 ― 朝鮮戦争に向けた韓国とアメリカの準備 ―」（島村直幸訳）において、マーク・カプリオは、北朝鮮軍が相手を欺くような形で突然、韓国に攻め入ったことで戦争が起こった、という朝鮮戦争勃発

の通説に疑義を呈している。

　朝鮮戦争の責任はアメリカを盟主とする資本主義陣営、ソ連を盟主とする共産主義陣営の両方にある。アメリカと韓国は、北朝鮮の攻撃が差し迫っていることを事前に感知していた。つまり、朝鮮戦争は「突然に」勃発したわけではないのである。北朝鮮も韓国も、朝鮮半島を武力で統一する意思をかなり率直に語り、38度線を挟んで互いにこうした共通の目標を共有していたことを十分に知っていた。したがって、北朝鮮の侵略は「相手をだます」形で行われたわけでもなかった。

　しかし、北朝鮮が、「相手をだます」ような形で「突然」韓国に侵攻したという朝鮮戦争の起源に関する誤ったイメージが現在まで残っている。そして、そのイメージは政治とメディアが北朝鮮の国家を認識する上で重要な構成要素となっている。

　高光の意識・認識論にも通じるが、こういったイメージは国際政治の動向やアメリカの外交政策にも大きな影響を与える。現在でも北朝鮮は、合理的な行動をする国家ではなく、何をしでかすかわからない「ならず者国家」だというイメージが浸透している。しかし、ただイメージだけが一人歩きするわけではないので、意識・認識論同様に、世界システムの動向やアメリカ国内事情などの構造面とどのように統合的に分析していくかという課題は残る。

　日米両国の外交政策における思惑の違いは、池田外交を分析することで理解することができる。「池田政権の『ビルマ重視路線』と日米関係 ― 戦後日本外交と東南アジアの冷戦　1960－1963 ―」において、吉次公介は池田政権期の日本外交の展開を、アジア冷戦をめぐる日米関係の相互作用のなかで解明した。池田外交の主要目的は、日米関係を強化し、アジアの反共政策で大きな役割を果たすことであり、自由主義陣営の大国としての地位を確立することだった。そのことをアメリカに認識させるために、アメリカと協力しながら、アジアでの共産主義の拡大を食い止めるうえで一層大きな役割を果たす意思を示さなければならなかった。

　また、池田政権は、ビルマを重点地域に位置づける東南アジア反共政策を構想し、経済援助による民生向上を重視した。これは、ビルマを重視しなかった

岸信介政権とも、インドと南ベトナムを重視し、軍事的手段に傾斜するアメリカとも異なる、独自の外交構想といえる。だが、池田政権はアメリカから十分な協力を引き出すことができなかった。それは、東南アジアにおける冷戦の「戦い方」をめぐる日米の違いを反映していたのである。

池田首相は、経済発展が冷戦の行方を決すると考えており、ビルマにおける日本の反共政策の手段は経済援助だった。この思考様式は「経済中心主義」の戦後日本外交の象徴と呼ぶに相応しいものとはいえないだろうか。

また、アジアにおける冷戦を所与のものとし、何の疑いもなくその概念を用いることが多いが、中国内戦、朝鮮戦争、ベトナム戦争など、第二次世界大戦後四半世紀にわたって熱戦を繰り広げたアジアの国際関係を、「冷戦」という一言で十分説明ができるか否かは、再検討が必要である[3]。

おわりに

アメリカは積極的な意味で帝国と呼べるほど強力な国家なのか、それとも弱さの表れなのか。本書は、執筆者がこの問題意識を共有しながら、理論的側面と事例研究によってアメリカ外交を考察してきた。アメリカ外交は決して一枚岩ではなく、複雑な要素が多面的に折り重なって形成されており、国内に多様な要素を抱えるだけではなく、第二次世界大戦以降、世界的にも大きな影響力をおよぼすようになった。これらを考えあわせると、今後、アメリカ外交を分析するにあたり、以下の二点が重要であろう。第一に、伝統的なミクロレベルでの緻密な実証研究をマクロレベルでの世界システムや国内情勢の変遷という枠組みの中に組み入れて統合的に分析を進めること。第二に、意識・認識・イメージといった人間の行動に影響を与える非物質的な要素と、政治経済体制の動きという構造的要素の分析を統合的に進めることである。つまり、異なる要素を組み合わせて、アメリカ外交の分析を進めることがますます重要になってくる。

注
1) たとえば、アルフレード・ヴァラダン『自由の帝国：アメリカン・システムの世紀』(NTT出版、2000)、ロバート・ケーガン『ネオコンの論理：アメリカ新保守主義の世界戦略』(光文社、2003)、藤原帰一『デモクラシーの帝国：アメリカ・戦争・現代世界』(岩波書店、2002)、ズビグニュー・ブレジンスキー『孤独な帝国アメリカ』(朝日新聞社、2005) など参照。
2) アメリカ帝国の脆弱性を重視する研究として以下を参照。エマニュエル・トッド『帝国以後』(藤原書店、2003)、チャールズ・カプチャン『アメリカ時代の終わり』上・下(日本放送出版協会、2003)、チャルマーズ・ジョンソン『アメリカ帝国の悲劇』(文藝春秋、2004)、マイケル・マン『論理なき帝国』(NTT出版、2004) など。
3) Yoneyuki Sugita, *Pitfall or Panacea The Irony of US Power in Occupied Japan, 1945-1952* (New York: Routledge, 2003)；杉田米行『ヘゲモニーの逆説：アジア太平洋戦争と米国の東アジア政策、1941年－1952年』(世界思想社、1999)。

第 1 章

核戦略構想とリアリズム
―― ハンス・モーゲンソーともうひとつの冷戦史 ――

はじめに

　冷戦の終結以降、冷戦史研究が活況を呈していることは論をまたない。言うまでもなく冷戦の終結は、冷戦構造が現在進行形の政治対立から完結したひとつの「歴史」として検証可能となったことを含意している。この背景には、旧共産圏を中心に史資料の解禁が大幅に進み、機密文書へのアクセスが容易になったことによって、従来は限定的であった冷戦史の実証研究が可能となったという事情がある。冷戦に関する実証史研究の蓄積には既に目を見張るものがあり、東西の政治対立はもちろんのこと、同盟諸国や第三世界諸国の冷戦史との関係、冷戦がもたらした社会史・文化史的研究など、マルチ・アーカイブ型の研究手法も手伝って、冷戦史研究の裾野は拡大傾向にある[1]。
　しかし冷戦史研究が活気を帯びる中でアメリカ外交思想史に通底する問題領域がすべて詳らかになっているのかといえば必ずしもそうではない。政治史・外交史を中心に秀逸な研究が蓄積される一方で、冷戦期の政治社会史・社会思想史についての研究は（以前に比べれば格段に増加したが）未だに発展途上の段階にある。
　とくに冷戦下、米ソの対置構造が固定化されていく中で、アメリカ国内においてどのような政策論争、イデオロギー論争があったのか―すなわちアメリカ国内における思想状況―は研究がもっとも遅れている領域のひとつである。もちろん、核戦略については既に相当量の研究が存在している。しかし、冷戦期の核戦略研究は概ね、政策研究としての意味合いが強く、政策担当者に比較的

近いシンクタンク知識人・国際政治学者の核戦略論を中心に考察する傾向が強かった[2]。政権の内側にいる人間と外側にいる人間でどのような政策論争が戦われたのかについては、必ずしも先行研究が及んでいるとは言い難い。

　このことは思想史という問題設定が冷戦史研究にまで及んでいないこととも連動するが、冷戦史の表舞台で展開された核戦略の理論史・思想史については不透明な部分が多い。核戦略は大量報復戦略から柔軟反応戦略、言い換えれば全面核戦争の論理から限定核戦争の論理へとシフトするが、この論理に真っ向から異を唱えていたのがリアリストのラインホルド・ニーバー（Reinhold Niebuhr）やハンス・モーゲンソー（Hans Morgenthau）であった。柔軟反応戦略はキッシンジャー（Henry Kissinger）の考案した限定核戦争論を雛形とするものであるが、ゲリラ戦から全面核戦争に至るまでの起こりうるあらゆる段階の戦争を想定し、いかなる段階の戦争にも有効に対応できる各種能力を備えることによって、すべての段階の戦争を抑止しようとする戦略である。だがリアリストにしてみれば、こうした限定的核戦略は米ソのイデオロギー対立を前提としながら展開される絶対戦争——敵を根絶やしにするまで続けられる戦争——に他ならず、かえって国益に基づいた健全な外交政策を阻害するものであると考えられていた。

　この種のリアリストたちの核戦略批判については最近になってようやく研究が始まっているが[3]、基本的に歴史家の人物研究の感が強く、リアリズムの理論構造と核戦略の関係について突っ込んだ検証はおこなわれていない。

　このことはかつてジョン・ギャディス（John Gaddis）が指摘したような理論家と歴史家の没交渉にもその遠因がある[4]。実際のところ、この「理論家と歴史家の論争」[5]でこの歴史家が「歴史」について述べていることは、ほぼそのまま「理論」にもあてはまる。歴史に決定版が存在しないように理論にも決定版など存在しない。「理論」という建物全体を支える輪郭は絶えず再検討される。ギャディスは歴史家・理論家の差異を限定的一般化・普遍的一般化とそれこそ「一般化」しているが、おそらく相当極端な行動科学主義者を除けばまったく時代的文脈を無視した理論研究はほとんど存在する余地がない。

　外交史と国際関係論は互いに対話が不可能なほど溝が深いわけではない。し

かしながら、理論そのものを特定の歴史的文脈に引き付けて検証する視点や、歴史の転換期に特定の理論がどのような役割を果たしたのかについては、体系的な研究が未だ存在していないのも事実である。

言い換えれば、アメリカ国際政治学においては特定の「理論」が発生した時代の文脈を追跡し、その時代状況を再現しながら理論間の論理構造を再検討するような研究は極めて少ない。また歴史研究のほうは実証研究が華々しく開花する一方で、〈冷戦〉という歴史が同時代の理論史・思想史にどのような文脈を提供し得たのかについで突っ込んだ検証は為されていない[6]。

そこで本章では、冷戦の定着期（主に1960年代）において展開された核戦略論争に着眼し、キッシンジャーとモーゲンソーの所論を反芻しながら、核戦略論における当時の思想状況を検討する。とくに本章ではモーゲンソーの冷戦「批判」の史的文脈を追いながら、かつその理論的含意を考察することに重心をおく。すなわち、キッシンジャーの「限定戦争」論を括りだし、その問題点を指摘した上で、モーゲンソーが限定核戦争の論理にどのように反駁していたのかを検証する。こうした検証をおこなうことによって従来の研究では見えづらかった冷戦期の理論形成史を詳らかにすることができると考える。

1. キッシンジャーの「限定核戦争」論

まず本節ではキッシンジャーの限定核戦争論を検証する。キッシンジャーの来歴を確認した上で、彼の限定核戦争論の骨子とその限界を把握し、次節以降の議論へとつなげていく。

(1) キッシンジャーの来歴

キッシンジャーはもともとヨーロッパ外交史を専門としており、1954年にハーバード大学政治学部で博士号を取得後は同大学で教鞭をとっていた。キッシンジャーの学士論文『歴史の意味―シュペングラー、トインビー、カントについての考察』は388頁という異例の長さに及び、歴史哲学を基礎とする政治哲

学によって貫徹されている。

　また後に公刊された1954年の博士論文『回復された世界平和』[7]は、ウィーン体制におけるヨーロッパ秩序、とりわけメッテルニヒの外交手腕に着眼し、正統性と勢力均衡の確保という点からナポレオン戦争によって荒廃したヨーロッパ秩序の再建を論じたものである。同書においてキッシンジャーは必ずしも「正統性」について詳しい論証を行っているわけではないが、繰り返し正統性を奉じる国家と正統性に挑戦する革命国家という対置を引いている。言い換えれば、キッシンジャーは勢力均衡という「力の論理」を考究する一方で、正統性という価値規範にも軸足をおいていると言える。

　これは後の『外交』(1994年)にもっとも顕著に現れるが、キッシンジャーはリアリズムの権力政治を受け入れる一方で、道義主義的外交の持つ理想主義を必ずしも拒否しているわけではない。それは彼のヒトラーに関しての言及に目を通せば自明である。キッシンジャーは一見、勢力均衡論の立場からミュンヘンの宥和政策を非難しているが、その論旨は、ともすれば「均衡を保つ」という観点からヒトラーの要求をはねつけ戦争を選択することが望ましかったと読み得るものである(さらに第2次世界大戦という20世紀最大の悲劇は、ヒトラー唯一人を「抹殺」すれば回避し得たというくだりもある)[8]。すなわち、キッシンジャーは「勢力均衡」を守るためにナチス・ドイツの勢力拡大など許してはならない、断固として戦うべきであると論じおり、こうした議論はモーゲンソーやケナンであれば最も避けそうなものである。というのはリアリズムにとって勢力均衡とは特定の国が自己の縄張りを固守するための秩序ではなく、主に正義の戦争や帝国主義的野心に対して、柔軟な多国間交渉による平和的変更をはかるための土台を提供するものだからである。

　キッシンジャーとモーゲンソー・ケナンの外交観の比較は、両者の論旨の特徴を捉える上で示唆的である。一方でモーゲンソーにとって外交とは慎慮(Prudence)に基づく交渉や妥協であるため、外交空間において何が何でも叩き潰さなければならない「敵」は存在しない。モーゲンソーは次のように述べている。

第1章 核戦略構想とリアリズム ── ハンス・モーゲンソーともうひとつの冷戦史 ──

対外政策の目的は相対的かつ条件的である。それは、相手側の死活的利益を傷つけないで自国の死活的利益をまもるために、必要な限り相手側の意志を曲げる―打ち砕くのではない―ということである。（中略）外交のおもな目的は、絶対的勝利と絶対的敗北のどちらをも回避することであり、さらには、交渉による妥協という中間領域で相手側と接触することである[9]。

モーゲンソーを筆頭とするリアリストたちがこうした外交観を持つのは、正義の戦争や帝国主義のように予め敵を叩き潰すことを前提とすることが、本末転倒の好戦主義・拡大主義を招き、本来であれば不必要な血を流すことに帰結するからである。換言すれば、リアリズムにおける国家の武力行使は、国家の死活的利益のために―まさに危急存亡の場合にのみ―おこなわれるべきものであって、正義や理想といった抽象概念のためにおこなわれるものではない。

またケナンは、高らかな理念に裏打ちされた理想主義が、むしろ相手を殲滅し尽くすまで続けられる凄惨な殲滅戦争に至るという逆説を危惧している。つまり国益に基づいた武力行使よりも、正義や理想に基づいた戦争のほうが―それが誰もが望むような普遍的大義を掲げていればなおのこと―泥沼化すると警鐘を鳴らしている。ケナンは次のように論じている。

世界問題に対する法律家的アプローチは、明らかに戦争と暴力をなくそうとの熱望に根ざしているのだが、国家的利益の擁護という古くからの動機よりも、かえって暴力を長引かせ、激化させ、政治的安定に破壊的効果をもたらすのは、奇妙なことだが、本当のことである。高遠な道徳的原則の名において戦われる戦争は、なんらかの形で全面的支配を確立するまでは、早期の解決を望み得ないものである[10]。

すなわち、モーゲンソー、ケナンが勢力均衡による理想主義的幻想の粉砕を説いていたのに対して、キッシンジャーは勢力均衡による「理想」の擁護を強調していると言えよう。つまりモーゲンソーやケナンのように理想主義に対する対抗「規範」としてリアリズムを論じていたわけではなく、キッシンジャー

にあるものはある種の〈方法論的リアリズム〉——アメリカの理想を追求するための「方法」としてのリアリズムの受容——である。それゆえに、道徳主義の幻想に対するキッシンジャーの態度が、モーゲンソー、ケナンほどは首尾一貫したものではなかったということは驚くにあたらない（後にモーゲンソーは、キッシンジャーが「その類稀な才能を見込みのない大義に費やした」[11]と酷評している）。

　キッシンジャーの限定戦争論へと立ち返れば、もともとキッシンジャーが現実政治の世界に足を踏み入れたのは外交問題評議会への参加を通じて政府の安全保障政策への提言活動をおこなうようになってからである。キッシンジャーはアイゼンハワー政権の核政策（＝大量報復戦略）に対して非常に懐疑的であり、核兵器・通常兵器の段階的な使用を行う「限定戦争」論を展開した[12]。この「限定戦争」論は後のケネディ政権下で採用された「柔軟反応戦略」の雛形を形成するものである。ただキッシンジャーの論点は、勢力均衡のメカニズムが不毛なイデオロギー闘争を回避し、まさに〈外交〉こそが国際政治に秩序と安定をもたらし得るという点において、少なくとも「表面上」はモーゲンソーやケナンらのリアリズムと著しく一致していた。それ故に1968年にキッシンジャーがニクソンから大統領補佐官の指名を受けた際、アメリカの価値外交、十字軍的妄想は終わりを告げ、代わって国益を堅持する慎慮あるリアリズム外交が復権すると、多くの人間が考えた[13]。

　キッシンジャー就任後、この期待は見事に裏切られる。1960年代を通じてキッシンジャーは米ソ関係を世界政治の基調と捉えるようになり、且つ核戦略の深化は両者の良好な関係を脅かすものであると考えるようになった[14]。さらにキッシンジャーはチリのアジェンデ政権転覆へ関与し、さらに親米のピノチェト政権の国内弾圧を黙認した[15]。その意味でモーゲンソーとキッシンジャーの「リアリズム」は似て非なるものであった。「自由の敵」を駆逐する野放図な理想主義の暴力を非難し、道徳によって隠蔽される剥き出しの権力闘争を暴露するのが前者であるならば、後者は道徳的配慮を度外視してアメリカの権力政治を追求しようとしたのである（詳細は次節に譲るが、モーゲンソーが論難したのは道徳そのものではなく、自由や正義を語る普遍化した暴力であった）[16]。

(2)『核兵器と外交政策』(1957年)

　では核戦略論の文脈で、キッシンジャーとモーゲンソーらの「リアリズム」を分かったものは何であったのだろうか。これを検証するにあたっては、キッシンジャーの1957年の著作『核兵器と外交政策』[17] は重要な試金石となる。同書は、一方で権力に対する幼稚な態度、国際社会に対する幻想、世界的リーダーシップに対する無関心など従来のリアリストのアメリカ外交批判を相当程度共有するものであることは間違いない。他方で、キッシンジャーは核兵器の破壊力をモーゲンソーほどは嫌悪してはいなかった。それ故に彼の国際秩序観は核時代においても何ら変わることはない。この点がまさにモーゲンソーとは決定的に異なる点であるが、キッシンジャーは伝統的な外交と軍事力によって展開される古典外交の世界観を一貫して保持し続けていた。

　ここでは、キッシンジャーの核戦略論を概観しながら――実際、彼の核戦略はアメリカの核戦略の雛形を形成するものであるが――冷戦期核戦略の概要を俯瞰する。『核兵器と外交政策』は一見するとリアリスト的命題群によって埋め尽くされている。すなわち「力の政治」を強調し、国際的安定は理性や交渉術によって保たれるのではなく、その背景にある「力」によって国家が自己の正義を解釈し、自己の国益を守り抜くことができる、というわけである[18]。

　キッシンジャーによると、戦略理論の要諦は「力を政策に具体化すること」であるという[19]。この定義に従えば、彼は戦略論を単に軍事力の使用に特化した軍事戦略ではなく、政治・経済・心理・軍事などあらゆる「力」を動員する国家戦略として捉えていることになる（しかし実際には、キッシンジャーの戦略論はその大部分において「軍事戦略」論である）。

　この点はケナンと同様であるが、キッシンジャーもまた第二次大戦がアメリカの戦略思想に与えた影響に着眼する。第二次大戦はアメリカの思想傾向に正しく合致するように戦争が経過した――明らかな形の侵略行為があり、アメリカは圧倒的な量の資源を駆使してこの侵略行為を駆逐した[20]。それ故に、次の戦争が起こるとすればそれは「アメリカに対する奇襲攻撃ではじまる」というのが定式化されたことは驚くにあたらない[21]。

　キッシンジャーは「大量報復戦略」――敵の攻撃をその圧倒的な反撃力で即座

に叩き返す戦略 ― に懐疑的であったのは、「破壊力の比較」という論理が全面戦争においては意味を失効するからである。なぜならば核兵器をもってすれば、「破壊力の劣る」側といえども「破壊力の優れている」側の国家の存亡を脅かすほどの被害を与えることが可能だからである[22]。その意味で核兵器を破壊力の凄まじい通常兵器程度にしか認識していなかったアイゼンハワー政権の「大量報復戦略」に比して、キッシンジャーは核兵器の特性を十分に理解していたと言えよう。だが前述のようにモーゲンソーらリアリストたちとは一線を画くし、限定された局面であれば小規模な核兵器は使用可能であると考えていた。

　全面戦争論と核兵器との関係においてキッシンジャーは奇妙な推論を繰り返す。特定の政治目的を達成するための戦争 ― 所謂クラウゼヴィッツ型の政治の延長としての戦争 ― に対して、キッシンジャーは全面戦争を「敵を全面的に壊滅させること」、「敵の支配層を打倒すること」と定義している[23]。そうであるが故に全面戦争は「内乱」状態の様相を呈すようになり勝者の意志を押し付けるものとなる。ここまでならばキッシンジャーとリアリストたちの所論にそれほどの距離はない。リアリズムが全面戦争や価値規範を掲げての正戦を忌避するのは、それが「正しい敵」と「正しくない敵」との絶対戦争・殲滅戦争へと帰結するからである[24]。

　だが同時にキッシンジャーによれば、核兵器の存在がこの全面戦争の意義を無効なものとするという。というのも核兵器の破壊力はその意志を押し付ける当の相手を壊滅させてしまうからである[25]。すなわち核時代において全面戦争はその歴史的意義を喪失する。なぜならば、全面戦争は核兵器の使用によって、勝者の意志を押し付ける戦いから、相手を完全に抹殺するための無意味な戦いへと変化するからである。

　キッシンジャーは全面核戦争を、お互いに谷を挟んで「毒の槍」を投げ合う蛮族の例証で表現している。つまり核時代において全面戦争 ― 少なくとも宗教戦争やイデオロギー戦争のような形で展開される全面戦争 ― は不可能な戦略になったというわけである。

　そして全面核戦争が不可能であるという論理は、世界の周辺地域に局地紛争を増大させるという背理を生む。全面戦争が不可能であると考えれば考えるほ

ど局地紛争に介入することが全面戦争へと拡大するかもしれないという心理的負荷が生まれ、その結果、大国たる核保有国は紛争への介入を自ら制限するという帰結を生む。キッシンジャーに拠れば、アメリカが大量報復能力を保持しながらも朝鮮戦争やスエズ危機などを阻止できなかったのはまさにこのことの証であるという[26]。

　これに対してキッシンジャーが提示するのが「限定核戦争」の論理である。キッシンジャーは限定戦争と限定核戦争の違いを、核兵器の使用の有無から定義している。キッシンジャーの想定する「限定核戦争」とは、核武装した小規模の機動部隊が敵の対抗部隊を駆逐したり、重要目標を破壊するのに適しているという[27]。そして限定核戦争は敵に領域の特定支配を断念させることができると論じている。というのも核武装した機動部隊の存在は、敵の大部隊が特定の場所に集中することを妨げることを可能にし（核攻撃を恐れる敵は部隊を分散配置する）、兵力の過度の分散は敵の領域における政治的支配を断念させることができるというわけである[28]。

　さらに限定核戦争への予想される反論に対して、キッシンジャーは次のように応答する。なるほど戦争はそれが如何に小規模で些細なものであっても、漸進的に全面戦争へと拡大する可能性を持っている。それ故に限定戦争は概念上語義矛盾のような響きを伴っている。しかしキッシンジャーは実際の限定（核）戦争がそのように全面戦争へと拡大する可能性は極めて少ないと反駁する。なぜならば、全面核戦争を回避しようとする心理が核保有国に働くため、相互に戦争の不拡大という暗黙の前提が共有されることになる——朝鮮戦争では実際にこれが起こった[29]。キッシンジャーによると限定核戦争は通常戦争よりも全面戦争へと拡大する危険性は少ないという[30]。

　これを図示したものが図1-1であるが、通常戦争に比べて限定核戦争にお

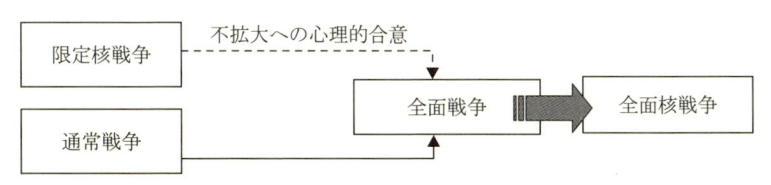

図1-1　キッシンジャーの限定核戦争の論理

いては、核兵器の圧倒的破壊力から戦争不拡大への心理的効果が働く。それ故に通常戦争に比べて戦争が拡大する可能性は極めて少ないという論理である。すなわちキッシンジャーの限定核戦争の論理は、基本的に限定戦争が全面戦争へ至る可能性は極めて少ないという命題に拠っており、かつこの命題を支えているのは全面核戦争への不拡大を望む心理的な次元である。次節で詳しく検証するが、この限定核戦争から全面核戦争への道程こそがリアリストたちの痛烈な非難の対象であった。

(3) 限定核戦争論の限界

　この全面戦争不拡大についての心理的次元の議論は、論理的にはかなり不十分なものである。先ず全面戦争不拡大の心理を両陣営が果たして共有できるのか否かが不明瞭である。その上、キッシンジャーが例証として挙げている朝鮮戦争は核保有国同士の戦争ではなかった――仮に当時の北朝鮮や中国が核を保有していたならば、彼らがどのような行動に出たか定かではない。限定戦争においては、全面核戦争の不拡大について交戦国家間の心理的合意がなければならないが、これが必然的に発生する理由については不明瞭である。この理論上の不備に現れているものは、規範論 (Ought) と経験論 (Is) の混同であろう。すなわちキッシンジャーにおいては、「戦争を限定すべきである」という論理と、「(交戦国家間が) 戦争を限定する」という論理が混在している。

　またキッシンジャーの議論は明らかに論理的一貫性を欠いているのだが、核保有国同士が全面戦争不拡大についての心理的合意を共有していると論じる一方で、中小国 (特に失うものの何もない国家) にとっては、相互破壊の恐怖が意味を持たないため――つまり心理的合意を共有していないため――、「威嚇の迫真性」を高めるために限定核戦争が機能するという議論を展開している[31]。言うまでもなく、この二つの議論が成り立つためには、①失うものの何もない中小国が核兵器を保有する可能性はまったくないと論じるか (なぜなら相手が核保有するのと同時に限定核戦争の威嚇は威嚇では済まなくなる)、さもなくば②そうした中小国であっても核保有すれば全面戦争回避への心理的合意を共有するということを論証しなければならない (「相互破壊の恐怖」がなければ心理的

第1章　核戦略構想とリアリズム ―― ハンス・モーゲンソーともうひとつの冷戦史 ――　21

合意は生まれない)。なによりも相互破壊の恐怖を共有できないような相手に限定核戦争によって「威嚇の迫真性」を高めたところで、それが果たして抑止力となり得るのか非常に疑わしい。しかしながら、キッシンジャーはそもそもそうした問いを立ててはいない。

　こうした限定核戦争の威嚇力についての論証の代わりに、キッシンジャーが力点を置くのは限定（核）戦争とそれに伴う外交交渉である。キッシンジャーは全面戦争回避のために外交交渉によって相手への挑戦を全面戦争の手前で押しとどめるべきであるという[32]。キッシンジャーによれば、

　　限定戦争とそれに適する外交は、希望のあいまいさで麻痺してしまうような
　　絶対平和を求めたり、またその結果の惨烈さで動きがとれなくなるような絶
　　対勝利の探求などの無駄から逃れ得る手段となるものである[33]。

　絶対勝利でも絶対平和でもなく「外交」によって平和を探求するという命題は一見リアリズムだが、この議論はやはり詰めが甘い。限定核戦争が威嚇力を発揮するかどうかが分からなければ、限定核戦争に適する外交は論理上、定義できないからである。

　またキッシンジャーの『核兵器と外交政策』の日本語版序文は彼の問題意識をほぼ忠実に再現するものであった。キッシンジャーに拠れば同書は戦争戦略を説くためではなく平和の本質を論じたものであるという。さらに「自由は、そのために人類が進んで戦おうとするところにはじまる」と強調している[34]。ここにも理想主義と現実主義（リアリズム）の不恰好な結合があることは偶然ではなかろう。平和的で自由な国際秩序を守るために限定核戦争によって「威嚇の迫真性」を高め局地紛争を撲滅するという理想主義と、そうした限定戦争による威嚇力を背景に外交交渉を通じて紛争解決をはかるというリアリズムが無節操に融合されているのである。

　周知のようにモーゲンソー等、同時代のリアリストたちは、限定核戦争を常軌を逸した戦略であると見なしていた。しかし、キッシンジャーがこのことに気がつくのはずっと後になってからである。『核兵器と外交政策』が公刊された

直後、ニーバーはキッシンジャーに対して好意的な書評を執筆しているが、それは限定核戦争戦略が、「核抑止」という運命論及び「大量報復」という無謀な試みよりも可能性があるように感じられたからであった[35]。しかしその直後、キッシンジャーのいう「戦術」核が長崎に落されたものと同程度の破壊力のものを想定していると分かると、ニーバーは態度を一転させる。その批判の矛先は、1ダース分の長崎型原爆がヨーロッパとアジアに投下されれば、我々の文明のあらゆる倫理規範は崩壊する——それをキッシンジャーはまったく理解していない——というものであった[36]。

むしろリアリストたちは核戦略に対して非常に否定的な評価しか下していない。次節ではキッシンジャーの立論との相違を踏まえながら、モーゲンソーの核戦略論をとりわけ彼の「冷戦」批判の文脈に引き付けながら考察していく。

2. モーゲンソーの「冷戦」批判

前節ではキッシンジャーの限定核戦争の論理について考察した。本節では主にモーゲンソーの1960年代の所論を踏まえながら、なぜ限定核戦争の論理が機能し得ないのかを検証する。

(1) モーゲンソーのリアリズム

今日我々がモーゲンソーの名で理解しているリアリズムは、本人の意図を離れて相当程度、曲解・矮小化されたものである。モーゲンソーの代表作『国際政治』(1948年)[37]は、「政治の本質は権力闘争である」という衝撃的な命題から議論が始まっている。このことは彼の意図に反して、「リアリズム＝権力政治」論という誤った解釈に一定の説得力を持たせる誘因となっている。こうしたステレオタイプな解釈を同時代の文脈を無視して読めば、モーゲンソーはあくまでも権力に始まり権力に終わる「果てしない反動思想家」のように印象付けられてしまう。

一般に知れ渡っている理解に拠ればリアリズムとは政治に道義・道徳を持ち

込まずに冷酷に戦略的利益だけを「計算」する対外政策の学派の名前である——こうした解釈はかなり偏っている。おそらくモーゲンソーについての最も支配的な解釈は、政治とは権力政治であるとの命題の上に、権力の動態を権力闘争の観点からのみ分析するマキアベリストの類といったところであろう。

しかしながら、モーゲンソーのリアリズムとは権力政治を肯定するものではなく、むしろ権力批判として読み得るものである。確かにモーゲンソーは権力闘争を政治の本質と位置付けてはいる。しかし、このことは権力闘争を正当化するものでも、権力闘争以外の要因を埒外に置くものでもない。彼が権力闘争をことさらに強調するのは、それが倫理や道徳といった恣意的な価値基準によって歪曲されること——例えばある種のプロパガンダ等を通じて——を忌避したからであった。とくに『国際政治』の後半部の議論が明らかにしているように、モーゲンソーにおけるリアリズムとは一方で理想・道義・普遍といった価値外交の幻想を粉砕し、他方で国家の「力」を軍事力に還元する軍事主義(Militarism)からも距離を置き、他者を容認する中庸の哲学としての〈外交〉を復権させることにあった。この問題意識に則して言えば、リアリズムの要諦とは、価値外交と軍事主義が現実の政治文脈の中で結合してしまうこと——すなわち自らの理想を軍事力を背景に他者に押し付けること——を回避することにあったと言えよう。

そしてこのことを例証するように、モーゲンソーの議論は遅くとも1950年代後半頃から、単なるアメリカ外交論から核時代における国家論へとシフトしていく。すなわち従来の(たとえば『国際政治』における)リアリズムの世界観では必ずしも捉えきれない核時代の国家と社会の関係をより根源的に再構成しようと試みたのである[38]。1960年代以降のモーゲンソーの所論が雄弁に物語っているように、冷戦体制が制度化されアメリカ社会の中で定着化するにしたがって、モーゲンソーの議論はそれとは逆に冷戦体制をイデオロギー的な「正戦」と見なして排撃する方向へと向かっていく。この時期のモーゲンソーにおいては権力の動態分析としてのリアリズムは後衛に退き、代わって先鋭化するのが冷戦という全面戦争の論理を剥ぎ取る急進的な一面である[39]。

さらに上述のキッシンジャー等による「核戦略論の形成史」といった同時代

史の文脈におけば、モーゲンソーのリアリズムが持っていた意図は明らかであろう。大量報復戦略にしても、限定核戦争論にしても、その論理は正戦論の残滓を色濃く引きずったものである。報復戦略や核兵器の使用は、相手が「正しくない敵」という前提の下でのみ作用していた。

そしてここに「正しい」ことと「勝つ」ことの混同という致命的欠陥が内在している。これは他のリアリストにも共有される問題意識だが、モーゲンソーにとって、正しく合理的で進歩的な西欧文明がファシズムを打倒したとする見解は危険な幻想以外の何物でもない。確かに軍事的勝利はある集団の他の集団に対しての優越性を示すものではある。その優越性の中には、哲学的知見や道徳的賢明さが含まれているのかもしれない。しかし重要なことはこうした道徳的美徳は軍事的勝利の論理的帰結ではないという点である。正しいものが勝つことはあっても、勝つという行為が必然的に「正しさ」を保障してくれるわけではない。必ずしも明示的に現れてはいないが、モーゲンソーが忌避するのは、この「正しい」ことと「勝つ」ことの混同が核武装に対して持つ政治的効果である。核武装を正当化する論理の中には、「正しい」我々が「正しくない」敵を粉砕するという正戦論の命題が「密輸」されているというわけである。そうであるが故にモーゲンソーは「原子爆弾の独占は美徳の独占を意味するのかもしれないが、必ずしも前者の帰結として後者があるのではない」[40]ことを強調する。

1950年代の論考群からも明らかであるが、モーゲンソーにとって核戦争とはもはや伝統的意味の戦争ではなく合理的選択を不可能にするもの、世界の破壊に他ならない。それ故にアメリカにとっての第一義の安全保障課題とは核戦争を如何に回避するかに尽きるのである[41]。また1958年のダートマス・カレッジ講演においては限定核戦争に言及し、限定核戦争が全面核戦争へと至る危険性を強調している[42]。さらに1961年の論考「真理と権力」でも限定核戦争批判を繰り返し、カーン（Herman Kahn）とキッシンジャーへ痛烈な非難を浴びせている[43]。モーゲンソーにとって限定核戦争は受け入れ難い選択肢なのである。なぜならば、他の通常兵器と同様にひとたび核兵器も使用可能であるという命題を受け入れるならば、その論理的帰結として「核戦争をいかに回避するのか」

ではなくて、「核戦争からいかに生き残るか」という戦略へと向かわざるを得ないからである[44]。

以下、本節ではモーゲンソーにおける「冷戦」批判の問題意識に焦点を絞りながら彼の1960年代の議論を追っていく。

(2)「核戦略の4つの逆説」(1964年)

モーゲンソーは1964年の「核戦略の4つの逆説」[45]において包括的な限定核戦争批判を展開している。モーゲンソーに拠れば、核兵器と通常兵器には本質的な差異が存在する。通常兵器はそれを攻撃や防御に使用することによって相手の戦意を喪失させるという心理的効果がある。しかし核兵器の効果とはその使用を思い止まらせる抑止の効果である。すなわち「通常兵器が実際の使用の中間領域に位置して心理的に作用するのに対して、核兵器の持つ心理的効果は純粋で単純なものである。敵は常に自己の破滅が不可避であることを認識して核兵器を使用するわけだが、この認識が核兵器を使用することを躊躇わせる」[46]。むろん、抑止が成り立つためには互いに核戦争をおこなう能力と意志があることを確認しなければならないが、モーゲンソーは核兵器に「抑止」以上の効果を認めてはいない。すなわち、核兵器の保持は軍事行動を―たとえそれが通常兵器によるものであっても―相当程度制限する。通常兵器によって敵味方が対峙していた場合でもそれが核戦争へと発展する可能性が常に存在するからである[47]。

しかしながら、こうした「抑止力」は常に十全に機能するとは限らない。なぜならば、軍事行動の持つ不確実性、敵の意図に関する不確実性、解釈や判断を誤るリスク等があり、こうしたリスクから一旦限定核戦争が始まってしまえばそれが拡大することは防ぎようがない[48]。程度の差はあるにせよ、限定核戦争において核兵器の使用に関する決定権は多かれ少なかれ現地指揮官に委ねられると想定される。そして第二次大戦の経験から、軍事的な決定はしばしば暴力を最大化する方向に作用する。その場合、戦争が拡大する可能性は不可避である（第二次大戦では戦線は現地指揮官の「裁量」によってしばしば拡大し、攻撃目標は軍事目標から非軍事目標へと拡大した）[49]。

さらに「理論の知的・政治的機能」（1964年）においてはカーンの『熱核戦

争』（1960年）[50] を次のように批判している。カーンの立論によれば核戦争は通常兵器による戦争よりも悲惨なものであるが、核戦争後に生き残ることが可能なのであるから、核戦争を回避するのではなく、いかに核戦争を戦い抜くのかを考えるべきであるという。このカーンの所論をモーゲンソーは絶妙の例（アリ塚の例）を引いて反駁している。もしも3分の1のアリが死に絶え、アリ塚の10分の9が破壊されたならば、残りのアリたちは再建作業を行えるだろうか。仮にアリたちがそれをおこなえたとして、人類はどうだろうか。モーゲンソーはそのような状況において文明は死滅すると結論している[51]。

(3) 『クロスロード・ペーパーズ』(1965年)

さらにモーゲンソーは1965年に自らが編集した『クロスロード・ペーパーズ』の中で「西側同盟の危機」という一章を執筆し、核兵器がいかに伝統的な国家間関係・同盟関係を変質させるかを論じている[52]。西側陣営は共産圏から自由世界を守るという共通の地盤の上に立っている。しかしモーゲンソーに言わせれば、それは政策ではなく、共通政策の前提となる利害関係に過ぎない[53]。この共通の利害関係が共通の政策を導いていたのはもはや過去の話である。というのも核兵器の保持が伝統的な同盟関係を破壊するからである。モーゲンソーに拠れば、伝統的な同盟関係、とりわけ集団的安全保障と呼ばれる枠組みにおいては大国が小国を援護するということが想定されていた。しかしながら核時代においてこうした想定はもはや成り立たない。なぜならば核保有国が——核報復を受けて自国を壊滅的打撃を与え得るかもしれないリスクを冒してまで——同盟国を援護することは期待できないからである。それ故に各国は自ら核武装して自己を防衛せざるを得ない[54]。つまりモーゲンソーにとっては核兵器が人類史に登場した瞬間から、核独占はもはや不可能で、核拡散は運命付けられていたということになる——各国は核時代を生き残るために核武装をおこなう。

つまり、一方で西側陣営は共産圏からの軍事的脅威をその連帯のために必要とする。しかし他方では、先述の理由から利害関係の一致が共通政策を導くわけではない。それ故、核武装は各国の個別政策として追求される。西側陣営の各国は個別の核抑止力を機能させるために異なった、時には両立不可能な政策

を追求する。そして、もし多くの国が核武装し、それらの複数がアメリカと緊張関係に置かれれば不確実性は急激に上昇する。そしてそうした不確実性の増大から、「合理的」な核政策など不可能なのである[55]。

(4)『真理と権力』(1970年)

またモーゲンソーは1960年代に執筆した論考群を束ねて、『真理と権力』(1970年)[56] を公刊し、その序文においてアメリカ社会の軍事化(militarization of American Life)を痛烈に論難している。モーゲンソーに拠ればアメリカ社会の軍事化とは、ベトナム戦争・人種問題・貧困・都市の荒廃・自然破壊などを指し、これには3つの原因があるという。第1は通常兵器を用いておこなわれていた戦略が、同様に核兵器にも適用可能であるとする安易な想定。第2は勧善懲悪的ないし悪魔学(demonology)な世界の捉え方——これは共産圏の邪悪な野心から「自由世界」を防衛するというイデオロギーを指している。そして第3は政策形成が政治的ないし経済的な利害から定義される、ということである。ベトナムへの介入や露骨な人種差別はまさに勧善懲悪的・悪魔学的な世界観(どこかに世界の平和を乱す不穏分子がいるという思考)の現れであるし、貧困・都市の荒廃・自然破壊は権力を掌握している社会集団が、彼等の利害を守るための社会政策・経済政策を継続した結果である[57]。

第3の社会政策は別にして、上記の第1要因と第2要因は分かち難く結びついている。モーゲンソーが核兵器を忌避するのは、それが自殺志向の不合理な兵器であり、国益に基づいた合理的な対外政策を不可能にするものであるからであるが[58]、こうした不合理な戦略に合理性・正当性を調達しているのが悪魔学的世界観である。モーゲンソーは核武装と悪魔学的世界観の関係を明示的に立論しているわけではないが、先述のように「正しいこと」と「勝つこと」の混同が原爆との関連で語られていることを想起すれば、「正しい」我々が自由の敵に対して「勝利する」という構図の背景にまさに核武装を正当化する論理が働いていると捉えることができよう。

その意味において、モーゲンソーは核兵器を用いていかに戦うのかという「核戦略論」ではなく、核兵器によって武装するということが如何なる思想的文

脈を与え得るのかという「メタ理論」を展開していると言える。これはカール・シュミット（Carl Schmitt）が『パルチザンの理論』（1963年）において展開した核兵器を保有することの思想的前提と酷似している。モーゲンソーもシュミットも核兵器をいかに使用するのかではなく、核兵器の使用が肯定され得るとしたらそれはいかなる文脈によって正当化され得るのかを問題視したのである。

シュミットにおいて核兵器とは正戦論の論理的帰結である――核兵器のような究極的な殺戮兵器の使用が正当化されるのは、「正しくない敵」を対象とするとき以外にはあり得ない[59]。非人道的な殲滅手段は、その使用を正当化するために「絶対的な敵」――その殲滅を正当化し得るほどの敵――を必要とする。すなわち、正戦論が心理的に大量殺戮を可能とし、大量殺戮兵器が「正しくない敵」そのものを再生産するというわけである。

こうした立論はむろんキッシンジャーにも見られる。キッシンジャーは奇襲攻撃という概念がアメリカの戦略思考に与えた影響を検証する一説の中で次のように述べている。

兵器技術の及ぼす災禍が全面的になればなるほど、その使用を正当化すると思われる挑発行動としては、ますます絶対的な姿を考えるようになった。米本土に対する攻撃で戦争がはじまると信じれば信じるほど、それに抵抗するために、われわれの考え出す戦略はますます恐るべきものになる[60]。

しかしながら、キッシンジャーはこの兵器技術の持つ政治的正当化作用を――その端緒を認識しながらも――十分に展開してはいない。モーゲンソーらのリアリストにとって見れば、それが限定戦争であるか全面戦争であるかを問わず、核兵器を使用する（またはその使用を想定する）こと自体が、特殊な道徳的操作を必要とし、正戦論の図式の再現なのである（核兵器を使ってまで排除しなければならない「敵」とはどのような者たちなのか？）。キッシンジャーの所論にはこの認識が致命的に欠如している。

さらに言えば、この「正戦論の論理的帰結としての核武装」という命題の前

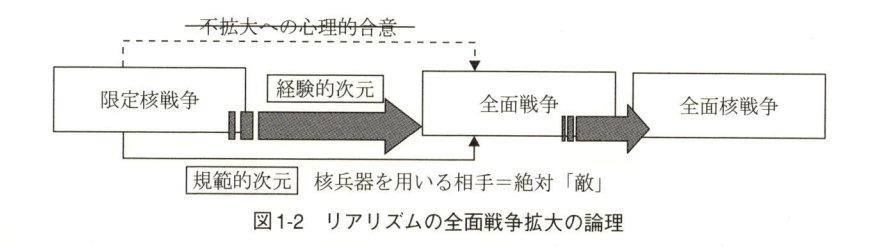

第1章 核戦略構想とリアリズム —— ハンス・モーゲンソーともうひとつの冷戦史 —— 29

```
       ┌──── 不拡大への心理的合意 ────┐
       │                              ↓
 ┌─────────┐  経験的次元  ┌─────────┐        ┌─────────┐
 │ 限定核戦争 │ ━━━━━━━▶ │ 全面戦争 │ ━━━━▶ │ 全面核戦争 │
 └─────────┘             └─────────┘        └─────────┘
       │ 規範的次元  核兵器を用いる相手＝絶対「敵」
```

図1-2 リアリズムの全面戦争拡大の論理

では、キッシンジャーの限定核戦争論は風前の灯火に過ぎない。なぜならば、「正しい敵」と「正しくない敵」が互いに対峙する正戦においては、キッシンジャーが言うような不拡大への心理的合意など「絵に描いた餅」に過ぎないからである。「正しくない敵」を根絶やしにするまでおこなわれる殲滅戦争においては、そのような心理的負荷自体が作用しにくい——第二次大戦において都市爆撃や非戦闘員への攻撃が容認されたのはそうした論理であった。

言い換えれば、リアリストたちの核戦争論は「経験的次元」と「規範的次元」の二本立ての構図になっている（図1－2参照）。一方で軍事行動の持つ不確実性、敵の意図に関する不確実性、解釈や判断を誤るリスク等から限定核戦争が全面戦争へと拡大する経験的次元の議論があり、他方で規範的次元の議論は、ひとたび限定核戦争が開始されれば、核戦争による殺戮を正当化する正戦論が展開され、全面戦争不拡大への心理的合意は機能不全に陥り全面戦争へと発展するという論理である。この規範的次元の議論は、核兵器の使用が正当化されるのはどのような規範的文脈なのかという核武装についてのメタ理論であり、この点においてモーゲンソーとシュミットの問題意識は、キッシンジャーのそれを遥かに凌駕していると言えよう。

(5) 核時代の国家論 —— レヴァイアサンの終焉？

しかもこの核武装のメタ理論は全面戦争拡大の論理では留まらない。さらにモーゲンソーは核武装のメタ理論を国家論・統治論の文脈でも語っている。つまり、核兵器の存在が権力の統治形態、ありていに言えば民主主義における政府と国民の関係を変質させてしまったというわけである。モーゲンソーに拠れば、従来の民主的政府の正統性の基盤とは、領域内部における社会分裂を抑止

するための社会正義の貫徹にあった——トマス・ホッブズ（Thomas Hobbes）はこれをリヴァイアサンと呼んだ。そうであるが故に政府の権力行使（レヴァイアサン）は肯定されるのである。しかしながら核時代においては、そうした民主的政府の正統性の基盤は崩落する。なぜならば、核時代において政府はもはや国民を守るという第一義の義務を遂行することができない。核兵器で武装し合っている国家間関係においては、核兵器による災禍を核兵器によって守ることはできず、できることは報復による威嚇のみである。それ故に核時代においては、戦争は政治的な意義を喪失し、軍事的な勝利を望み得ないものとなる[61]。

つまり核兵器の存在は国家に付与・正統化されていた安全保障の前提をその根底から覆すのである。モーゲンソーが核兵器に対して一貫して悲観論を展開しているのは、核時代における国家論の崩壊、ないしは政治の終焉を看破していたからであろう。

以上、本節ではキッシンジャーとの対比の中でモーゲンソーの核戦略批判を概観した。最終節ではこれらの議論を受けてリアリズムの「冷戦」批判から見えてくる冷戦思想史の可能性について検討する。

3. 冷戦思想史の展開——リアリズムから見えるもの

リアリズムは、ともすれば冷戦期アメリカ世界観の産物として語られる事が多い。確かにリアリズムの「冷戦産業」としての側面は看過し難いし、アメリカの対外政策を単に正当化している側面があることも否定し難い。しかしひるがえって、リアリズム思想史を紐解けば、リアリズムの形成過程においては理想主義的イデオロギー、とくに正戦論との緊張関係が重要な視座を提供していた。さらにこのことを核戦略論の文脈で考えれば、リアリズムの「冷戦」批判や「核戦略」批判から冷戦思想史に通底するいくつかの問題が詳らかとなってくる。

本節では以下、前節のキッシンジャーとモーゲンソーの所論を踏まえながら、リアリズムから見える冷戦思想史の位相について「限定核戦争から全面核戦争

へ」、「正戦論の帰結としての核戦争」、「国家と安全保障の崩壊」という三点から検討を加える。

(1) 限定核戦争から全面核戦争へ

　キッシンジャーの議論は限定核戦争による「威嚇の迫真性」が全体戦争の回避へと作用し、外交による解決を促すというものであった。対してモーゲンソーはまず経験的次元からこれに反論する。戦闘行為についての不確実性から限定戦争が全体戦争へと導かれるのは不可避であるという立場である。このことから詳らかとなるのは、限定核戦争から全面核戦争へといたる問題意識であり、事実上戦闘が始まってしまえば、その拡大を抑制することが不可能であるという認識である。

　確かに冷戦下においては、限定核戦争も全面核戦争もおこなわれなかった。しかし、第二次大戦やベトナム戦争が例証しているように、戦闘が拡大、泥沼化することを避けることはできなかった。むろん別の観点から眺めれば、朝鮮戦争は限定戦争であり、ベトナム戦争もアメリカにとっては泥沼だったが世界的に見れば限定地域戦争であった、という解釈も可能である。しかしながら、この二つの戦争においては（実際に使用されることはなかったが）アメリカは核兵器の使用を検討している──たとえばトルーマンに対するマッカーサーの進言など。またベトナム戦争が本格化する以前のキューバ危機（1962年）において、米ソは核戦争の手前まで行っている。このことを考えれば、実際に核兵器の使用がおこなわれなかったとしても、「限定戦争→限定核戦争→全面核戦争」の危険性は常に存在していたと言えよう。それを考えれば限定核戦争、つまり小規模とはいえ核攻撃をおこなった後に、交渉によって相手の核報復を回避し、かつ自国に有利な外交解決をはかるなど「絵に描いた餅」に過ぎない。

　さらに次の論点とも重なるが、これらの戦闘において非戦闘員への攻撃を正当化していたものが、多かれ少なかれモーゲンソーの言う悪魔学的世界観であることは自明であろう。それを踏まえたならば、単に核戦争が起こるか否か、核抑止が効くか否かではなく、核武装や核による威嚇をおこなうことがいかなる「思想的」次元を提供するのかという課題が検討対象として浮上する。リア

リズムの立論は核戦争を「限定」させておくことなど不可能であるというものであり、核武装が合理的な政策判断を困難にするというものであった。これは「正しくない敵」の殲滅という正戦論の文脈を考えれば、リアリズムの全面戦争の回避という問題意識が、冷戦思想史に与える影響は明らかであろう。そもそも核兵器で武装し合うということ自体が特殊な倫理的操作を必要とし、悪魔学的世界観に則ったものなのである。

(2) 正戦論の帰結としての核戦争

　上記の悪魔学的世界観との関連で言えば、核戦争とは正戦論の必然の帰結である。一方で「正しくない敵」との戦いである正戦においては、敵を殲滅する手段は非人道化する。他方、そうした殲滅兵器の使用は、まさに「正しくない敵」の非正当性を強調することによってのみ可能となる。すなわち、ここには正戦論が核兵器を必要とし、核兵器が正戦論によって正当化されるという恐るべき論理的帰結が控えているのである。

　むろん冷戦は核戦争へとは発展しなかった。しかしながらリアリスト的な問題意識に即して言えば、まさに論難されるべきはそうした悪魔学的な世界観を制度化した正戦論と核武装の癒着構造としての〈冷戦体制〉ということになろう。ここでもやはり「正戦」や「核兵器」が冷戦という時代にいかなる規範的文脈を提供していたのかが焦点となる。

(3) 国家と安全保障の崩壊

　最後に核武装による国家と安全保障関係の変質についても論ずる必要がある。モーゲンソーがいみじくも指摘しているように権力装置としての国家を肯定しているものは、領域内の国民の安全を確保するという安全保障の論理である。然るにこの安全保障の論理は核時代においては機能不全に陥る。核兵器は相手を破壊することはできても、自国民を守る事はできないからである。このことは繰り返し述べているように、冷戦という核保有国同士の膠着状態が、国家と安全保障の思想にどのような文脈を与えているのかということである。核時代においては互いに互いに威嚇することしかできない。そしてこのことは政治の

第1章　核戦略構想とリアリズム —— ハンス・モーゲンソーともうひとつの冷戦史 —— 33

延長としての戦争というクラウゼヴィッツ型の世界観を破砕する。戦争は政治的な意味を喪失し、単なる殺戮の手段へと変質してしまうのである。

おわりに

　本章ではキッシンジャーとモーゲンソーの核戦略論を比較しながら、冷戦における思想状況について検討を行なった。言うまでもなく、こうした作業は冷戦史についての実証研究を否定するものではない。むしろ、実証的な研究を積み上げれば積み上げるほど、その政治史・外交史を突き動かしていた思想基盤はどのようなものであったのかという規範的次元が問いとして浮上する。本章の意図する冷戦思想史とは、まさにそうした「表」の政治史を動かしていた「裏」の思想史を詳らかにすることによって、冷戦の思想的位相—「冷戦とは何だったのか」— を明らかにするものである。

　この観点に立てば、核戦略論とは単に核保有によって如何に抑止力が機能するのかという課題ではなく、冷戦という時代の文脈の中で核保有や核兵器の思想がどのように正当化されていたのかという課題であり、正戦論の課題とも大きく重なり合うものである。核兵器という殺戮兵器の武装は正戦論（「正しくない敵」との戦い）において正当化される。その意味で正戦論の規範構造の問題点に引き付けて冷戦批判を行なうリアリズムの議論は、従来の冷戦史研究の中では必ずしも明示されてこなかった「もうひとつの冷戦史」、恒常的な軍事対立としての冷戦の語りとは別の冷戦そのものの思想的背景を抉り出す営為として考察に値するものである。

注
1) こうし傾向を端的に示すものとしては日本国際政治学会編「冷戦史の再検討」『国際政治』第134号、2003年。
2) たとえばAndrew Bacevich, *The New American Militarism: How Americans are seduced by war* (Oxford: Oxford U.P., 2005).

3) Campbell Craig, *Glimmer of a New Leviathan: Total War in the realism of Niebuhr, Morgenthau, and Waltz* (Columbia: Columbia U.P., 2003), Bruce Kuklick, *Blind Oracles: Intellectuals and War from Kennan to Kissinger* (Princeton: Princeton U.P., 2006), Seán Molloy, *The Hidden History of Realism* (New York : Palgrave Macmillan, 2006).

4) John Gaddis, "In Defense of Particular Generalization: Rewriting Cold War History, Rethinking International Relations Theory", in Colin Elman and Miriam Elman (eds.) *Bridges and Boundaries: Historians, Political Scientists, and the Study of International Relations* (Cambridge: The MIT Press, 2001).

5) この論争とは"Diplomatic History and International Relations Theory: Respecting Differences and Crossing Boundaries", an interdisciplinary conference held in Tempe, Arizona, January 15-18, 1998. 注4の書籍は同会議の報告原稿を書籍化したものである。

6) 体系的なものとは言い難いが、国際政治学が台頭した学説史状況を検証したものとしてBrian Schmidt, *The Political Discourse of Anarchy: A Disciplinary History of International Relations* (Albany: State University of New York Press, 1998).

7) Henry Kissinger, *A World Restored: Metternich, Castlereagh and the Problems of Peace, 1812-22* (Weidenfeld & Nicolson, 1957). (伊藤幸雄訳『回復された世界平和』原書房、1976年).

8) Henry Kissinger, *Diplomacy* (New York: Simon & Schuster, 1994), pp.294-5, 314, 351. (岡崎久彦監訳『外交』日本経済新聞社、1996年、上巻415-417、444、477頁).

9) Morgenthau, *Politics among nations* (New York: Knopf, 1948, p.386.) (現代平和研究会訳『国際政治』福村出版、1998年、574頁). 但し訳書は1978年の改訂第5版の邦訳である。

10) George Kennan, *American Diplomacy 1900-1950* (Chicago: University of Chicago Press, 1951, p.101.) (近藤晋一・飯田藤次訳『アメリカ外交五〇年』岩波書店、1952年、訳書120頁).

11) Hans Morgenthau, "Three Paradox", *New Republic*, CLXVIII, October 11, 1975, p.17.

12) Henry Kissinger, *Nuclear Weapons and Foreign Policy* (Harper & Brothers, 1957) (田中武克・桃井真訳『核兵器と外交政策』日本外政学会、1958年).

13) Michael Joseph Smith, *Realist thought from Weber to Kissinger* (Baton Rouge : Louisiana State University Press, 1986), p.192. (押村高訳『現実主義の国際政治思想』垣内出版、1997年、247頁).

14) Bruce Kuklick, *Blind Oracles*, p.193.

15) 1970年の大統領選挙で人民連合（Unidad Popular）がサルバドール・アジェンデ

(Salvador Allende Gossens) を擁立し、選挙の結果アジェンデ政権が誕生する。アジェンデ政権は社会主義政策を掲げ、対米自主政策と富の公平分配政策をおこなった。これに対して富裕層や軍の反発は大きく、反政府勢力の活動が頻発した。この反政府勢力の活動を支援していたのがアメリカである。さらに1973年にアウグスト・ピノチェト将軍（Augusto José Ramón Pinochet Ugarte）がクーデターを起こし、政権は瞬く間に掌握され、アジェンデは自殺した。その後、ピノチェトによる独裁政治が始まり、大規模な「左翼狩り」がおこなわれて多くの国民が監禁、拷問、殺害された。この過程で暗躍していたのがキッシンジャーとアメリカCIAである。彼らは1970年の選挙の時点で、チリ軍部にクーデターを打診（これは失敗する）、さらに1973年のクーデターの際にはピノチェトを全面的に支援していた。クーデター後、ピノチェトの大規模な国内弾圧をキッシンジャーはほぼ黙認した。1998年にピノチェトがヨーロッパで捕まった際には、協力者としてのキッシンジャーの責任が論議されるに至るほどであった。

16) モーゲンソーのこうした認識を示すものとしては、Hans Morgenthau, "The Evil of Politics and the Ethics of Evil", *Ethics*, 56-1, 1945, pp.1-18, id., "The Mainsprings of American Foreign Policy: The National Interest vs. Moral Abstractions", *American Political Science Review*, 44-4, 1950, pp.833-854. を参照。
17) 注12を参照。
18) ibid., pp.3-5. 訳書4-5頁。
19) Ibid., p.7. 訳書9頁。
20) Ibid., p.28. 訳書36-37頁。
21) Ibid., p.30. 訳書39頁。
22) Ibid., pp.55-56. 訳書72頁。
23) Ibid., pp.87, 90. 訳書110、114頁。
24) この議論については大賀哲「『帝国』の内なる相対化――グローバル・テロリズムと正戦／リアリズム論争」杉田米行編『アメリカ〈帝国〉の失われた覇権』（三和書籍、2007年）を参照。
25) *Nuclear Weapons and Foreign Policy*, p.90. 訳書115頁。
26) Ibid., p.134. 訳書166頁。
27) Ibid., p.180. 訳書222頁。
28) Ibid., pp.309-310. 訳書383頁。
29) Ibid., p.143. 訳書178頁。
30) Ibid., pp.175-176. 訳書216頁。
31) Ibid., p.173. 訳書213頁。
32) Ibid., p.170. 訳書209頁。

33) Ibid., p.233. 訳書286頁。
34) ヘンリー・キッシンジャー「日本語版への序」(田中武克・桃井真訳)『核兵器と外交政策』(日本外政学会、1958年)、1-2頁。
35) Reinhold Niebuhr, "Editorial Note", *Christianity and Crisis*, 17, November 11, 1957, p.147.
36) Reinhold Niebuhr, "The Moral Insecurity of Our Security", *Christianity and Crisis*, 17, January 6, 1958, p.177.
37) 注9を参照。
38) こうした傾向の代表例としてはHans Morgenthau, *The Purpose of American Politics* (New York: Knopf, 1960), id., *Politics in the 20th Century* (3 volumes), (Chicago: University of Chicago Press, 1962).
39) Cf. Campbell Craig, *Glimmer of a New Leviathan*, p.109.
40) Hans Morgenthau, *Scientific man vs. power politics* (Chicago: University of Chicago Press, 1946), p.6.
41) Hans Morgenthau, "The unfinished business of United States Foreign Policy", *Wisconsin Idea*, Fall 1953, id., "The political and military strategy of the United States", *Bulletin of Atomic Scientists*, October 1954.
42) Hans Morgenthau, "A reassessment of United States Foreign Policy", Lecture at Dartmouth College, February 10, 1958.
43) Hans Morgenthau, "Truth and Power", *Commentary*, 32, January 1962.
44) Morgenthau, *Politics among nations*, p.21-22.
45) Hans Morgenthau, "The Four Paradox of Nuclear Strategy", *American Political Science Review*, 58-1, 1964, pp.23-35.
46) Ibid., p.24. この議論は後に公刊された論文集『真理と権力』においても繰り返し強調されている。Cf. Hans Morgenthau, *Truth and Power* (New York : Praeger, 1970), p.154.
47) Ibid., pp.24-25. Cf. *Truth and power*, pp.326-327
48) Ibid., pp.26-27.
49) Ibid., pp.26-28.
50) Herman Kahn, *On Thermonuclear War* (Princeton: Princeton U.P., 1960).
51) Hans Morgenthau, "The intellectual and political function of theory", Horace Harrison (ed.), *The role of theory in international relations* (New York : Van Nostrand, 1964). Cf. *Truth and Power*, pp.255-256.
52) Hans Morgenthau, "The Crisis of the Western Alliance", id., (ed.), *The Crossroad Papers* (New York: W. W. Norton, 1965), pp.152-165.

53) Ibid., p.153.
54) Ibid., pp.154-5. Cf. *Truth and Power*, p.111.
55) ibid., pp.158-159.
56) 注46参照。
57) Hans Morgenthau, *Truth and Power*, p.6.
58) ibid., p.327.
59) Carl Schmitt, *Theorie des Partisanen. Zwischenbemerkung zum Begriff des Politischen* (Berlin: Duncker & Humblot, 1963), S. 94.（新田邦夫訳『パルチザンの理論』筑摩書房、1995年、193頁）.
60) Kissinger, *Nuclear Weapons and Foreign Policy*, p.30. 訳書39頁。
61) Morgenthau, *Truth and Power*, pp.32-33.

第2章

アメリカ的「多国間主義」を超えて
―― 冷戦初期リアリズムの世界政府論批判 ――

はじめに

　冷戦終焉後の世界は、東西対立のために十分に機能し得なかった国際連合（国連）が復権し、今度こそ「一つの世界」が実現するという楽観にしばし包まれた。しかし現実に現れたのは、冷戦という巨大なイデオロギー対立の消失に伴う多様な価値観の噴出、世界の多元化に抗うかのように、自由民主主義の普及という「アメリカの使命」を掲げ、国連を「使命」遂行の障害物として軽視する超大国の姿であった。

　アメリカの国連軽視の姿勢が明確なものとなったのは、2003年3月に国連安全保障理事会（安保理）の授権を経ることなく、有志連合とともにイラク戦争へなだれ込んでいった時であった。しかしこのようなアメリカの単独行動主義は、国際組織が国家の行動に与える制約は僅かであり、大国は国益が命ずれば、容易に国際組織を蹂躙するという「リアリズム」では説明しきれないものを含んでいる。ジョン・J・ミアシャイマー（John J. Mearsheimer）は、冷戦後世界に生まれた多国間主義への楽観を批判する「リアリズム」の急先鋒であった。しかしイラク戦争に際しては、ハンス・J・モーゲンソー（Hans J. Morgenthau）のベトナム戦争批判を引用しながら、「伝統的な外交はその本質において多国間主義的な試みである」と強調し、外交交渉を軽視し、早急に軍事力に頼るブッシュ政権の批判者として立ち現れた[1]。「リアリスト」ミアシャイマーの多国間主義に対する両義的姿勢は、アメリカと多国間主義という問題の複雑さを象徴している。近年のアメリカ外交における単独行動主義を理解し

ようとするならば、多国間主義の欠如を指摘するだけでなく、そもそもアメリカ外交にとって多国間主義が何を意味するのか、いかなるものとして位置づけられているのかという、根源的な問いを発さなければならない。

近年の研究が指摘するように、昨今のアメリカの単独行動主義は、2001年9月の同時多発テロ（9.11）という衝撃がもたらした突然の変容としてではなく、歴史的に連綿と存在してきた傾向が9.11を契機に表出したものと見るべきであろう。エドワード・C・ラック（Edward C. Luck）は、アメリカ外交の底流に存在し続けた思潮として、巨大なパワー、建国の歴史、アメリカ的価値観への自負から帰結される「例外主義（exceptionalism）」を指摘し、この「例外主義」ゆえに、アメリカは国際組織で他国と見解の一致を図っていくことを嫌悪してきたとする。アメリカにとって国際組織はアメリカ的価値観を伝播するための道具に過ぎず、この目的に適うと判断される限りで尊重されるに過ぎないのである[2]。冷戦後の「一極支配」の国際政治に、自由民主主義的価値の伝播という「アメリカの使命」の好機を見出したトニー・スミス（Tony Smith）も、アメリカ外交においては自由民主主義的価値の普及という「使命」が先立って存在し、「多国間主義」は「使命」の遂行を「礼儀正しくカモフラージュする」ためのツール以上のものではなかったと指摘する。こうしたアメリカ的「多国間主義」の観念からすれば、大国の単独行動を防止するために五大国に拒否権が与えられ、自由民主主義と相容れない価値観までも雑多に包合した国連より、北大西洋条約機構（NATO）の方が圧倒的に好ましい多国間組織なのであった[3]。

新保守主義（ネオコン）の論客、マックス・ブーツ（Max Boot）の次のような主張は、アメリカ的「多国間主義」を極限まで押し進めた先に、完全なる単独行動主義が現れることを鮮やかに示している。ブーツは、警察機能という観点から見れば国連は「冗談のようなもの」であったと断罪し、NATOを「その代わりとなり得る最善の多国間組織」と位置づける。なぜならNATOは、「国連とは異なり」、「歴史遺産、利害を共有した自由民主主義国家のみによって成り立っている」からである。さらにブーツは、コソヴォ紛争やイラク戦争の際、NATO同盟国に足並みの乱れがあったことを挙げ、「NATOも警察機能を果た

すには巨大すぎ、非効率的過ぎる」と述べて、同盟国が必要なときもあると留保しつつも、「最も経済的な活力に富み、最も熱情的に自由に身を捧げ、最も強力な軍隊を持つ」「かけがえのない国（indispensable nation）」であるアメリカが単独で「世界の警察官」の役割を担うべきだと帰結する[4]。ブーツにおいては国連も、NATOですら、「アメリカの使命」に「多国間主義」の粉飾を与え、その遂行を容易にする限りで尊重されるものであり、一度その妨げになると判断されれば簡単に放棄されるのである。

　ブーツの主張に見られるような、その根底の精神において極めて単独行動主義的な「多国間主義」は、果たしてネオコンの占有物なのだろうか。ブッシュ政権の対外政策のイデオロギー基盤を専らネオコンに求める風潮に対し、スミスがいみじくも指摘するように、ブッシュ政権の対外政策を根底で基礎付ける、すべての国家が自由民主主義的価値を受け入れた世界こそが真に平和な世界であり、アメリカ外交の「使命」は世界大にこの価値を普及させていくことにあるというイデオロギーは、「多国間協調の唱導者であり」、「コスモポリタンを自認する」リベラルな国際主義者にも共有されている[5]。象徴的な例は、リベラルな国際主義を牽引してきたジョン・アイケンベリー（John Ikenberry）とアン・マリー・スローター（Anne-Marie Slaughter）が、2006年9月に発表した報告書「法の下の自由世界の促進──21世紀アメリカの国家安全保障（*Forging A World of Liberty Under Law: U.S. National Security in the 21st Century*）」[6]に見られる。同報告書は「現代の安全保障政策においては、冷戦時代に構築された制度では不十分である」という認識を示し、21世紀のアメリカ外交の要として、民主主義国家間の安全保障協力と「民主主義の平和（democratic peace）」の実現を目指す「民主主義連合（Concert of Democracies）」の構築・強化を挙げる。確かに同報告書は、ポスト冷戦世界の安定のために取り組むべき課題として、国連の「劇的な外科手術」も挙げてはいる。しかし圧倒的な力点は「国連改革が実現されない場合には、代わって『民主主義連合』が、多数決によって集団行動──武力行使も含む──に対する授権機関となるべきである」というところにある。「世界が大国間の競合状態という、不安定かつ危険な状態へと逆行することを防ぐためには、自由民主主義国家の圧倒的なパワーの優越が不可欠であ

る」という主張にうかがえるように、彼らにとって「多国間主義」の理念型は国連よりも「民主主義連合」である。アイケンベリーとスローターが描き出す「多国間主義」と、異質な価値・見解を奉ずる者同士の交渉・妥協を核とする国連の「多国間主義」[7]との間には、決定的な断層が存在する。

　昨今のアメリカ外交の行き詰まりが、歴史的にアメリカ外交を特徴付けてきた単独行動主義と多国間主義という振り子を後者に傾けていけば解決されるものではなく、アメリカ的「多国間主義」のあり方そのもの――「アメリカの使命」に「正当性」のお墨付きを与え、その遂行を容易にする限りで国際組織を尊重する姿勢、価値を共有する者との結束を追求するあまりに、価値を違える者を先験的に排除していく「多国間」協調――の問い直しを必要としているならば、その思想的な源泉はどこに求められるべきだろうか。冷戦後世界における「アメリカの使命」の唱道者として、「使命」に対して無理解なリアリストを批判し続けてきたスミスが[8]、リベラルな国際主義者がイラク戦争の泥沼化を目撃してなお、外交政策の根本的刷新に踏み切れていない現状にしびれを切らし、アメリカ外交の刷新の鍵を他ならぬリアリストに求めようとしていることは示唆的である[9]。ここで、「伝統的な外交は、その本質において極めて多国間主義的な試みである」という観点からイラク戦争を批判したミアシャイマーの言葉が示唆的なものとして浮上してくる。ミアシャイマーが現在のアメリカ外交に決定的に欠けているものとして発見した「多国間主義」とは何であったのか。今後アメリカ外交が、従来支配的であった「多国間主義」の観念を問い直し、自らの単独行動主義の制約・価値を違える者との交渉を含意した、言葉の真なる意味での多国間主義を獲得していこうとした場合、アメリカ外交に「伝統的な外交」を移入しようとしたリアリスト達が「多国間主義」をいかなるものと考えていたのか、彼らの考える「多国間主義」はアメリカ外交に支配的であった「多国間主義」といかに異なっていたのかという問いは、一つの鍵となるのではないだろうか。

　以上の問題意識から、本稿はアメリカ外交とリアリズムが本格的に出会った冷戦初期に、ハンス・J・モーゲンソー、ラインホルド・ニーバー（Reinhold Niebuhr）という二人の代表的リアリストが、アメリカ外交、特にその国際組

織との関わりあい方にいかなる問題を見出し、それに代わるいかなる多国間主義のあり方を提示したのかを考察し、今後アメリカ外交に回復されるべき多国間主義を考える一助としたい[10]。

1.「理念の国」とリアリストの出会い
　　——「例外主義」批判としてのリアリズム

　冷戦初期のアメリカ外交の分析において、「リアリズム」と「多国間主義」という取り合わせは奇異に映ずるかもしれない。第二次大戦直後のアメリカには、創立当初の国連への楽観、さらには国連すら永久平和を確約するものではないと見なし、世界政府の樹立を求める声が広く行き渡っていた[11]。モーゲンソーやニーバーは、アメリカ外交は国際組織や抽象的理念ではなく、国益やパワーを基軸に展開されねばならないという立場から、これらの楽観的な「一つの世界」論を批判する側に立っていたのである。ニーバーは世界政府論者が合理的な世界憲法さえつくれば、国家が主権を世界政府へと委譲するであろうと楽観していることを批判し、「国連のような団結のゆるい組織においてさえ、大多数の意志に運命をゆだねることを欲しない」ソ連が、「国連よりもさらに高度に統一された世界政府という法秩序」に主権を委ねるような事態など到底起こりそうもないと断じた[12]。モーゲンソーも、「国際平和は世界国家があって初めて永続性をもつという結論」を「決して避けることはできない」と認めつつ、「現在の世界の道義的、社会的、政治的条件の下では世界国家は樹立されえないという結論」も「やはり避けられない」と強調した[13]。これらの主張を鑑みれば、冷戦初期リアリストの思想的意義が、米ソ冷戦という現実の圧力を背景に、国際道義や国際法が権力政治を終焉に導くことを楽観する「理想主義」を批判し、国際政治におけるパワーと利益の重要性、権力政治の不可避性を説いた点に求められてきたのも無理はないといえる[14]。
　しかしこの説明は、モーゲンソーやニーバーの問題提起の重要な部分を捉えていない。すべての国を一律に権力政治の主体と見なすリアリズムの世界観は、

「理念の国」アメリカはその道義的崇高さゆえに、他国のように権力の拡張に乗り出す危険性はないとするアメリカ「例外」論に根本的な挑戦を投げかけるものであり、そうであったからこそ各方面から激烈な批判を招いたのだった[15]。リアリストの批判者達は、アメリカの国益は、残酷な権力政治と勢力均衡に力点を置くヨーロッパのそれとは根本的に異なった形で定義されねばならない、アメリカの国益はアメリカ的生活様式の維持・促進、その全世界への普及にこそ存在するのであり、アメリカの利益とは、すなわち世界全体にとっての利益であると強調したのである[16]。

しかしモーゲンソーから見れば、「アメリカの国益と世界の利益との間には自然調和が存在するのだから、アメリカが提案し、行うことはすべて、アメリカの利益だけでなく、世界全体の利益でもある」という議論こそ、「歴史上のすべての経験に反しているばかりか、ファシズムや共産主義の盲目的狂信主義と本質的に異ならない、極めて危険な議論」であり、アメリカ外交が克服しなければならないものであった。この議論は容易に、「アメリカの利益」に背くものを「人類の利益」に背くものと断罪し、「地球上から一掃しようとする衝動」へと転化する。そして現場に、「無条件降伏」や「無制限の手段を用いて、無制限の目的のために戦う十字軍」といった形でアメリカ外交に表出してきたのだった[17]。

モーゲンソーの批判者達は、モーゲンソーは伝統的にヨーロッパで営まれてきた「汚い」政治の手法を、「理念の国」アメリカに移入しようとしていると反発した。しかしモーゲンソーの権力政治論には、「理念の国」アメリカだからこそ必要な知恵が含まれていた。アメリカの利益と世界の利益との間に「自然調和」が存在し、アメリカが判断し、行動することはすべて世界にとっても善いことであるならば、国際組織による拘束は利己的な衝動に常に駆られている他国には必要でも、アメリカには必要がないことになる。アメリカが、領土や経済的利益のような利己的な目的のために武器をとることはなく、そのパワーの行使は常に防衛的なもの、善なる目的に資するものであるのなら、アメリカのパワーを国際組織の統制下に置くことは不必要であるばかりか、世界平和にとって不利益ですらある。世界におけるアメリカをひとり権力政治の「例外」と

位置づける思考は、多国間主義の否定へとつながっていくのである。
　いかなる国家も利己的欲求から自由ではありえないという前提の下、すべての国を一律に権力政治のアクターとして位置づけるリアリズムの世界観は、アメリカだけは権力政治からは自由たりえるという「例外主義」、そこから導き出される多国間主義の否定に対する本質的なアンチテーゼであった。本稿で考察されるように、モーゲンソーやニーバーは、国連が、米ソ対立によって本来期待された平和維持機能を麻痺させていく中にあっても、なおいかなる役割を果たし得るかを思考し続けた。そして彼らが国連に見出した重要な役割の一つが、アメリカのパワーの行使、単独行動主義の制限であった。

2. リアリストと世界政府論者
　——「二つの世界」における「一つの世界」論

　確かにモーゲンソーとニーバーは、世界政府論の痛烈な批判者であった。しかしこの事実を以って冷戦初期の彼らの思想的営為を、専ら「一つの世界」に対する楽観の打破と「二つの世界」という「現実」の裏書に求めることは妥当ではない。彼らは、主権国家体制の超克やソ連との平和共存を容易に考える世界政府論を批判しつつも、主権国家を超えた世界秩序を構想することそれ自体を批判していたわけではなく、「二つの世界」という現状に甘んじていたわけでもなかった[18]。
　彼らの世界政府論批判の要諦は、それが「二つの世界」を克服する論理を提供するどころか、逆に「二つの世界」の分断を一層強固なものとしてしまう危険を内在させていることにあった。1945年の国連憲章の採択とともにアメリカを包み込んだ「一つの世界」への楽観は、現実の「二つの世界」の進行によって打ち砕かれていき、1949年にはNATOという対共産主義を明確に掲げた軍事同盟が成立する。このわずか5年のうちに生じた「驚くべき速さの改宗」[19]を思想的に牽引したのは、当初最も声高に「一つの世界」を掲げていた論者であった。

世界政府論者にとって最大の難問は、アメリカとは明らかに異質な価値観を奉じ、国連では拒否権を行使してアメリカの提案をことごとく挫折に追いやるソ連の存在であった。世界政府論者は、ソ連への対応をめぐって、ソ連を含めた世界政府を究極的な目的としつつ、喫緊の課題として自由民主主義国家の連帯を形成すべきだという団体と、そのような排他的な連帯はソ連を疎外する結果に終わるとして、ソ連を包合するところに世界政府の意義は存在すると主張する団体とに分裂した。前者の立場を代表したのがクラレンス・K・ストレイト（Clarence K. Streit）率いるフェデラル・ユニオン社（Federal Union Co.）であり、後者を代表したのがコード・マイヤー（Cord Meyer）率いる統一世界連邦（United World Federalists）であった[20]。第二次大戦中、ストレイトは*Union Now*（1939）[21]を著し、ファシズム諸国に対抗するための民主主義連合として「フェデラル・ユニオン」を唱導した。この著作は30万部を超えるベストセラーとなり、1943年にはストレイトの構想を実現に移すためのフェデラル・ユニオン社の成立を見ることになった。しかし第二次大戦直後、ソ連との協調への楽観が依然支配的である中では、ストレイトの主張は広範な支持を得ることはできず、勢力を拡大したのは1947年に成立した統一世界連邦の方であった。統一世界連邦の会員は1949年までに5万近くにのぼった[22]。

ソ連への対応をめぐる世界政府論者の分裂を前に、ニーバーはソ連を含む世界政府論を「合理主義者の夢想」として批判しつつも、一層の激烈さでストレイトに典型的な「あからさまに反ソ連的」な世界政府論を批判した。自由民主主義対共産主義のイデオロギー対立という現実では、いかなる原理原則が世界政府の構成原理として「普遍主義」の地位を占めるべきかという根源的な次元で対立が生じている。確かにこのイデオロギー上の断絶を埋める作業は容易ではない。しかしだからといって、明らかにそれに同意できない人びとがいる現状で、自らが奉ずる原則を「普遍主義」として全世界の人びとに押し付けようとすることは、「世界政府という大義を掲げた第三次世界大戦」を招来しかねないのである[23]。

事実、1945年から1949年にかけてストレイトが辿った思想遍歴は、「世界政府という大義を掲げた第三次世界大戦」を赤裸々に唱導することこそなかった

が、ニーバーの危惧を裏書きするものだった。確かにストレイトの構想において、「フェデラル・ユニオン」はあくまで「世界政府」という究極的な目的が実現されるまでの過渡的形態に位置づけられていた。設立当初の段階で、自由民主主義的価値を共有しない国や自由民主主義の経験に浅い国を広く取り込もうとすれば、「フェデラル・ユニオン」の基盤は脆弱なものとなってしまう。ゆえにまず自由民主主義の長い伝統を持つ国家が「フェデラル・ユニオン」を形成し、漸次その他の国家を自由民主主義へと「改宗」させ、終局的に「真の世界政府」を樹立するというのがストレイトのシナリオだった[24]。しかしストレイトがナチズム打倒後の世界に発見したのは、世界政府樹立の好機ではなく、新たな障害としてのソ連であった。ストレイトは1949年に著した *Union Now* の戦後改訂版において、ソ連を含む世界政府は終局的な課題であり、アメリカが目下取り込むべき課題は、熟練した自由民主主義国家のみを含む「フェデラル・ユニオン」の形成にあると断言したのだった[25]。

全世界の自由民主主義化というストレイトのシナリオは、自由民主主義は普遍的な妥当性と魅力を備えており、諸国家はそれを実践できる能力と環境さえ整えば、自由民主主義へと移行していくはずだという絶対的な自信に支えられていた。しかしソフトパワーよる自由民主主義の拡大というシナリオが現実によって裏切られていくと、ストレイトは、共産主義勢力は結局のところ力しか理解しないのであり、自由民主主義陣営のもとに圧倒的なパワーを終結させ、その圧力によって共産主義国家の「改宗」を迫る以外に方法はないという見解へ急速に傾いていく。こうした「力しか理解しない共産主義」という敵対的なイメージは、自由民主主義国家は本来的に「平和愛好的」であり、そのパワー行使は常に「善」なる目的に資するものであるという楽観的信奉と相成り、「世界政府論者」という理想主義的なイメージとはかけ離れた、権力政治的な議論が生み出されていく。

ストレイトは、米ソの軍備を同量縮小せよといった提案は、決して侵略に用いられることのない自由民主主義の武力と、常に奇襲攻撃のタイミングを見計らっている共産主義の武力を同一視する、例えるなら「クエーカー教徒とギャング」を同一視するような誤りを犯した議論であると断罪する。そして国際平

和のためには、米ソの「勢力均衡」ではなく、自由民主主義勢力に圧倒的なパワーを結集する「勢力不均衡」が必要であると高唱し、専らその関心を「独裁国家勢力」に対する「自由民主主義勢力」のパワーの総計の算定へと向けていく[26]。国際平和への最善の道は「平和愛好的」な自由民主主義勢力のもとに、圧倒的なパワーを結集させることにあると高唱するストレイトの議論は、「民主主義の平和」論に内在する危険性を端的に露呈している。本来この議論は、民主主義国家はその制度的・価値的制約によって、戦争をしないという議論——その実証的な妥当性はここでは敢えて問わないが[27]——であったはずである。しかしストレイトにおいてそれは、「平和愛好的」な自由民主主義国家の下に置かれている限り、パワーは乱用されることはなく、常に「善」なる目的のために用いられるという議論に転倒させられ、圧倒的なパワーの保持を正当化する論理となっているのである[28]。

　ストレイトが描き出す、自由民主主義勢力の圧倒的なパワーの圧力による共産主義陣営の「改宗」というシナリオには、共産主義陣営という「他者」との溝をいかに埋めていくかという問題設定は存在しない。冷戦の進行とともに、「フェデラル・ユニオン」が自己目的化し、「二つの世界」の間の断絶を深める論理に変貌していったことは、その論理の必然的帰結であった。1949年にNATOが成立すると、ストレイトはもともと薄かった国連への関心を喪失させ、専らNATOのイデオローグに変貌していく。さらに当初はロシアに対して穏健なアプローチを主張していたマイヤーも、冷戦という現実によって自らの理想が裏切られていく中で、世界政府の実現を阻んでいるのはソ連であるという強烈な反共主義へと傾斜し、米国中央情報局（CIA）の一員としてアメリカの反共政策に関わっていく。しかもマイヤーにおいては、紛れもない反共政策への関与すら世界政府の樹立という究極の理想の手段として位置づけられていたのである[29]。

3. 国連の擁護者としてのリアリスト

　マイヤー率いる統一世界連邦とストレイト率いるフェデラル・ユニオン社は、米ソ対立の進行に伴い、機能不全に陥っていった国連をめぐっても異なる立場をとった。マイヤーは国連の機能不全は真の世界政府へと改編されることによって解決されるとして、憲章の改訂、特に拒否権の廃絶運動へ乗り出していった。対照的にストレイトは、国際平和の鍵を専ら共産主義陣営に対する自由主義陣営のパワーの優越に求め、国連への興味を失い、嫌悪すら抱いていく。雑多な利害、雑多な価値観を包合する国連は、自由民主主義によって一元的に統一された世界というストレイトの理想と根本的に背馳するものだったからである。ストレイトは、現世界に熟練した自由民主主義国の数よりも未熟な自由民主主義国や非自由民主主義国の数が多い以上、彼らすべてを包合する組織では、後者が前者に得票数で勝ってしまう、「世界の7分の1を占める自由民主主義勢力によるパワーの管理に、残り7分の6の非自由民主主義勢力の声を反映させる」ことは望ましくないと強調し[30]、「『フェデラル・ユニオン』が軍事同盟と批判されるならば、ヨーロッパ人、アジア人、アフリカ人、アメリカ人が1つの政府を共有できるという考えこそ非難されるべきだ」、国際平和は「50の雑多な国家の緩い連合」よりも、「自由民主主義勢力が、その他すべての国家のパワーの総計を上回るパワーを確保すること」によってこそ保たれるのだと主張したのだった。ストレイトにとってNATOは、ソ連の拒否権行使の心配なしに、アメリカが必要と判断した行動を迅速に実行に移せる点でも、多様な利害・価値観を奉ずる諸国家との政策調整を回避できる点でも国連より圧倒的に好ましい枠組みだった。ストレイトはNATOが成立する以前からNATOに「改宗」していたといえよう。

　マイヤーとストレイトは、一方は拒否権が廃絶された後の国連をバラ色のものとして描き出し、他方は国連の発展に期待することを完全にやめた点で対照的であったが、現状の国連に対する徹底した悲観において共通していた。彼らと対照させたとき、モーゲンソーやニーバーは相対的に現状の国連を肯定的に

捉えていた。もちろん彼らは、国連における米ソ対話に漠然と期待する楽観主義を厳に排すべきものと見なした。また彼らは、国連が安全保障機関や米ソ対話の場として不十分な役割しか果たしていないこと、ソ連の脅威からの防衛を最終的に担保するのは西側陣営のパワーの優越であることも率直に認めていた。しかし留意すべきは彼らが国連に対し、NATOのような自由主義陣営に属する国家のみから成る組織には果たせない役割を託していたことである。

　冷戦が進行するにつれ、ニーバーが国連への期待を減退させていったことは事実である。ニーバーは目下の世界情勢においては「多国間の軍縮」などといった国際主義的提案は実質的な意味を持ちえず、アメリカは「両陣営の境界線のすべての地点で、断固たる姿勢で望まねばならない」という立場を明確にしていた[31]。NATO成立後は、依然として国際平和の中核は国連であるべきだとする人びとを批判し、「理想を追求するあまりに、現実から目を背けることはあってはならない」、「世界の平和は事実上、西側陣営が圧倒的なパワーの優越を維持できるかにかかっている」と強調した[32]。

　しかしニーバーは、だからといって米ソ協調を前提とした憲章を「二つの世界」に適合的な形に書き換えるようなことはすべきでないと強調する。なぜなら「一つの世界」の名残をとどめている憲章の曖昧さこそ、自由主義陣営が共産主義からの防衛という命題を遂行しつつも、「一つの世界」への統合という究極の目的を放棄しない担保となっているからである[33]。さらにニーバーは、国連が国際安全保障機関として不十分であっても、そこでなされる米ソ間の対話が実り少ないものであっても、なおアメリカは国連への関与をやめてはならないと訴える。それはなぜか。確かにソ連の脅威に対抗するためにはNATOは不可欠である。しかしアメリカの冷戦外交の最重要課題は、「ソ連との戦争に勝つことでも、ヨーロッパをソ連の支配から防止することでもなく、ソ連との戦争を予防することにあり」、「NATOを成立させること自体が、ソ連との戦争を予防するという目的を促進するわけではない」からである。ニーバーはNATOの現実的必要性を率直に認めるよう説く一方で、過度にNATOに依存することが「ソ連との断絶を深め、国連という、東西の最低限の意思疎通の場を破壊する」事態を招来することを危惧し、「常にソ連に対し、交渉の窓口を残しておく」必

要性を強調したのだった[34]。

さらにニーバーが国連の重要な役割として注目したのは、他ならぬアメリカの行動、パワー行使の制限であった。ニーバーは冷戦が深化していく中で、ソ連に対する警戒を説くと同時に、「超大国は敵に滅ぼされることはないが、自身の傲慢によって容易に打ち負かされる」[35]とアメリカの傲慢さに常に警鐘を鳴らしていた。アメリカの巨大なパワーは自由主義陣営の防衛の要であるが、そのような巨大なパワーが一度乱用されれば、世界的危機に直結する。しかも米ソ間に存在する抜きがたい不信は、アメリカを常に予防戦争という「冷戦と熱戦の差異を理解しない悪漢や愚か者」の選択へと駆り立てている。ここにおいて、アメリカが理性を逸して安易に武力という手段にでないための「唯一ではないが、有効な手段」として浮上するのが、国連が課す一連の武力行使に関する抑制なのであった。さらにアメリカが国連への関与を続け、恣意的に武力を行使しない姿勢を明らかにすることは、アメリカのパワーを頼りにしつつも、その乱用を恐れる同盟国の恐れを緩和し、アメリカがその巨大なパワーで疲弊した諸国家を助ける過程を円滑にもする[36]。国連の意義をアメリカの行動とパワーの制約に求めるニーバーの国連観は、国連をアメリカの行動とパワーを拘束するものとして忌避するようになっていったストレイトのそれとは対照的なものだった。両者はともに共産主義陣営に対するパワーの優越を追求したが、ニーバーにとってこの命題は、そこで獲得される圧倒的なパワーの乱用をいかに防ぐかという考慮を伴ってこそ意義あるものだったのである。

さらにより積極的な国連擁護を展開したのはモーゲンソーであった。確かにモーゲンソーは1951年に著した *In Defense of National Interest* において、国連の成立に権力政治の終焉を見出す楽観論を批判して、国連の実態は、武力や外交といった伝統的手段ではなく、投票数によって争われる「異なる形の権力政治」に他ならないと強調していた[37]。しかし注意すべきは、実態としての国連を凝視するこの姿勢が、一方で国連への過剰な期待に対する戒めに帰結しつつも、他方で国連の「地味で大きなものではないが、しかし現実的な影響力」[38]をモーゲンソーに発見させていったことだろう。既に国連への失望が多く聞かれていた1954年、モーゲンソーは "The New United Nations and the Revision of the Charter"[39] を著し、憲章作成者が予想したものとは異なる形ではあったが、国連が何も成し遂げてこなかったわけではない、米ソ冷戦という深刻な制約下でも国連が機能し得る余地はあるという、相対的に肯定的な国連観を表明するのである。

論文冒頭でモーゲンソーは、冷戦の進行によって、米ソ協調によって平和を維持するという設立当初の理想は「幻想」となり、総会を舞台に、自由主義陣営が結束して共産主義陣営と対決する「新しい国連」が立ち現れていると指摘する。しかしモーゲンソーの強調点は、「冷戦の落とし子」である「新しい国連」が冷戦の遂行に寄与するものではあっても、その終焉に寄与するものではないこと、「古い国連」の理念を取り戻していくという課題を放棄してはならないということにあった。

まずモーゲンソーは、国連が戦争こそ防止しなかったものの、その短期化に貢献したインドとパレスチナの事例を挙げ、平和維持機能においてすら国連が全く無力であったわけではなく、米ソ協調に基づく国際平和という設立当初の理念は、現在の国連にもかすかであれ生き続けていると指摘する。そして東西の外交関係が滞っている現状では、たとえ形式的なものでも、東西両陣営が1つの組織を共有し、接触を保っているという事実は決して軽視されるべきではない、この事実が存在する限り、「すべての国家による平和協力という設立当初の理念は息づいている」と強調する[40]。

次にモーゲンソーは、当時盛り上がりを見せていた憲章改訂論を、「論理的整合性や法整備の完璧さは学問の場では美徳であろうが、政治の場では欠陥にすらなり得る」と断罪する。なぜなら憲章改訂論者が忌み嫌う憲章の曖昧さこそ、国連が「二つの世界」という予想外の事態に直面し、当初予想されたのとは大きく違ったコースをとりつつも、政治的発展を遂げることを可能にしたからである。さらにモーゲンソーは、「国連憲章はいかに脆くとも、東西両陣営を覆う『屋根』である」と強調し、現実にそぐわなくなったからといって憲章を改訂し、「古い国連」の理念を名実ともに捨て去るよりも、設立当初の憲章を保存し続けるべきだと主張する。なぜならそのような政治的選択によって、米ソ協調という理想を将来実現する「政治的可能性」が担保されるからである。確かに

それは可能性に過ぎない。しかし最初から不可能事と捨て去られるべきものでもない[41]。こうした議論には、一方で「二つの世界」という「現実」を直視せずに「一つの世界」という「幻想」に逃避する感傷的な理想主義を排しつつ、他方で「一つの世界」の理想を完全に棄却し、専ら「二つの世界」という「現実」を是認するだけの純然たる権力政治論も拒絶するモーゲンソーの「リアリズム」の立ち位置がよく表れている。

　創設直後の国連への楽観が広がる中で、モーゲンソーは、国連も権力政治からは自由ではなく、その枠内で機能するに過ぎないと強調する側に回った。しかし注目すべきことに、モーゲンソーは「政治的実体」としての国連を見据えた末に、一方で国連が権力政治の論理に取り込まれつつも、他方で権力政治の論理を乗り越えるモメントを保持していることを発見していく。モーゲンソーは次のように強調する。確かにアメリカは自由主義陣営の盟主として比類なきパワーを持っている。ゆえに伝統的な同盟関係ならば、アメリカは至極自由に振舞えるであろう。しかし国連外交ではそうはいかない。総会で議決を通そうとすれば、アメリカは3分の2以上の支持を求めて各国と政策を調整しなければならないが、調整が容易な国はわずかで、大半は極めて困難な国ぐにである。しかし各国との政策調整が困難だからといって、利害関係を密にする「中核」国家との同盟ですべての問題に対処しようとし、その他の国家を疎外するのは拙劣な国連外交である。もちろん国連外交でも軍事的・政治的パワーという要素は無視できない。しかしここでは投票数こそが最大のパワーであり、ビルマの1票もイギリスの1票も等しい1票である。そうである以上、アメリカはできるだけ多くの問題に関し、できるだけ多くの非同盟諸国と緊密に連携するよう努めねばならず、「最大の軍事・政治的パワーを持つ盟主が、その国の投票を必要とするがゆえに最弱国の要望を聞き入れねばならないような事態」も想定しなければならない[42]。

　以上見てきたようなモーゲンソーとニーバーの国連論は、アメリカの国連外交の命題を、自由主義陣営の「数の圧力」によるソ連の封じ込めの一点に収斂させ、この目的に照らして国連が有効でないと判断するや、NATOへと関心を移していった政策決定者の国連観と対照的なものであった。冷戦初期の国連

外交を主導し、後に国務長官となるジョン・フォスター・ダレス（John Foster Dulles）は、「アメリカは国際的不正義との戦いにおいて、国際世論の動員のために大いに国連を活用すべきだ」[43]と唱導し、国連における共産主義陣営の「封じ込め」が行き詰まると、「普遍的国際組織は重要である。しかし世界的結束が実現される遅遅たるスピードに、地域的行動が拘束されねばならない理由はない」[44]との立場を打ち出し、現在の世界で国際道義を体現しているのは「正義と平和のための生ける制度」[45]であるNATOであると高らかに宣言したのだった。

さらにダレスは、国連が国際平和の中核になり得なかった原因をすべて、拒否権を行使してアメリカの国際主義的な提案をことごとく挫折させたソ連に求めたが[46]、この点についてモーゲンソーやニーバーは異なる見解を示していた。モーゲンソーに言わせれば、拒否権とは「少数派である方の大国 ── それは大抵ソ連である ── が多数派に対して異議を唱え、その利益を敵意に満ちた多数派から擁護するための道具」[47]であり、ソ連の拒否権の行使は、ソ連が国際社会の少数派を自認し、その存在と意見が多数決によって否定し去られないための制度的保障を求めているという政治的現実において理解されねばならないのだった。ニーバーも、拒否権の廃絶を高唱する世界政府論者を、「世界の複雑な諸問題を、純然たる論理的・制度的問題に回収しようとする」「制度理想主義（constitutional idealism）」と痛烈に批判し、いたずらに制度上の完璧さを追求して拒否権を廃絶することの帰結は、政治的交渉によってかろうじて保たれている米ソ間の同意を根絶させることに他ならないと糾弾したのだった。さらにニーバーは、アメリカがソ連の度重なる拒否権行使にしびれを切らし、「総意」の名の下に少数者たるソ連を貶める傾向にあることに警鐘を鳴らす。多数決ルールとは、多数者が少数者の利益を踏みにじることはないという同意が存在して初めて機能し得る。米ソに最低限の相互信頼すら存在しない現状では、多数決は単なる多数者の意見の押し付けに過ぎないのである[48]。モーゲンソーやニーバーにおいて、拒否権とは「二つの世界」という政治的現実の制度的表現として消極的に追認されるだけでなく、「総意」の乱用による「同意」の破壊 ── アメリカが「総意」の名の下に少数派たるソ連を貶め、米ソ間の最

低限の「同意」すら破壊してしまう — を防止する保障として、肯定的な意義すら付与されていた。そして国連の機能不全の責めは、拒否権に固執するソ連だけでなく、ソ連が拒否権に固執する背後にある政治的事情を理解せず、「総意」という名の圧力を乱用する傾向にあったアメリカにも求められねばならないのだった。

4. リアリストの「一つの世界」論
—— 「下」からの「世界共同体」の形成

　確かにニーバーやモーゲンソーは、当時さまざまな論者・団体によって唱導された世界政府論の批判者であった。しかし「国家は国内平和を維持するために不可欠のものである。ホッブスの哲学が真に伝えようとしたのはまさにこの点である。しかし国家はそれだけでは国内平和を維持することはできない。ホッブスの哲学の重大な欠落はここにある」[49]というモーゲンソーの主張が集約するように、彼らの批判は、「世界政府」という究極の理想そのものの否定ではなく、「世界政府」は「世界共同体」に支えられてこそよく機能し得るという「下からの世界共同体」論からの批判であった。彼らは「世界政府」の設計の前にまず、イデオロギーやナショナリズムによって引き裂かれた世界の断絶をいかに埋めていくか、いかに共同体意識を醸成していくかという問いを先決課題に据えたのである。

　ニーバーは、法制面で不十分であるからといって現状の国連を否定し、それをより完璧な組織へと改編しようとする世界政府論者は、二つの基本的な事実 —— 世界政府は単なる法令によっては創設され得ないという事実、共同体を形成・統合していく上で政府が果たすことができる役割は限られているという事実を理解しておらず、「国民形成の複雑で迂遠な歴史的プロセスを、制度や憲法のような形式によって制御できるという幼稚な幻想」を奉じていると批判する。政府の権威を究極的に担保しているのは法でも暴力でもなく、「共同体の暗黙の同意」であって、法や警察は既に存在する共同体を維持・促進することはでき

ても、共同体そのものを創りだすことはできない。むしろ共同体の構成員の間に「一体感（togetherness）」が決定的に欠如している現状に、形式的に政府や憲法を打ち立てても、機能しない政府ができあがるばかりか、同意の不在を強制力で補おうとする「世界専制」が現出してしまうのである。こうした認識に立ってニーバーは、アメリカ外交の創造性は世界政府のような抽象的理想の唱導ではなく、その富を疲弊した世界のためにどう用いるか、その巨大なパワーに各国が寄せる危惧をいかに解消していくかといった「地味ではあるが、より困難な課題」において発揮されるべきだと提案する。確かにこうした具体的な懸案事項の解決を通して信頼を醸成していく作業は、忍耐と時間を要する作業である。しかし少なくともそれは、世界共同体へ「現実に」向かう政策なのである[50]。

　政治共同体の創出に関し、憲法の施行や統一的権力の創出のように「上」からアプローチするのではなく、相互の信頼醸成、共同体意識の醸成といった「下」からアプローチするという点で、モーゲンソーがデイビット・ミトラニー（David Mitrany）の機能主義に共感を寄せたのは自然なことであった。モーゲンソーはミトラニーの著作 *Working Peace System* [51] に序文を付し、次のように論じた。技術・コミュニケーションの発展、核爆弾の登場によって、現代世界においてナショナリズムは、政治体の組織原理として有効性を失いつつある。にもかかわらず第二次大戦後、東西ヨーロッパや中国ではナショナリズムの要求が復活し、脱植民地化を遂げた新興諸国では、既存国家のさらなる細分化へと向かう「マイクロ・ナショナリズム」の問題が深刻化している。これらの新興諸国の多くは、長年の植民地支配、恣意的にひかれた国境線のために恒常的な政治不安に悩まされ、外国からの介入が必要なこともしばしばである。しかし皮肉なことに、彼らは国家として脆弱であるがゆえに、外国の「新植民地主義」に対する防衛手段として国家主権に固執し、過度のナショナリズムを噴出させているのである。

　しかし強調すべきは、モーゲンソーが、主権国家が政治単位として有効性を喪失しつつある世界にナショナリズムが再燃し、一層世界を細分化している皮肉を指摘しつつも、より大きな政治単位の創設に処方箋を求めることに極めて

慎重な姿勢をとっていることである。むしろモーゲンソーは、ナショナリズムによる世界の細分化に抗い、世界の統一を掲げて台頭する「自国中心主義的な普遍主義（Nationalistic Universalism）」に一層大きな脅威を見出す。この「自国中心主義的な普遍主義」は、自国が奉ずる原則が全世界を律する原則となるべきだという熱情、ナショナリズムによって分断された世界を「一つの世界」へと作りかえていこうとする衝動に特徴付けられる。それは歴史的に、ウィルソンによる民主主義普及のための十字軍、ファシズムドイツの「新秩序」論、ロシア・中国共産主義の世界革命論、アメリカの「自由世界」防衛などの形をとってたびたび現れてきた。モーゲンソーは、「確かにナショナリズムによって世界が分断され、無政府状態となっている現状は望ましくはない」としつつも、「しかしそれを克服しようとする試みがナショナリズムという害悪の最も極端な発露となるのならば、ナショナリズムによって分断された世界の現状の方がまだ望ましい」という暫定的結論が導くのである。

　もっともモーゲンソーはだからといって「一つの世界」を実現不可能な理想として棄却し、ただ現状の無政府状態を肯定すべきだとは考えない。モーゲンソーが「世界平和を脅かすナショナリズムの挑戦に対する唯一の理性的対応」として評価するのが、国連の特殊機関やヨーロッパ共同体に見られるような、諸国家の自発的な協力に基づく共通利益の促進、ミトラニーが提唱する機能主義的アプローチであった。諸国家が、文化・政治体制・イデオロギーの違いを越えて普遍的に共有する社会的要求を、主権国家を超えた枠組みによって満たしていく——このような機能主義による主権国家の超克は漸進的ではある。しかしそれは、人々が現実に感じているニーズを満たすことによって、国際共同体を「事実」として作り出していく。それはモーゲンソーの「リアリズム」に合致したものだった。

　機能主義は、熾烈なイデオロギー対立という冷戦期の現実を見据えつつ、なお世界共同体を志向する有力な論拠を提供するものであった。ミトラニーは *Working Peace System* に付した自らによる序文で、東西のイデオロギー対立によって政治・安全保障面では行き詰まりを迎えている国連が、対外援助や技術援助などの面では「静かで地道な」成功を収めていること、行政・サービス諸

機関の地道な活動の中に「世界共同体意識」が萌芽的なものであれ確かに育まれていること、国際組織による介入が自国の政治的独立を脅かすことを警戒する新興諸国も、行政・サービス面での国際組織への参加には積極的であることに注意を促す。ミトラニーが強調するように、機能主義によって「下」から形成されていく世界共同体の形態は日々変化し、その終局的な形態を予め設計することはできない。むしろこのような「一つの世界」への道程においては、共同体意識を育むプロセスこそが重要であり、終局的な形態は二次的な重要性しか持たない。世界の分断という厳然たる事実から出発しつつも、そこにかすかな形ではあれ確かに兆している「一つの世界」への萌芽を洞察し、そこから「一つの世界」に至る現実的なプロセスを探ろうとするミトラニーにとって、世界政府の究極的形態に専ら関心を絞り、そのような理想とかけ離れた現実を嘆き、結果「一つの世界」という理想自体を放棄するに至った世界政府論者は、根本から順序を取り違えているのだった。ミトラニーは当時既に過去のものとなりつつあった世界政府論に言及し、「大西洋レベル、さらには地球レベルに偉大なる連邦秩序を実現せよという主張は、一時期人々の注目や熱意を集めたものの、結局は盲目的な理想主義に陥り、実質的な政治行動へと発展させられることはなかった」と断罪したのだった[52]。

5. リアリズムによる「二つの世界」の克服 —— 対立の多元化

　ストレイトの冷戦理解は単純である。そこには自由主義陣営と共産主義陣営の対立しか存在しない。それゆえアメリカ外交の課題は、自由主義陣営の盟主として陣営の結束を維持・強化し、共産主義陣営に決然たる態度で挑むことの1点に収斂される。もちろんこうした外交課題は、モーゲンソーやニーバーにも共有されていた。しかし彼らの冷戦理解は、ストレイトの二元的理解に比して遥かに多様で複雑であった。
　冷戦が進行していく中でモーゲンソーが目を向けたのは、共産主義陣営からの防衛という共通利害で一致した自由主義陣営の結束よりも、共通の敵以外に

連帯の要件を持たない自由主義陣営の脆さであり、共通利害の表層を1枚剥ぎ取ったところに立ち現れる自由主義陣営内の足並みの乱れであった。もちろん共産主義に対する防衛を実質的に担うのがアメリカである以上、同盟国はあからさまにアメリカの政策に反対することはできない。しかしモーゲンソーは、彼らもアメリカの政策が国益にあまりに背馳していると判断すれば、単なる形式的支持者となるだろう、非同盟諸国に至っては、国益が指し示す方向に従い、厳正中立の立場に戻ることも、共産陣営に加わることすら可能であると指摘し、アメリカは共産主義という大きな敵を共有しているからといって自由主義陣営の結束を過信することなく、陣営内の温度差に配慮し、その結束の脆さを補う政策を心がけねばならないと強調する[53]。モーゲンソーにおいては、自由主義陣営内部の国益・政策上の不一致は、共産主義陣営に対する結束の障害と見なされるどころか、アメリカが盟主たる地位に驕って暴君化する事態を防ぎ、アメリカ外交の課題が共産主義陣営に対する強硬外交の一点に収斂することを防ぐための安全弁として、肯定的にすら捉えられている。

モーゲンソーが、各国が米ソ冷戦戦略の制約を受けつつも、その枠組みに収まらない政策を遂行し、独自の関係性を取り結びあっている様子に着目することで冷戦的な二項対立を切り崩していったのならば、ニーバーは各国のイデオロギー的多様性に着目することで、多元的な世界を描き出していったといえよう。もちろん冷戦というイデオロギー対立においては、ニーバーも共産主義の脅威からいかにして自由主義陣営の奉ずる価値を防衛するかを最重要課題にせざるをえなかった。しかしだからといってニーバーは、自由主義陣営のイデオロギー上の統一性を謳うことはしない。むしろニーバーは、アメリカと同盟国との間に「民主主義」という根源的価値の定義をめぐって重大な不一致が存在することに注意を促す。そしてアメリカが自らの理解する「民主主義」を同盟国に押し付ける傲慢を改め、彼らが定義する「民主主義」に理解を示せるかどうかが、アメリカがよき盟主になれるかどうかの分水嶺だと訴えるのである。

第二次大戦中、ナチスに対する民主主義勢力の一致団結が唱導される中で、ニーバーは各国が各様に「民主主義」を理解している差異に目を向けていた。そしてアメリカはどの国民よりも「民主主義」を自由な経済活動・私的所有権

と同一視しやすいと、アメリカが定義する「民主主義」が特有の偏りを持ったものであることを強調し、アメリカが自らの定義を絶対的なものとしてヨーロッパの人びとに押し付ける傾向にあることを警戒していた。ヨーロッパの人びとが独裁政を嫌悪していることは確かである。従って政治的な意味における「民主主義」に関しては、アメリカとヨーロッパとの認識の距離は遠くない。しかし経済面に関して言えば、ヨーロッパの人びとが理解する「民主主義」はアメリカよりも社会主義的傾向が強いものであり、彼らが自由な経済活動を至上価値とするアメリカ人の「民主主義」に違和感を感じるのは当然である。ニーバーは、アメリカは自らが考えるものと違うからといって、ヨーロッパの「民主主義」に否定的になってはならないと強調する。自由主義陣営の盟主を自認するならば、アメリカは自身が考える「民主主義」の押し付けを厳に避けながら、ヨーロッパが活力を取り戻すための援助に徹すべきなのである[54]。

　冷戦が進行し、今度は共産主義勢力に対する民主主義勢力の結束がうたわれるようになると、ニーバーは一層警告の声を強くしていく。アメリカ国民は、一度個人の自由が確保されれば、秩序も正義も自然に達成されるという「レッセフィール的信条」を依然奉じているが、これは地政学的・歴史的諸条件に恵まれたアメリカという背景においてこそ説得力があるテーゼである。歴史的・社会的条件において異なるヨーロッパの人びとにとって、この信条は当の昔に有効性を喪失した、例えるならば「機械化時代の馬車」のようなものである。アメリカの「民主主義」がアメリカの歴史経験を反映したものであるように、ヨーロッパの「民主主義」も彼らの歴史経験を反映したものでしかありえないのである[55]。

　このようにニーバーはアメリカ的価値の普遍性を自明視し、それを他者に押し付けることの傲慢を痛烈に批判したが、だからといってアメリカ的価値に普遍的要素を認めていなかったわけではない。ニーバーが「アメリカの道義的・精神的資源」の重要な源として強調したのが、「人種的、文化的、宗教的多元主義」であった。ニーバーに言わせれば、この多元主義こそがアメリカの国内秩序の源であり、アメリカがその本質において多元的な世界共同体と付き合っていくのに必要な精神なのであった[56]。

モーゲンソーとニーバーが提示した多元的世界観は、自由主義陣営と共産主義陣営の二元的世界観に本質的な挑戦を投げかけるものであった。二元的な冷戦把握には、この対立を相対化する別の政治的境界線は存在しない。ゆえにこの境界線を克服しようとすれば、自陣営の拡大によって境界線を相手側に押しやり、相手陣営を消滅させ、自陣営＝世界とするしかない。それに対しモーゲンソーとニーバーは、東西陣営の境界線を世界把握の基軸に据えつつも、両陣営内部の多様性やほころび、各国が国益の命ずるところに従って遂行する独自の外交政策、各国がその歴史的経緯の中で育んできた独自の価値観といったものに着目し、各国の利害・価値観が錯綜する複雑で多元的な世界を描き出していく。確かにそこには至るところに対立や不一致がある。しかしこの対立の複数性こそ、一つの対立が共存を不可能ならしめるほどに決定的なものとなることを防いでいる。対立の存在を否定するのではなく、むしろ至るところに利害・価値観の対立や不一致を見出していくことによって、「敵」「味方」の二種類のみから成る膠着した二項対立的世界観を掘り崩していくリアリストの思考は、米ソ間の埋めがたい断絶という現実から目を逸らすことで成り立っていた「一つの世界」の幻想が打ち砕かれた後にあって、より控えめな、しかしより確かな形で「一つの世界」への道を提示したものだったといえるのかもしれない。

おわりに

最後に、本稿で考察された冷戦初期リアリストの思考が、今後アメリカ外交がとるべき進路に関し、どのような示唆を含んでいるのかを考察して終わりとしたい。世界の多様性を、「敵」と「味方」に分かたれた二元的世界の硬直を回避する防波堤と見なすニーバーやモーゲンソーの思考は、アメリカの政策に追随するか否か、自由民主主義というアメリカ的価値を共有し得るかどうかで、世界を二分していく現ブッシュ政権の対外政策への痛烈なアンチテーゼであるといえよう。「帝国」化する現代アメリカの忌憚ない批判者、ツヴェタン・トドロフは、世界に対し「楽園か権力か」と迫るロバート・ケーガン[57]に反論

し、世界がとりうる選択肢は、国際法や国連に漠然と期待し、「世界政府という夢見られた統一」の中に耽溺するか、「アメリカ帝国のまさしく現実の統一」を平和の代償として甘受するかの二者択一では尽くされない、「統一の中に救済を求める」方法だけでなく「多様性の選択」があると強調する[58]。このトドロフの問題提起が、モーゲンソーやニーバーのそれと重なりあうものであることは明らかであろう。自由民主主義的な価値によって統一された世界を理想とし、多元的な世界を「不完全な世界」「不安定な世界」に読み替えていく現代アメリカ外交を前に、私達は、多元性を根本に据えて「一つの世界」への道程を模索したニーバーやモーゲンソーの思想的営為と真剣に向かいあうべきではないだろうか。

　さらに彼らの国連観も現代アメリカ外交への重要な示唆に富んでいる。ニーバーもモーゲンソーも、国連の機能に限界があることを明確に認識していた。しかしそのような冷徹な認識ゆえに、彼らは限られた範囲で国連が何をなし得るかを明晰に思考し続けた。そのような思考の先に彼らが見出した国連の最大の意義は、アメリカの単独行動主義の制限、アメリカのパワーの制限にあった。ニーバーはアメリカの国連への関与を、巨大なパワーを保持したアメリカが理性を逸し、恣意的な行動に出ることを防ぐ重要な担保と見なした。モーゲンソーは伝統的な同盟関係と国連外交との差異を強調し、国連ではその国の投票を必要とするために、「最強国」のアメリカが「最弱国」の意見を拝聴しなければならない事態すらありうるとして、盟主アメリカの自制を求めた。彼らは、アメリカが盟主となるための条件を、共産主義という敵に対する断固たる態度だけでなく、自らの巨大なパワーにいかに抑制を課すか、利害・見解を違える諸国家といかに折り合っていくかという点にも求めていたのであり、後者の課題において重要な場として浮上したのが国連だった。彼らの国連観は、国際機関の役割をアメリカの「使命」に「多国間主義」の様相を与えることに矮小化し、一度「使命」の妨げになると判断すれば容易に放棄するアメリカ的「多国間主義」の問題点を鋭く指摘するものであろう。

　近年のアメリカは武力行使に関して国連が定める一連のプロセスを「形骸化した法律主義」と断罪し、武力行使の正当性の根拠を国際法や国連に求めるこ

とをやめ、ますます独善的な道義的・人道主義的な修辞に訴えるようになっている[59]。確かに人道的介入の問題など、冷戦後世界の諸問題への対応において国連が十分な機能を果たしてこなかったことは否定できない。しかし再度トドロフの言葉を借りれば、「国際制度の欠陥を確認したからといって、私達はこれら国際制度をこれまでよりもさらにないがしろにしてもいいということにはならない」[60]。確かに「無能な国連」は克服されるべきだろう。しかし国連は、「無能な国連」に代わって「使命」の遂行を自負する一国家の追随者にもなるべきではない。

リアリストは多国間主義の可能性に楽観的ではない。彼らは国益が命ずれば大国が容易に国際組織を蹂躙することを知っている。しかし彼らが多国間主義に悲観的なのは、それを国家のパワーを制限するもの、政策の調整を迫るものと認めているからである。彼らはアメリカの政策の妨げになっているからといって、多国間主義そのものの内実を都合のよいものに変え、アメリカの政策と多国間主義の両立をつくろうことはしない。彼らは異質な価値、利害を奉ずるものとの多国間主義の構築が困難であるからといって、先験的にパートナーを利害・価値観を共有する国家に限定することもしない。マックス・ブーツは「アメリカ外交において異端者であったのは『ウィルソン主義者』ではなく、彼らを批判したリアリストであり、彼らが説く非道徳的な対外政策は、19世紀ヨーロッパの貴族の間では大いに栄えたが、自由の国アメリカにおいてはついぞ根付くことのなかった」[61]と高らかにうたいあげたが、現在のアメリカ外交の行き詰まりは、リアリズムの知恵を「自由の国アメリカ」にそぐわない「非道徳」な知恵として切り捨て、彼らの主張の中に、「自由の国アメリカ」だからこそ必要な叡智が存在することを知ることがなかった戦後アメリカ外交の根本的行き詰まりなのかもしれない。

注

1) John J. Mearsheimer, "The False Promise of International Institutions," *International Security*, Vol. 19, No. 3 (Winter 1994-1995), pp. 5-49. Mearsheimer, "Hans Morgenthau and the Iraq War: Realism versus Neo-Conservatism," *open-*

democracy.com (May 19, 2005).

http://www.opendemocracy.net/democracy-americanpower/morgenthau_2522.jsp.

2) Edward C. Luck, *Mixed Messages: American Politics and International Organization, 1919-1999* (Washington, D.C.: Brookings Institution Press, 1999), Chapter 2.

3) Tony Smith, "Morality and the Use of Force in a Unipolar World: The 'Wilsonian Moment'?" *Ethics and International Affairs* Vol. 14, No. 1 (2000), p. 22.

4) Max Boot, "America's Destiny is to Police the World," *Financial Times* (Feb 19, 2003).

5) Tony Smith, "Wilsonianism after Iraq: The End of Liberal Internationalism?" (May 25, 2007). ase.tufts.edu/polsci/faculty/smith/wilsonianism.pdf.

6) John Ikenberry and Anne-Marie Slaughter, "Forging a World of Liberty under Law: U.S. National Security in the 21st Century," (Oct 3, 2006), pp. 7-8. http://wws.princeton.edu/ppns/report/FinalReport.pdf.

7) 最上敏樹は、国連における多国間主義の本質は、同意の可能性や組織としての効率性よりも、普遍的な加盟国が同じ場を共有し、共通課題を討議するという点に求められねばならないと主張する。もちろん最上も、「加盟状況が普遍化すればするほど、価値観や要望面での不一致は広がる」と、加盟国の普遍性と、同意可能性・組織としての効率性との間にディレンマが存在することを明確に認識している。しかしその上で、「だが、そもそも多国間主義とは、そういう不一致にもかかわらず国々が同席し協力することを意味している」(傍点最上)、そのために国連が「和合の場というより抗争の場であり続けざるをえない」としても、「各国が『秩序を求めて』単独主義に走るよりは明らかにまし」であると強調する。最上敏樹『国際機構論』(東京大学出版会、1996年)、146 – 147頁。

8) Tony Smith, *America's Mission: The United States and the Worldwide Struggle for Democracy in the Twentieth Century* (Princeton: Princeton University Press, 1995).

9) Smith, "Wilsonianism after Iraq: The End of Liberal Internationalism?" p. 43.

10) もっとも冷戦以前のアメリカに、国益とパワーの冷静な算定、自国に有利な勢力均衡の保全を通して、自国の安全を確保するという「リアリズム」に基づく外交が存在しなかったわけではない。事実モーゲンソーも、アメリカ外交は国益に関する「現実主義」的認識を欠く傾向にあったと指摘しつつも、例外的にアレクサンダー・ハミルトンらによる建国初期の外交政策を高く評価している。Hans J. Morgenthau, "What is National Interest of the United States?" *Annals of the American Academy of Political and Social Science*, Vol. 282 (Jul 1952), pp. 1-7. しかし注意すべきは、モーゲンソーがアメリカ外交に移入しようとした「リアリズム」は、建国初期外交における「リアリズム」とは本質的に異なる前提を含んでいたことである。モーゲンソーが建国初期外交を評価するのは、彼らがヨーロッパの影響力からアメリカを防衛するためには、

ヨーロッパの動向を注意深く洞察し、能動的な外交努力によって好ましい均衡状態をつくりだす必要があることを明確に認識していた点においてであり、「理念の国」アメリカをヨーロッパの権力政治から防衛するという目的そのものに共感していたわけではない。むしろモーゲンソーは、アメリカを道徳的に高潔な「理念の国」と見なす観念に関しては徹底的に批判的であり、彼の強調点の1つは、アメリカとて、権力への欲求から自由ではないということだった。冷戦初期にモーゲンソーらによってアメリカ外交にもたらされたリアリズムの革新性は、それが国益・パワーに基づく対外政策を謳うものであったこと以上に、彼らのテーゼが、「理念の国」アメリカという自明視されてきた国家アイデンティティに根本的再考を迫るものだったことにある。この問題については、次節で詳述する。

11) 第二次大戦の前後に多数創設された世界政府団体の歴史を概観するには、Joseph Preston Baratta, "The International History of the World Federalist Movement," *Peace & Change*, Vol. 14, No. 4 (Oct 1989), pp. 372-403. Baratta, "Introduction" in Baratta ed., *Strengthening the United Nations-A Bibliography on U.N. Reform and World Federalism* (Westport, Conn.: Greenwood, 1987), pp. 1-15.

12) Reinhold Niebuhr, "The Illusion of World Government," *Foreign Affairs*, Vol. 27 (April 1949), pp. 379-388.

13) ハンス・J・モーゲンソー著、現代平和研究会訳『国際政治 ― 権力と平和』第三巻(福村出版、1998年)、518頁。

14) 一例として、原彬久『新版:国際関係学講義』(有斐閣、2001年)、10-14頁。

15) Kenneth W. Thompson, "Philosophy and Politics- The Two Comments on Hans J. Morgenthau," in Kenneth Thompson and Robert J. Myers eds., *Truth & Tragedy, A Tribute to Hans J. Morgenthau* (New Brunswick and London: Transaction Books,1984), pp. 24-25.

16) Thomas I. Cook and Malcolm Moos, *Power through Purpose: The Realism of Idealism as a Basis for Foreign Policy* (Baltimore: Johns Hopkins Press, 1954). クックとモースの批判を含め、モーゲンソーの権力政治論が、当時の国際政治学者の間に巻き起こした論争については、大畠英樹「第一回ナショナル・インタレスト論争について(一)」『早稲田社会科学研究』第38号、1989年、113-146頁。

17) Morgenthau, "What is National Interest of the United States?" p. 3.

18) 従来の研究は、モーゲンソーとニーバーの世界政府批判を、「現実」を不変と見なす立場から、「望ましいこと」を即「可能なこと」を見なす世界政府論者の素朴さを批判したものと意義付け、彼らが世界政府論者とは異なる方法で「一つの世界」を模索していたことを指摘することはほぼ皆無であった。例えば、リチャード・A・フォークは、政治という領域においては「可能なもの」と「望ましいこと」とは厳格に区別さ

れねばならないとするモーゲンソーの態度は、よりよい国際秩序へ向かう可能性を過小評価するものだったと断罪している。Richard A. Falk, "Normative Constraints on Statecraft," in Thompson and Myers eds., *Truth & Tragedy*, p. 82. スガナミ・ヒデミは、モーゲンソーは世界国家を究極の理想としていたが、その実現可能性に悲観的であったために、自らの役割を、世界政府を欠いた現状の不安定性を強調する「現実主義」に見出すことになったと評価する。H. スガナミ著、臼杵英一訳『国際社会論』（信山社、1994年）、163-165頁。ニーバーの世界政府批判についても基本的に同様の論調である。ジョセフ・P・バラッタは、世界政府論を、それを支える世界共同体の不在という観点から批判するニーバーの主張は、冷戦初期の国際状況に囚われたものであり、その後の世界共同体の発展を見通すものではなかったと評している。Baratta, "Introduction," pp. 11-12.

19) Erich Hula, "International Government," in Thompson and Myers eds., *Truth and Tragedy*, p. 187.

20) "Russia In-Or Russia Out?" *Freedom & Union*, Vol. 2, No. 10 (Nov 1947), pp. 26-29. *Freedom & Union* はフェデラル・ユニオン社の機関紙。

21) Clarence K. Streit, *Union Now- A Proposal for a Federal Union of the Democracies of the North Atlantic* (New York: Harper and Brothers, 1939).

22) Lawrence S. Wittner, *Rebels Against War: The American Peace Movement, 1941-1960* (New York: Columbia University Press, 1969), pp. 135, 170-171, 208.

23) Reinhold Niebuhr, "The Myth of World Government," *The Nation*, Vol. 162, No. 11 (March 16, 1946), pp. 312-314.

24) Streit, *Union Now* (1939).

25) Clarence K. Streit, *Union Now - A Proposal for an Atlantic Federal Union of the Free*, Postwar ed., (New York: Harper, 1949).

26) Streit, *Union Now, Postwar ed.*, pp. 257, 262-267, 271.

27) 「民主主義の平和」論に内在するさまざまな問題点、論点については、Michael E. Brown, Sean M. Lynn-Jones, and Steven E. Miller eds., *Debating Democratic Peace*, (Cambridge, Mass.: MIT Press, 1996).

28) ローレンス・S・ウィットナー（Lawrence S. Wittner）は、ストレイトが世界政府を最終目標に掲げつつも、現実には「独裁国家」に対する「民主主義連合」の主張に終始したことについて、「理想主義的主張とは程遠く」、「むしろそれは明確に保守的ですらあった」と評価している。Wittner, *Rebels against War*, p. 135.

29) Cord Meyer, *Facing Reality: From World Federalism to the CIA* (New York: Harper &Row, 1980), pp. 408-409.

30) "The Federal Union Answer," *Freedom & Union*, Vol. 2, No. 10 (Nov 1947), pp. 22-

23. Streit, *Union Now, Postwar ed.*, p. 275.
31) Reinhold Niebuhr, "For Peace, We Must Risk War," *Life*, Vol. 25, No. 2 (Sep 20, 1948), pp. 38-39.
32) Reinhold Niebuhr, "The North Atlantic Pact," *Christianity and Crisis*, Vol. 9, No. 9 (May 30, 1949), pp. 65-66.
33) Niebuhr, "The Illusion of World Government," p. 383.
34) Niebuhr, "The North Atlantic Pact," p. 66.
35) Reinhold Niebuhr, "Hybris," *Christianity and Society*, Vol. 16, No. 3 (Spring 1951), p. 4.
36) Reinhold Niebuhr, "The Moral Implications of Loyalty to the United Nations," *Hazen Pamphlet*, No. 29 (New Haven, 1952), pp. 8-10.
37) Hans J. Morgenthau, *In Defense of the National Interest : A Critical Examination of American Foreign Policy*, (New York : A.A. Knopf, 1951), pp. 99-104.
38) *Ibid.*, p. 104.
39) Hans J. Morgenthau, "The New United Nations and the Revision of the Charter," *The Review of Politics*, Vol. 16, No. 1 (January 1954), pp. 3-21.
40) *Ibid.*, pp. 14-16.
41) *Ibid.*, pp. 16-17, 21.
42) *Ibid.*, pp. 11-14.
43) John Foster Dulles, "Ideals, Not Deals," (Feb 10, 1947), cited in Mark G. Toulouse, *The Transformation of John Foster Dulles : From Prophet of Realism to Priest of Nationalism* (Macon, Ga.: Mercer University Press, 1985), p. 185
44) John Foster Dulles, *War or Peace* (New York: Macmillan, 1957), p. 93.
45) John Foster Dulles, "The North Atlantic Pact: Statement before the Foreign Relations Committee of the United States Senate," (May 4, 1949), cited in Toulouse, *The Transformation of John Foster Dulles*, p. 216.
46) Toulouse, *The Transformation of John Foster Dulles*, p. 209.
47) Morgenthau, "The New United Nations and the Revision of the Charter," p. 3.
48) Niebuhr, "The Myth of World Government," p. 313. Reinhold Niebuhr, "The Atomic Bomb," *Christianity and Society*, Vol. 11, No. 1 (Winter 1945), p. 4.
49) モーゲンソー、前掲『国際政治』第三巻、513頁。
50) Niebuhr, "The Myth of World Government."
51) Hans J. Morgenthau, "Introduction," in David Mitrany, A *Working Peace System* (Chicago: Quadrangle Books, 1966), pp. 7-11.
52) "Author's Foreword," *Ibid.*, pp. 13-21.

53) Morgenthau, "The New United Nations and the Revision of the Charter," p. 11.
54) Reinhold Niebuhr, "The Perils of Our Foreign Policy," *Christianity and Society*, Vol. 8, No. 2 (Spring 1943), p. 20.
55) Reinhold Niebuhr, "The Ideological Factors in the World Situation," *Christianity and Society*, Vol.11, No.3 (Summer 1946), pp.4-6. Reinhold Niebuhr, "America's Precarious Eminence," *The Virginia Quarterly Review*, Vol. 23, No. 4 (Autumn 1947), pp. 481-490.
56) Reinhold Niebuhr, "America's Moral and Spiritual Resources (1956)" in Niebuhr, *World Crisis and American Responsibility : Nine Essays*, (New York : Association Press, 1958), p. 32.
57) Robert Kagan, *Of Paradise and Power: America and Europe in the New World Order*, (New York : Knopf, 2003).
58) ツヴェタン・トドロフ著、大谷尚文訳『イラク戦争と明日の世界』(法政大学出版局、2004年)、85頁。
59) Adam Branch, "American Morality over International Law: Origins in UN Military Interventions, 1991-1995," *Constellations*, Vol. 12, No. 1 (2005), pp. 103-127.
60) トドロフ、前掲、84頁。
61) Max Boot, "America's Wilsonian Instinct," *Los Angels Times* (Oct 11, 2006).

第3章

両大戦間期の孤立主義
—— ローズヴェルト大統領と孤立主義 ——

はじめに

　本章では、アメリカの両大戦間期の孤立主義を取り上げる。大きな外交思想の2つの流れにアメリカの国際主義と孤立主義があることはよく知られている。特に20世紀は、サムエル・モリソン（Samuel E. Morison）が描いたように、アメリカが伝統的な孤立主義から脱却して国際主義へと傾倒する時代であるという指摘は枚挙に暇がない[1]。

　ジョージ・W・ブッシュ（George W. Bush）政権は、9.11以後、テロとの戦いから始まり、世界に民主主義を拡大するという国際主義を推し進めてきた。こうした積極的な国際主義だけがアメリカの外交思想ではない。特に両大戦期は孤立主義と国際主義のせめぎあいの時代であったと言える。そうした孤立主義と国際主義のせめぎあいを明らかにすることでアメリカの外交思想が決して一枚岩ではないことを指摘したい。それにより現ブッシュ政権が採っている世界への民主主義拡大政策は必ずしもアメリカの常態ではないという示唆としたい。

　本章では、まず、孤立主義に関する理解を深めるため、第一次世界大戦後に孤立主義がどのように展開したか述べる。そしてフランクリン・ローズヴェルト（Franklin D. Roosevelt）大統領が孤立主義にどのように対応したのか論じる。本章の主眼は、フランクリン・ローズヴェルトが自身の政策を実現するために孤立主義をどのように超克していったのかを明らかにすることである。

1. 第一次世界大戦と孤立主義の形成

　まず孤立主義とは何かという定義の問題に触れておきたい。第一次世界大戦と孤立主義の関係の研究を行ったジョン・クーパー（John M. Cooper, Jr.）によれば、孤立主義とは「傾向であり、政策であり、主義であり、ごく稀でごく短期間の例外を除いて、西半球の外にアメリカの軍隊を派遣することに反対する立場」[2]である。孤立主義の骨子は、半球の境界を越えて軍隊を派遣することに反対することと海外との軍事同盟を避けることにある。ひとくくりに孤立主義であっても立場はさまざまで、『リビング・エイジ』誌によると、軍事的な面以外では世界に積極的に関与すべきだという立場もあれば、南北アメリカ大陸内では軍事同盟を積極的に締結すべきだという立場、またはどのような面であれ、アメリカは国外に関与すべきではないという立場もある[3]。しかし、どのような立場をとるにせよ、半球の境界面を越えて軍隊を派遣すべきではないという点では共通している。

　こうした孤立主義が明確な形をとるようになったのはアメリカの第一次世界大戦勃発が契機であった。それ以前は、孤立主義といっても「主義」と呼べるほどの明確なものではなく単なる慣習もしくは風潮といったものであった。両大戦期以前の孤立主義は、アメリカが地理的に外部より隔絶しているという文字通りの意味合いが主であり、それほど明確な外交政策と呼べるものではなかった[4]。

　孤立主義形成に深い関連性を持つのが平和強制連盟（League to Enforce Peace）の設立である。平和強制連盟は、アメリカが第一次世界大戦に参戦する前にウィリアム・タフト（William H. Taft）元大統領の呼びかけで設立された組織である。平和強制連盟は、国際的な警察軍を設立し、その強制力によって平和を維持することを目的にしていた。代表的な孤立主義論者として知られるウィリアム・ブライアン（William J. Bryan）は、平和強制連盟はアメリカを戦争に巻き込む組織であると批判し、アメリカは全世界の模範となることで世界を救うべきだと訴えた[5]。平和強制連盟の出現により、それを批判すること

で孤立主義はより明確な形をとるようになったのである。さらにブライアンは、第一次世界大戦参戦を間近にひかえて「欧州の紛争解決のために、一人の母の息子たりとも、欧州の君主の旗の下に行軍させ、欧州の大地の上で死なせるために海を渡らせる」[6]べきではないと訴え第一次世界大戦参戦に反対した。

しかし、ウッドロウ・ウィルソン（Woodrow Wilson）大統領は、戦争メッセージで、復讐心のためではなく、民主主義のため、小国の権利と自由のため、そして世界の平和と自由のためにアメリカは第一次世界大戦に参戦すると決断を下した[7]。しかし、しばしば「欧州の戦争」と呼ばれた第一次世界大戦参戦は多くのアメリカ人にとって「ラファイエット（Marquis de La Fayette；米独立戦争に将校として参戦し活躍した仏政治家）に借りを返す」ためだと考えられがちであり、アメリカが世界情勢に関与するという明確な意志は彼らにはほとんど存在しなかった[8]。

戦後、ウィルソンは新しい国際秩序構築を求めてヨーロッパを訪問した。アメリカが孤立主義から国際主義へと転向するためには、「公開外交、自由貿易、そして民族自決主義」などの条件が必要不可欠であるとウィルソンは考えていた[9]。周知の通りウィルソンの企図は妥協を余儀なくされたが、一方で講和の核心であった国際連盟設立は実現した。

アーサー・リンク（Arthur S. Link）やクーパーは、戦後、このようにウィルソンは国際主義を推進しようとしたが、もともとは孤立主義的な考え方を持っていたとウィルソンの外交政策の根本的な変化を指摘している。それは、アメリカは正しき人びとの模範となるため、悪しき政治的な紛争には巻き込まれないようにしなければならないという考え方であった。しかし、第一次世界大戦前後の状況により、ウィルソンは世界の安定と平和のためには積極的にアメリカが関与しなければならないという国際主義的な考え方をするようになったのである[10]。しかし、一方でロバート・ファレル（Robert H. Ferrell）は、ウィルソンは最初から参戦の好機が到来するのを待っていたと論じている[11]。どちらの見解をとるにしろ、ウィルソンが、戦後、国際主義を推進しようとした点では共通している。

ヨーロッパで一定の成果をおさめてきたウィルソンを待っていたのはアメリ

第3章 両大戦間期の孤立主義 —— ローズヴェルト大統領と孤立主義 —— 71

カ国内の風潮の変化であった。当然のことながら、ウィルソンは国際連盟を有効に機能させるためには、もはや世界の列強の一国として欠くことができないアメリカが参加しなければならないと考えていた。しかし、国際連盟加盟は議会の強硬な反対にあった。そこでウィルソンは、国際連盟加盟の必要性を国民に広く訴えかけ世論を喚起し、間接的に議会に圧力を加えようと遊説旅行を行った。この試みは、途中でウィルソン自身が病に倒れたこともさることながら、欧州が引き起こすもめ事にこれ以上深入りすることを忌避していた国民の心を動かすことはできず失敗に終わった[12]。ただウィルソンの失敗の原因は、孤立主義への回帰のみならず、戦時に異常に拡大した大統領の外交権限を議会が取り戻そうとし、条約締結権を最大の武器として利用したことにも求められる[13]。

　ウィルソン政権後、アメリカ国民の大半は国外の政治問題にますます注意を払わなくなった。国民の注意は専ら、自国の経済発展とハーディング政権下であいついだスキャンダルに向けられていた。ハーディング政権は、アメリカが国際連盟に全く関与しないということを明らかに示した。またクーリッジ政権下ではパリ不戦条約が締結された。パリ不戦条約は、強硬な孤立主義者と知られ、国際連盟加盟問題の際も加盟反対の急先鋒を務めたウィリアム・ボラー（William E. Borah）の発案をもとにしている。パリ不戦条約の締結は、アメリカの世界への関与を示すものではなく、アメリカの孤立主義を反映している[14]。ハーディング政権とクーリッジ政権は、孤立主義的傾向にあったが、ハーバート・フーヴァー（Herbert C. Hoover）大統領は、上院の強硬な反対により失敗に終わったとはいえ、1921年に国際連盟規約に基づいて設置された常設国際司法裁判所（Permanent Court of International Justice）にアメリカを参加させようとした。またフーヴァー大統領は、孤立主義者の反対にも拘わらず、国際連盟が主催した1932年のジュネーヴ会議に代表団を派遣した。しかし、このジュネーヴ会議は何も成果を産まないまま流会した[15]。1920年代の共和党政権の外交政策は、マイケル・ホーガン（Michael J. Hogan）によると国際経済の面では孤立主義では決してなかったが[16]、政治的な面では、フーヴァーの試みはあったにせよ、孤立主義的傾向にあった。

2. ローズヴェルトと中立法

アメリカ国民は、1929年の大恐慌の到来以来、国内問題以外にはますます関心を払わなくなり、さらに1930年代になると第一次世界大戦参戦は紛う事無き悲劇であり、二度と繰り返すべきではない損失であったという意見が主流を占めるようになった[17]。

アメリカ国民は、腐敗した欧州は自ら戦争という疫病を撒き散らしているのであり、その苦境の責任は当然欧州自らにあると考えていた。欧州に関与せず、戦争という疫病から離れていれば、アメリカ本国は絶対に安全だとアメリカ国民は信じていた。国際連盟加盟に対する国民の姿勢からも分かるように、国際紛争に介入すること、そして国際紛争を防止するために集団安全保障体制に参加することにアメリカ国民の大半が反対していたのである[18]。

こうしたアメリカ国民の感情にさらに拍車をかけたのが、ジェラルド・ナイ（Gerald Nye）上院議員を中心とする兵器産業に関する特別調査委員会（Senate's Special Committee Investigating the Munitions Industry）の活動である。同委員会は、1934年2月8日、第一次世界大戦で銀行家や兵器メーカーが不当な利益をあげていたことを暴露し、第一次世界大戦にアメリカが参戦したのは、こうした不当利得者のためにすぎなかったと結論付けた[19]。ナイ委員会では、潜水艦建造を独占するために談合が行われ、その結果、国際的な死の商人が莫大な富を築いたといった証言や、そうした死の商人がヴェルサイユ条約に違反してドイツの再軍備に手を貸しているといった証言が行われたという[20]。

フォーチュン誌では「武器と売人（Arms and the Men）」が掲載され、さらにヘルムス・エンゲルブレヒト（Helmuth C. Engelbrecht）とフランク・ハニゲン（Frank C. Hanighen）による『死の商人——国際武器産業の研究（Merchants of Death: A study of the International Armament Industry）』が公刊された[21]。またウォルター・ミリス（Walter Millis）はベスト・セラーになった『戦争への道（Road to War）』で、イギリスのプロパガンダと経済界の癒着、そしてウィルソン大統領の親英的な態度がアメリカを第一次世界大戦に引き込んだと論じた[22]。

第3章　両大戦間期の孤立主義 ── ローズヴェルト大統領と孤立主義 ──　73

　その当時、議会は孤立主義者の牙城とも言える存在であった。議会は孤立主義の下、外交の主導権を握ろうとし中立政策を固守しようとした。中立政策は孤立主義と密接に関わっており、トマス・ジェファーソン（Thomas Jefferson）大統領以来のアメリカの国是である。1807年、ジェファーソンは、アメリカの貿易に課された英仏の禁輸措置に対抗して、アメリカの資源輸出を拒否することで英仏の行動を牽制した。さらにアメリカの船舶が事件に巻き込まれ、その結果戦争が起こるという危険性を排除した。当時まだ弱小国であったアメリカが海外列強に対抗しうる力を備える時間を稼ごうとしたのである[23]。そして20世紀には、先にも述べたようにウィルソン大統領は、「世界の平和と自由が複雑に絡み合っている今、中立はもはや実行可能でも望ましいものでもない」[24]と戦争メッセージの中で唱え、アメリカは中立を一旦放棄し、第一次世界大戦に参戦した。しかし、第一次世界大戦後、アメリカの参戦に対する否定的評価が高まり、再び中立政策が見直されるようになった。

　中立政策に関して大きな変化があらわれたのはローズヴェルト政権期である。ローズヴェルトは第二次世界大戦参戦の決定を下したことからも一般的には国際主義の信奉者であると見られている。例えばロバート・ダレック（Robert Dallek）はローズヴェルトが1933年以来、一貫して国際主義者であり、1932年から1934年にかけてはナショナリストの皮を被った国際主義者であり、1935年から1938年にかけては孤立主義者の皮を被った国際主義者であったと主張している[25]。またウェイン・コール（Wayne S. Cole）も、ローズヴェルトは国際主義者であるのにも拘わらず、1941年までは孤立主義に則って外交政策を定めてきたが、実は国内政策を円滑に推進するために孤立主義と協力していただけであると論じている[26]。一方で、デイヴィッド・ハグランド（David G. Haglund）は、ローズヴェルトはもともと孤立主義であったが、1930年代後半に国際主義に転向したと主張している[27]。

　ハグランドの指摘に沿って考えると、1933年にローズヴェルトが侵略国家に対して禁輸措置をとる権限を大統領に与える法案を通過させるように議会に働きかけたことは、一見すると孤立主義に基づく政治的活動のようである。この法案は下院を無事に通過したが、上院外交委員会が、侵略国家だけでなくすべ

ての交戦国に対する禁輸措置を課すという内容に修正するようにローズヴェルトに勧告した。そのためローズヴェルトはこの法案の成立を断念した[28]。もしローズヴェルトが孤立主義に基づいて行動したのであれば、孤立主義に基づいた上院外交委員会の勧告に同調し、法案を成立させるべく努力したはずである。しかし、上院外交委員会の勧告後、法案成立を断念したということは、ローズヴェルトが必ずしも孤立主義に基づいていなかったと言える。このような事例から考えると、ダレックのローズヴェルトは一貫して国際主義者であったという指摘のほうが肯んじ易い。

さらに1935年、エチオピア危機に際してローズヴェルトは、交戦国に対する選択的禁輸措置の自由裁量権を求めた。ローズヴェルトは、イタリアに対して禁輸措置を課すことでイタリアを牽制しようとした。一方で英仏は、エチオピア危機を解決するためにイタリアとエチオピア両国に提示する和解案を練った。その和解案は、イタリアに6万平方マイルのアフリカ領土とエチオピア南半分に対する経済管理権を与え、その代償としてエチオピアに3千平方マイルの土地をどこからか与えるという案であった。しかし、国際連盟で英仏以外の西欧諸国が反対したため、英仏は案を撤回した。こうした国際連盟の無策と英仏の不誠実さはアメリカの孤立主義者をますます煽りたてる結果となった[29]。また強硬な孤立主義者の中には、禁輸措置はイタリアの怒りをかい戦争を誘発する怖れがあるので禁輸措置をとるべきではないと主張する者もいた[30]。

1935年に『クリスチャン・センチュリー』誌は、「欧州で再度戦争が勃発した場合、アメリカは再び参戦すべきだと考える者を、今日、100人のアメリカ人の中で99人が愚か者だと思うだろう」という記事を掲載している。翌年の世論調査でその数字がほぼ正しいことが証明された[31]。アメリカ国民は孤立主義に完全に染まっていたのである。

交戦国に対する選択的禁輸措置の自由裁量権を求めたローズヴェルトに対して、キー・ピットマン（Key Pittman）上院議員を中心とした上院外交委員会は強硬な反対姿勢を示した。大統領が選択的禁輸措置を行使することはすなわち特定の国を「侵略国家」と名指しすることに等しく、その結果、アメリカが戦争に巻き込まれてしまうのではとピットマン達は怖れた。

議会での審議の後、中立法案は最終的に、大統領に以下の権限を認める内容になった。交戦国とみなした国に対する軍需物資の輸出を禁止する権限を大統領は持つ。さらに大統領は、交戦国の船舶に戦争関連物資を積み込むことを禁止し、交戦国の潜水艦をアメリカの海域から締め出し、そしてアメリカ国民が交戦国の船舶で旅行することを防止する自由裁量権を持つ[32]。つまり、この1935年の中立法は、義務的武器禁輸をすべての交戦国に対して適用する法であった。結局、1935年の中立法はピットマン達の意見が十分に反映されたものとなった。ローズヴェルトは、禁輸措置を恣意的に運用することにより、枢軸国の勢力伸張を抑えようと考えたが、その企図はかなわなかった[33]。

1935年の中立法が禁輸に的を絞っているのは、ナイ委員会の影響があった。つまり、アメリカを戦争から遠ざけておく最善の方策は、銀行家や兵器メーカーが不当な利益をあげようとする目論見を禁輸措置により事前に挫くことであった。禁輸措置さえ行っていれば、銀行家や兵器メーカーによってアメリカが戦争に再度引きずり込まれるようなことはないと考えたのである。アメリカ国民は、中立法が孤立主義に則ったものであり、アメリカを戦争から遠ざけるものだと考え、概ね支持を与えていた。

ローズヴェルト大統領は、1935年の中立法に承認を与えたものの、内心、このような硬直的な禁輸措置では、アメリカを戦争から遠ざけておくどころか、結局戦争に引きずり込むことになると考えていた[34]。

続いて1936年2月29日に成立した1936年の中立法は孤立主義を厳格に守るものであった。ナイ委員会の報告が全面的に認められ、武器禁輸に加えて、交戦国に借款を与えることが禁じられた。同法により、武器禁輸を実施し原材料の輸出入を制限する大統領の権限は制限された[35]。

さらに1936年7月に勃発したスペイン内戦は、アメリカが欧州の戦争に引きずり込まれるのではないかという危機感を議会に抱かせた。内戦は1936年の中立法の適用対象外だったため、アメリカはスペイン内戦に際して厳格な禁輸ではなく「道徳的禁輸」、すなわち政府軍、反政府軍のどちらの陣営に対しても貿易を控えるという措置をとっていた。1936年の大統領選が終わった後に開会された議会では、1937年1月8日にスペイン内戦に対する全面的禁輸措置をとる

ことを決議した。議会でこの審議が進行している間、ローズヴェルトは外遊中であった。サムナー・ウェルズ（Sumner Welles）国務次官は、この決議を黙過させたことをローズヴェルトの失敗の1つに数え、もしローズヴェルトがその期間中に在府していたならば、アメリカ国民にその決議がいかに賢明ではない行為であるか訴えていたはずだと回想している。しかし、ローズヴェルトは中立法に対して拒否権を発動することはなかった。拒否権を発動すると議会を蔑ろにしているととらえられる惧れがあったし、また国民も大統領が何故中立法に反対するのか理解できないだろうとローズヴェルトは考えたからである[36]。

1937年5月1日に成立した1937年の中立法は、交戦国に対して現金決済以外で物資を販売することとアメリカ船籍の船舶が武器を輸送することを禁止した。現金取引買い付け輸送方式である[37]。またアメリカの商船が武装することも禁止された[38]。同法により孤立主義に則った中立法はさらに強固になった。

1935年から1937年にかけて、ローズヴェルトは表立って中立法自体に反対することはなかった。中立法の範囲内でできるだけ自由裁量権を行使し、議会の支持の下で、戦争を防止するために積極的に介入を行おうとしたのである[39]。大部分の国民は大統領の完全な自由裁量よりも議会が中立法を通じて戦争を防止するほうがよいと思っていたので[40]、表立って中立法に反対することは国民の反感をかう惧れが十分にあった。

ローズヴェルトは中立法制定に関してイニシアティヴをとらなかったのは国内情勢と深い関連がある。中立法制定をめぐる論議が白熱化した頃は、ニューディール政策の転換期にあたり[41]、ローズヴェルト政権に中立法制定をめぐって議会と争う余裕は全くなかったのである。

ローズヴェルトは、1936年11月の大統領選で共和党大統領候補のアルフレッド・ランドン（Alfred M. Landon）に一般投票で1000万票以上の大差をつけて史上空前の大勝利を収めたが[42]、1937年になって状況は一変した。ローズヴェルトの最高裁改革は失敗に終わり、景気は再度後退する兆しを見せ、労働争議が頻発した[43]。その一方で、民主党保守派議員が、ニューデュール阻止のために共和党との超党派ブロックを結成し、ローズヴェルトの威信は凋落の一途を辿った。結局、ローズヴェルトは、直接的な海外への干渉を控えることで孤立

主義者に譲歩し、中立法の枠組みの中で国際秩序の安定を図ろうとしたのであった。第二次世界大戦参戦前の孤立主義はそれほど強硬だったのである[44]。

　この当時は、孤立主義者団体がさかんに活動を展開した時代であった。1930年代を通じて、孤立主義者団体である婦人国際平和自由連盟（Women's International League for Peace and Freedom）や戦争防止全国会議（National Council for the Prevention of War）は最も積極的に活動を展開している。さらにアメリカの平和のための動員（American Peace Mobilization）やアメリカ避戦会議（Keep America Out of War Congress）はこの時代に結成されている。しかし、このような団体は個々の政策については意見を異にすることが多く、第二次世界大戦参戦が目前に迫るまで意見の一致をみなかったが、アメリカの参戦に反対する点では概ね軌を一にしていた[45]。

3. ローズヴェルトの隔離政策提案

　孤立主義が勢威をふるう中、ローズヴェルトは枢軸国の拡大政策に対して何らかの対抗措置を取るべきだと考えていた。1937年9月6日、ローズヴェルトは、アメリカが国際平和のために積極的に世界に関与をする準備ができていると公表する是非を、ヘンリー・モーゲンソー財務長官（Henry Morgenthau, Jr.）とコーデル・ハル国務長官（Cordell Hull）に諮った。モーゲンソーとハルはそれを国民に納得させるためには事前の教化が必要であるから公表は時期尚早であると反対意見を述べた[46]。

　ハルは、大統領の旧友のノーマン・デーヴィス（Norman H. Davis）無任所大使と協議し、西部の大都市の一つで、国際協力に関する演説を行う計画を思いついた。演説を行う場所として西部を選んだのは、孤立主義の度合いに地域差があったからである。従来、中西部は地理的に国際市場から遠い位置にあり、国際的な問題に関与することに不信感を抱く傾向があった[47]。

　ローズヴェルトはハルの提案を受け入れ、演説草稿を準備するように指示した。モーゲンソーとハルは、ローズヴェルトよりも一歩引いて、アメリカ国民

の枢軸国に対する嫌悪感を世界に明白に伝えることができれば十分であると考えていた[48]。

1937年10月5日、シカゴで行われたこの演説は後に隔離演説として知られるようになった。ローズヴェルトは隔離演説で以下のように論を展開した。

国際的無法状態が世界に蔓延している世界では、パリ不戦条約の精神に立ち戻ることが重要である。その国際的無法状態は枢軸国によって引き起こされている。ローズヴェルトは脅威が世界を覆い尽くそうとしていると説き、さらにそれがアメリカに及ぼす影響を説いた。アメリカの勢力圏である西半球に対して外部からの干渉を許さないという伝統的なモンロー主義だけでは、アメリカの安全を保障できない。孤立や中立だけでは逃れられない国際的無法状態を正すためには、平和愛好諸国の一致団結が必要である。いかなる国も現在の国際情勢の中では孤立したままでいることはできないのである[49]。

ローズヴェルトはここまで論を進めると、隔離演説の名前の由来となった以下のフレーズを述べた。

世界の九割の人びとの平和と自由、そして安全が、すべての国際的な秩序と法を破壊しようとしている残り一割の人びとによって脅かされようとしている。法の下に、また数世紀にわたって広く受容されてきた道徳規範を守って平和に生きようとする九割の人びとは、自分たちの意志を貫徹する道を見出すことができるし、また見い出さなければならない。(中略)。不幸にも世界に無秩序という疫病が広がっているようである。身体を蝕む疫病が広がりだした場合、共同体は、疫病の流行から共同体の健康を守るために病人を隔離することを認めている。[50]

ローズヴェルトは、この「隔離」の部分を、実はハルやモーゲンソーに諮ることなく、独断で演説草稿に挿入している。ハルは演説が行われるまでこの部分があることを全く知らされていなかった[51]。ローズヴェルトは、以前、ハロルド・イッケス(Harold L. Ickes)内務長官が、近隣諸国は感染の脅威に対して自らを隔離する権利があると語るのを書き留めていた[52]。

またローズヴェルトは、イッケスに加えてウェルズ国務次官とも日本を隔離する計画を話しあっていた。ローズヴェルトは、イギリス海軍と協力して太平洋で日本に対する海上封鎖を行うことを考えていた。海上封鎖は日本の貿易を阻害するのが目的である。しかし、この案は、イギリスの承諾が得られず、また戦争誘発を危惧する議会やアメリカ国民を説得するのは難しいと考えられたため廃案となった。この案もローズヴェルトの「隔離」の発想のもとになっている[53]。

こうした閣僚たちとの会談だけではなく、さらに当時のベストセラーであったジェームズ・ヒルトン（James Hilton）の『失われた地平線（Lost Horizon）』も大きな影響を与えていると考えられる。なぜならローズヴェルトが隔離演説中で引用した『失われた地平線』は、現世に蔓延する欲望という名の疫病からの隔離という明確なテーマが含まれているからである[54]。

ローズヴェルトは隔離演説の末尾で次のように述べ、孤立主義に凝り固まっているだけではアメリカの安全は保障できないと訴えた。

> 我々は戦争の局外に立とうと決意したが、それでも、戦争の及ぼす破滅的な影響から身を守り、戦争に巻き込まれないようにすることはできない。我々は戦争に巻き込まれるリスクを最小にするために、戦争の局外に立つという方法を採用しているが、信念と安全が崩壊している無秩序な世界の中では完全に身を守ることなどできない。[55]

この隔離演説に対して世論は賛否両論であった。『ニューヨーク・タイムズ』紙は、「ローズヴェルト、平和に向けて『一致協力』を求め、戦争屋を糾弾す」[56]と報じ、大統領官邸には隔離演説の趣旨を支持する多くの手紙が寄せられた[57]。

一方で、ローズヴェルトを辛辣に非難する新聞もあった。『ウォールストリート・ジャーナル』紙は、「外国への手出しをやめろ、アメリカは平和を欲する」というコメントを発表し、『シカゴ・トリビューン』紙は、大統領がシカゴを「戦争恐怖の世界的ハリケーンの中心」に変えてしまったと非難した[58]。孤立主義の強まりに頭を痛めていたハルも『回顧録』の中で以下のように隔離演説に

ついて述べている。

　私の考えでは、この演説は、世論を国際協力の方へ向かわせるために我々が継続的に行ってきたキャンペーンを、少なくとも6か月は退歩させる結果になった。このキャンペーンに関わった人員は、演説、声明その他の方法を通じてできるだけ積極的に活動したが、同時に、孤立主義者の反発を煽り、かえって逆の効果を生むようなことがないように注意していた。[59]

　ハルが孤立主義者の反発を危惧していたことは、ハルの1937年7月16日の声明からもよく分かる。ハルは世界情勢が各地で悪化していることを述べた後、「我々は、国家的、国際的な自制を強く求めている。我々は、アメリカは何等かの軍事的同盟に参加することはしないが、平和的な手段による協力には進んで参加する。すべての国に、政策遂行のために武力を使わないように、他国の内政問題に介入しないように強く求める」と述べた[60]。この声明の中の「アメリカは何等かの軍事的同盟に参加することはしない」という保留は、明らかに孤立主義者に対する配慮である。

　孤立主義の反発を煽るのではというハルの憂慮はすぐに現実のものとなった。戦争防止全国会議のフレデリック・リビー（Frederick J. Libby）会長は、「大統領のシカゴ演説は、中立法に基づく政策を覆すものである。そして、議会の平明なる法と精神は、台無しにされただけでなく侵害されたのである。大統領は、議会での圧倒的な票数で示された国民の意志を裏切っている。我々は戦争へ至る道を辿ることに反対する」[61]とローズヴェルトを激しく弾劾した。またハミルトン・フィッシュ（Hamilton Fish）下院議員は、大統領は、戦争を避けることができないと言うことにより国中に戦争ヒステリーを捲き起こしたとラジオ演説でローズヴェルトを非難した[62]。
　海外での反応は、一部の国を除いて概ね好意的であったが冷静なものであった。概ね西欧諸国はローズヴェルトが孤立主義を放棄し積極的に干渉政策をとるとは真剣にとらえていなかったようである[63]。

第3章　両大戦間期の孤立主義 —— ローズヴェルト大統領と孤立主義 ——　*81*

　非難の対象となった当事者であるドイツも事を深刻にとらえていなかった。ハンス・ディックホフ（Hans H. Dieckhoff）駐米ドイツ大使は、本国に隔離演説について楽観的な報告を送っている。ディックホフは、演説が行われる契機になったのは中国大陸での日本の行動に他ならず、また演説で国際問題に触れることにより、大統領は国内問題から大衆の気を逸らせようとしたのだと分析した[64]。

　ドイツがこのように楽観的に隔離演説を受け止めたのに対して日本は過敏に反応した。新聞各紙は、アメリカが将来、「侵略国」に対する制裁にのりだすのではないかという懸念を示した[65]。

　この当時、日本が最も恐れていたのは、隔離演説がアメリカ国民の反日感情を喚起し、それをもとに、アメリカ政府が対日強硬策を推進することであった。アメリカ国民の反日感情の硬化を防止するため、毎日新聞主筆の高石眞五郎が、極東における日本の立場を説明するための親善大使としてアメリカへ赴くことになった[66]。

　このように隔離演説は国内外に大きな反響を及ぼした。中でも隔離演説に対する孤立主義者による非難は非常に激しかった。ウェルズがローズヴェルトのスピーチライターのサミュエル・ローゼンマン（Samuel I. Rosenman）に送った手紙の中で「大統領は、演説に対してなされる攻撃の多さに驚いていた。大統領は、閣僚の落ち度を憤然と責め立て、何人かの民主党議員が演説を支持する旨を公表したことを語った」[67]と書いていることから分かるように、孤立主義が依然として強固であることにローズヴェルトは驚いていた。

　ただフランク・グラフ（Frank W. Graff）は、政権内部の政策決定者達が、まるで世論全体が演説に背を向けているかのように感じたのは過剰反応であり、ごく一部の新聞が否定的な論説が発表しただけで計画が失敗に終わったとローズヴェルトは思い込んでしまったに過ぎないと評している[68]。

　ローズヴェルトが最も怖れたのは、隔離演説が、中立政策に挑戦するものだという印象を与えることであった。ウェルズは、11月11日に国際的秩序を再建するために世界会議を開くべきだと提案していたが、結局、この案は、孤立主義者のさらなる反発をまねく怖れもあるので却下された[69]。

ローズヴェルトが提唱した隔離というのは、一見すると隔離という言葉の印象から従来の孤立主義に則る方策であるように思える。しかし、もし従来の孤立主義に則って隔離を行うのであれば、隔離されるべきはアメリカとなるはずである。疫病が流行しているのであれば、疫病に伝染しないように近付かないようにするのが従来の孤立主義と言える。ローズヴェルトはアメリカではなく枢軸国を諸国と団結して隔離すべきだと説いたのである。これは国際連盟加盟に反対するような従来の孤立主義に則る方策とは必ずしも言えない。
　しかし、演説直後、ローズヴェルトと隔離の意味について話し合ったシカゴ管区大司教のジョージ・マンダレイン（George Cardinal Mundelein）は、在アメリカ法王大使のアムレト・チコニャーニ（Amleto Giovanni Cardinal Cicognani）に以下のような手紙を送っている。

　　大統領の計画は、非道な侵略国に対する軍事行動や一般的に理解されるような『制裁』を行おうというものではなく、むしろ全条約加盟政府が一致して［非道な侵略国と］国交を断絶するという孤立主義である。[70]

　この手紙だけではローズヴェルトがマンダレインに何を語ったのかは明確ではないが、マンダレインがローズヴェルトの隔離を従来の孤立主義とは大きく違っているとはいえ、孤立主義であるととらえているのは確かである。
　さらに隔離演説に関して研究を行った研究者の中でも代表的な研究者であるドロシー・ボーグ（Dorothy Borg）も、隔離演説によってローズヴェルトは中立法による孤立主義を放棄し、ウィルソン的な集団安全保障体制に参加することを表明したという一般的な解釈を斥け、ローズヴェルトが隔離演説で訴えようとしたのは集団不干渉主義の推進であり、枢軸国に対する強硬姿勢を表明したわけではないと論じている[71]。
　ロバート・ディバイン（Robert A. Divine）は、隔離演説を「この明らかに冒険的な演説は非常に曖昧であったために、歴史学者は大統領の正確な意図について合意に達していない」[72]と評しているが、ローズヴェルトが実際どのような意図で隔離演説を行ったのかは、11月10にウィリアム・リーヒー

(William Leahy)提督に書き送った内容から分かる。ローズヴェルトは、リーヒーに向って、隔離演説は実は「観測気球」であったと述べている。ローズヴェルト自身の説明によると、この「観測気球」とは、アメリカ国民がどの程度孤立主義に傾いているのか測定するための「観測気球」であった[73]。またチャールズ・ボーレン（Charles E. Bohlen）も、後に『アメリカ外交政策の変容（The Transformation of American Foreign Policy）』の中で、ローズヴェルトは隔離演説の中で、「いわゆる観測気球を仕掛けようと考えた」[74]と示唆している。その当時、ブリュッセル会議に向う途中だったボーレンは隔離演説に寄せられる批判を目の当たりにして、「アメリカが依然として強い孤立主義にあり、国民も議会も世界へのいかなるアメリカの関与も許さないだろう」[75]と思ったと記している。依然として孤立主義は強固であるというのが観測気球による測定結果であった。

さらにウェルズが、隔離演説でアメリカ国民に集団安全保障に参加することを呼びかけるのは時期尚早であり、ローズヴェルトが「依然として国民感情よりも先走り」すぎていて、「外交政策の根本的な転換をうまく行う前に苦い経験と国民の教化が必要である」[76]と認めていることからも、また先述の日本隔離計画の内容からも、ローズヴェルトが必ずしも集団不干渉を目指していたわけではないと分かる。またそのことは、ローズヴェルトが11月10日に駐波アメリカ大使トニー・ビドル（Tony Biddle, Jr.）に送った以下の手紙でも明らかである。

たとえ、『権力者ども』に心底嫌われたとしても、シカゴでの演説は、明らかに欧州の政府の考え方に衝撃を与えた。君が（私に）手紙を書いて以来、情勢は好転するどころか悪化している。日独伊連合は、恫喝、支配、業績に関して、それが何であれ驚くべき成功を収めつつある。（中略）。ファシズムが世界中に広まり、そして世界を支配してしまったらどうなってしまうのかという問題をすべての国が取り上げる際には、我々ができることすべてを言うべきであるし、なすべきである。もし国際世論がその究極の危機を認識し得ないとしたら、我々はファシズムの拡大を止めることはできな

いだろう。[77]

　先述のようにディバインが隔離演説を「非常に曖昧」であると評したのは、以上で示したように、まず隔離演説自体が観測気球であり、さらに演説発表後、ローズヴェルトが孤立主義者の反発を怖れて隔離の意味を曖昧にしたことが原因である[78]。

　この隔離演説の約2か月後の1937年12月12日にパネー号事件が起きた。日本海軍所属の爆撃機編隊が、揚子江で巡回任務に就いていた合衆国砲艦パネー号を「誤爆」し、撃沈したという事件である[79]。アメリカ国民はこの事件に大きな衝撃を受け、ワシントンでは日本に制裁を行うかどうかが協議された。当初、ローズヴェルトはパネー号事件に激怒し、モーゲンソーにアメリカ国内の日本資産の凍結を検討するように指示した[80]。さらにローズヴェルトは、ハルに次のような内容を日本に伝えるように指示した。揚子江でのアメリカもしくは中国以外の国の船に対する無差別爆撃について懸念を表明すること、日本政府は事実関係を迅速に整理し明らかにすること、アメリカ政府に対して謝罪を表明し補償を申し出ること、今後、同様の攻撃が繰り返されないように手段を講じることの四つの点である[81]。それに対して日本政府は、12月24日に公式な謝罪と賠償を申し出たので事件は解決に向かった。

　パネー号事件の真相については未だに研究者の間で決着がついていないが、陸軍急進派がパネー号「誤爆」をしそうし、その責任を海軍の穏健派に被せようとしたという見方が主流である[82]。その見方の裏付けとなるのは、ルイス・デンフィールド（Louis E. Denfield）指揮官の12月20日の報告である。その中でデンフィールドは、日本軍の海軍穏健派と陸軍急進派の確執について示唆している[83]。ローズヴェルト自身は日本政府の釈明にも拘わらず、死後に明らかにされた回想録によるとパネー号事件を故意によるものだと考えていた[84]。たとえパネー号事件が故意によるものであっても、それを契機にローズヴェルトが日本に対して強硬策をとるにはまだ機が熟していなかった[85]。

　このパネー号事件は、憲法修正動議を行うことを目指していたルイス・ラドロウ（Louis Ludlow）下院議員の活動を後押しすることになった。翌1938年に

審議されたラドロウ修正（Ludlow Amendment）は、アメリカまたは西半球諸国が直接的な攻撃を受けた場合を除き、議会が宣戦布告する前に国民投票によって国民の意思を問うようにするという憲法修正案である。ラドロウがこうした修正を提案したのは、ナイ委員会の報告にあったような一部の特殊利益集団が戦争を引き起こそうとするのを、国民の総意を反映させることにより防止できると考えたからである。そして、それこそが、自衛戦争以外の戦争からアメリカを遠ざける最善の方策であるとラドロウは考えた。このラドロウ修正案は結局、1938年1月10日に僅差で否決されたが多くの賛成票を集めた。また議会の外でも、婦人国際平和自由連盟や戦争防止全国会議などをはじめとする多くの孤立主義者団体の支持を集めた[86]。また孤立主義者団体だけではなく広く一般国民もラドロウ修正を支持していた[87]。ラドロウ修正が支持を集めたことは孤立主義が依然として強固であったことを示している。それはローズヴェルトが、隔離演説という観測気球で確かめた測定結果通りであった。

アメリカ国民は、ナチス・ドイツに嫌悪感を抱きながらも、ラインラント進駐、ユダヤ人迫害、スペイン内乱への干渉といったナチス・ドイツの一連の行為を看過し、中立を守るべきだと考えていた。こうしたアメリカ国民の態度は、1938年9月29日のミュンヘン会議までほとんど変化することはなかった[88]。

ローズヴェルトは、欧州での戦争開始の時期を1939年夏だと考えていた[89]。戦争勃発の事態に備えて1939年5月27日にハルは、交戦国に対する武器禁輸解除を議会に提案した。しかし、同年7月11日に上院外交委員会は、武器禁輸を解除する法案の討議見送りを決定した。この結果にローズヴェルトとハルは落胆した[90]。1939年9月1日に始まったナチス・ドイツのポーランド侵攻に対し、9月3日に英仏が宣戦布告することで第二次世界大戦が始まった。ローズヴェルトは、第二次世界大戦の勃発公認を9月5日まで遅らせた。それは英仏が交戦国に指定されれば、予め注文していた物資が禁輸の対象となるからで、勃発公認を遅らせることにより最後の物資が滞りなく届くようにローズヴェルトは配慮したのである。ローズヴェルトは、中立法による禁輸がこのまま続けば英仏が敗北するのは必至であると考え、中立法の締め付けを緩和しようとした。1939年9月21日にローズヴェルトは中立法改定を目的にした特別国会を召集し

た。その結果、1939年11月4日に中立法が成立した。この中立法は、全面的な武器禁輸を解除し、英仏に対する支援の道を開いた点でこれまでの中立法と異なっている。それはローズヴェルトが強固な孤立主義に対する部分的な勝利であった[91]。1939年12月末にローズヴェルトはウィリアム・ホワイト（William A. White）記者に「難しい問題は、この戦争に巻き込まれるという恐怖を感じさせずにアメリカ国民を予想できる結果を考えさせることである」[92]と書き送っているように、中立法はアメリカ国民に戦争に巻き込まれるという恐怖を感じさせないようにするためにまだ必要だったのである。

　第二次世界大戦勃発により平和主義と孤立主義は乖離しつつあった。平和主義には、完全な孤立に基づいて平和を守るべきだという立場と国際問題に積極的に関与して平和を守るべきだという立場の2つの立場があったが、ファシスト勢力の伸張により後者の傾向が強まった[93]。

　1940年の大統領選挙で、孤立主義者はローズヴェルトを絶好の非難の的にした。孤立主義者からすれば、ローズヴェルトは己の野心のためにアメリカを戦争に巻き込ませようとしている張本人であり、兵器商人の代弁者であった。1940年はローズヴェルトと孤立主義者が完全に決別した年であった[94]。こうした孤立主義者の非難にも拘わらず、ローズヴェルトは大統領選で勝利をおさめた。三選を果たし国民の信任を改めて得たローズヴェルトは1940年12月7日の記者会見で武器貸与法の構想を述べた[95]。悪化の一途を辿りつつある欧州戦線で、財政困難に苦しむイギリスを救う手段が是非とも必要だったのである。最終的に1941年11月には、アメリカの武装商船がイギリスの港まで航行することを許可するように中立法の改正が行われた[96]。強硬な孤立主義者達は、英仏に対する支援をも快く思っていなかった。彼らは英仏が勝利することは望んでいたけれども、アメリカが英仏に利用されてはならないと考えていた[97]。

　「こうした孤立主義者や敗北主義者は破滅的な影響を及ぼしている。世論調査によると、イギリスが苦戦中している最中に連合国側が勝利できると考えていたアメリカ人は僅か30％しかいなかった」[98]とローズヴェルトは回顧録の中で苛立ちの念を吐露している。

おわりに

マンフレッド・ジョネス（Manfred Jonas）は、『アメリカにおける孤立主義 1935年～1941年（Isolationism in America 1935-1941）』の中で真珠湾攻撃の歴史的意義について次のように語っている。

> 真珠湾攻撃は単に戦争の始まりではなかった。それはまた苦々しい政治的、イデオロギー的な争いの終わりであった。[99]

真珠湾攻撃は、アメリカが戦争の局外に立っていれば安全であるという孤立主義の根本概念を完全に覆した。それは孤立主義と国際主義のせめぎあいの終焉であった。ローズヴェルトは、枢軸国の勢力拡大に対する阻止策を一貫してとってきたが、その方策は、中立法の枠内での自由裁量権を求めるなど孤立主義者からの反発を抑える巧みな政治的技法であった。ローズヴェルトの隔離演説の意図は従来、研究者間ではっきりとした意見の統一が見られなかったが、それはローズヴェルトが、枢軸国の勢力拡張阻止のためにどのような対策が実際にとれそうか、隔離という新たな外交思想を提案することにより、孤立主義者の反応を測定したに過ぎなかったからである。ローズヴェルトは、隔離を追放その他の類似語よりはずっと穏和な言葉と考えているとデーヴィスに語っているのはそのあらわれである[100]。

以上のように本論では、ローズヴェルトが外交政策の転換にあたってどのような試みをしたのか明らかにした。ローズヴェルトの試みは、大統領は、自らの政策を円滑に推進するために議会や国民の大多数の支持を得ているかどうか常に配慮しなければならないことを教えてくれる。このことは現ブッシュ政権が展開するイラク問題を中心とした外交政策にもあてはまるのではなかろうか。

注

1) Samuel E. Morison, *The Oxford History of the American People* (Oxford University Press, 1965).
2) John M. Cooper, Jr. *The Vanity of Power: American Isolationism and the First World War 1914-1917* (Westport: Greenwood, 1969), p.2.
3) Manfred Jonas, *Isolationism in America 1935-1941* (Cornell University Press, 1966), p.33.
4) John Findling, *Dictionary of American Diplomatic History* (Westport and London: Greenwood Press, 1980), p.243.
5) Cooper, Jr. *The Vanity of Power*, pp.54-57.
6) Ibid. p.168.
7) *War Message to Congress*, April 2, 1917.
8) アーサー・リンク『ウッドロウ・ウィルソン伝』(南窓社, 1974) 170-74頁。
9) ブライアン・マッカーチャー「新しい総合を求めて――両大戦間期の対外政策に関する最近の研究業績の学説史的検討」『アメリカ大国への道：学説史から見た対外政策』(彩流社, 2005) 167-68頁。
10) Cooper, Jr. *The Vanity of Power*; Arthur S. Link, *Woodrow Wilson: Revolution, War, and Peace* (Wheeling: Harlan Davidson, 1979).
11) Robert H. Ferrell, *Woodrow Wilson and World War I, 1917-1921* (New York: Harper & Row, 1985).
12) Jeffrey K. Tulis, *The Rhetorical Presidency* (Princeton University Press, 1987), pp.19-27.
13) Stull Holt, *Treaties Defeated by the Senate: A Study of the Struggle between President and Senate over the Conduct of Foreign Relations* (Clark; The Law Book Exchange, LTD., 2000), pp.121-307.
14) Sumner Welles, *The Time for Decision* (New York, London: Harper & brothers, 1944), pp.41-48.
15) Herbert C. Hoover, *The Memoirs of Herbert Hoover: The Cabinet and the Presidency 1920-1933* (New York: Macmillan Company, 1952), pp.331-79.
16) Michael J. Hogan, 'Revival and Reform: America's Twentieth-Century Search for a New Economic Order Abroad' in *Diplomatic History* v.8 1984, pp.287-310.
17) David M. Kennedy, *Freedom from Fear: The American People in Depression and War, 1929-1945* (Oxford University Press, 1999), p.386.
18) William Langer and Everett Gleason, *The Challenge to Isolation, 1937-1940* (New York: Harper & Brothers, 1952), pp.11-15; Ted Morgan, *FDR: A Biography* (London:

Grafton Books, 1985), p.503.
19) ウィリアム・ルクテンバーグ『ローズヴェルト』（紀伊國屋書店, 1968）172頁。
20) Jonas, *Isolationism in America 1935-1941*, pp.144-45.
21) Fortune, March 1934; Helmuth C. Engelbrecht and Frank C. Hanighen, *Merchants of Death: A Study of the International Armament Industry* (New York: Dood, Mead and Company, 1934).
22) Walter Millis, *Road to War: America 1914-1917* (Boston: Houghton Mifflin Company, 1935).
23) Lamberton Harper, *American visions of Europe: Franklin D. Roosevelt, George F. Kennan, and Dean G. Acheson* (Cambridge University Press, 1994), pp.65-66.
24) *War Message to Congress*, April 2, 1917.
25) Robert Dallek, *Franklin D. Roosevelt and American Foreign Policy, 1932-1945* (Oxford University Press, 1979).
26) Wayne S. Cole, *Roosevelt and Isolationists, 1932-1945* (University of Nebraska Press, 1983).
27) David G. Haglund, *Latin America and the Transformation of U.S. Strategic Thought, 1936-1940* (Albuquerque: University of New Mexico Press, 1984).
28) Waynes Cole, 'Senator Key Pittman and American Neutrality Policies, 1933-1940' in *The Mississippi Valley Historical Review*, v.46 (4) 1960, p.653.
29) Charles C. Tansill, *Back Door to War: The Roosevelt Foreign Policy 1931-1941* (Westport: Greenwood Press), pp.187-231.
30) Welles, *The Time for Decision*, p.57
31) Jonas, *Isolationism in America 1935-1941*, p.1.
32) Department of State, *Peace and War: United States Foreign Policy, 1931-1941* (Government Printing Office, 1943), pp.266-271; Findling, *Dictionary of American Diplomatic History*, pp.349-50.
33) Cole, 'Senator Key Pittman and American Neutrality Policies, 1933-1940', p.654.
34) Department of State, *Peace and War: United States Foreign Policy, 1931-1941*, pp.24-25.
35) Findling, *Dictionary of American Diplomatic History*, p.351.
36) Welles, *The Time for Decision*, pp.57-61
37) Ted Morgan, *FDR: A Biography*, p.486.
38) Findling, *Dictionary of American Diplomatic History*, p.350.
39) Department of State, *Peace and War: United States Foreign Policy, 1931-1941*, pp.355-65.

40) American Institute of Public Opinion, *The Gallup Poll: Public Opinion 1935-1971* v.1 (Westport: Greenwood Publication, 1972), p.71.
41) アーサー・シュレジンガー・Jr.『ローズヴェルトの時代Ⅲ:大変動期の政治』(ぺりかん社, 1966) 188-90, 331-37頁。
42) 同上書527頁。
43) ルクテンバーグ『ローズヴェルト』200頁。
44) 山澄亨「中立法制定における『孤立主義者』とローズヴェルト政権の対応」『史林』v.75(3) 1992, pp.1-31。
45) Jonas, *Isolationism in America 1935-1941*, p.32.
46) Dorothy Borg, *The United States and the Far Eastern Crisis of 1933-1938: From the Manchurian Incident through the Initial Stage of the Undeclared Sino-Japanese War* (Harvard University Press, 1964), pp.379-80; Cordell Hull, *The Memoirs of Cordell Hull* (New York: The Macmillan Company, 1948) v.1, p.544.
47) Benjamin Fordham, 'U.S.Foreign Policy: Economic Interest, Party, and Ideology in Early Cold War Era' in *International Organization* v.52 (2)1998, p.368
48) Borg, *The United States and the Far Eastern Crisis of 1933-1938*, pp.379-80; Hull, *The Memoirs of Cordell Hull* v.1, p.544.
49) Samuel Rosenman ed. The *Public Papers and Addresses of Franklin D. Roosevelt* (New York: Russell and Russell, 1969) v.6, pp.407-09.
50) Ibid. p.410.
51) Hull, *The Memoirs of Cordell Hull* v.1, p.545.
52) Samuel Rosenman, *Working with Roosevelt* (New York: Da Capo Press, 1972) pp.164-65.
53) Frank W. Graff, *Strategy of Involvement: A Diplomatic Biography of Sumner Welles* (New York: Garland Publishing, 1988), pp.180-82.
54) James Hilton, *Lost Horizon* (London: Pan Books, 1947).
55) Rosenman ed. *The Public Papers and Addresses of Franklin D. Roosevelt* v.6, p.411.
56) *The New York Times*, October 6, 1937.
57) Donald Schewe ed. *Franklin D. Roosevelt and Foreign Affairs: Second Series January 1937-August 1939* (New York: Clearwater Publishing Company, 1983) v.7, p.27.
58) ルクテンバーグ『ローズヴェルト』180頁。
59) Hull, *The Memoirs of Cordell Hull* v.1, p.545.
60) Statement by the Secretary of State, July 16, 1937 in *FRUS 1937* v.1, pp.699-700
61) George Marabell, *Frederick Libby and the American Peace Movement, 1921-1941*

第3章　両大戦間期の孤立主義 ―― ローズヴェルト大統領と孤立主義 ――　　*91*

(New York: Arno Press, 1982), p. 205.
62) United States Congress, *Congressional Record* (Government Printing Office,1938) v82 (3), p.107; Radio Address by Hon. Hamilton Fish, of New York, on October 22, 1937.
63) Department of State, *FRUS 1937*, v.1, p.133, 135; Department of State, *FRUS 1937*, v.3, p.601.
64) Samuel Rosenman, *Working with Roosevelt* (New York: Da Capo Press, 1972), p. 166.
65) 朝日新聞、昭和12年10月7日；毎日新聞、昭和12年10月7日。
66) 古海八生『文化の尖兵』（東京:新聞通信社 1941）24頁。
67) Rosenman, *Working with Roosevelt*, p.167.
68) Graff, *Strategy of Involvement: A Diplomatic Biography of Sumner Welles*, p.187.
69) Schewe ed. *Franklin D. Roosevelt and Foreign Affairs: Second Series January 1937-August 1939* v.7, pp.29-32; Graff, *Strategy of Involvement: A Diplomatic Biography of Sumner Welles*, p.192.
70) Schewe ed. *Franklin D. Roosevelt and Foreign Affairs: Second Series January 1937-August 1939* v.7, pp.25-26.
71) Dorothy Borg, 'Notes on Roosevelt's "Quarantine" Speech' in *Political Science Quarterly*, v.72 (3)1957, pp.405-33.
72) Robert A. Divine, 'Roosevelt the Isolationist' in Thomas G. Paterson ed. *Major Problems in American Foreign Policy* (Lexington: D.C. Heath, 1989), p.191.
73) Graff, *Strategy of Involvement: A Diplomatic Biography of Sumner Welles*, p.178.
74) Charles E. Bohlen, *The Transformation of American Foreign Policy* (New York: W.W. Norton, 1969), p.13.
75) Ibid.pp.13-14.
76) Welles, *The Time for Decision*, p.63.
77) Letter from President Roosevelt to Tony Biddle, Jr., November 10, 1937 in *FRUS 1937* v.1, p.154.
78) Rosenman ed. *The Public Papers and Addresses of Franklin D. Roosevelt* v.6, pp.414-24.
79) Samuel E. Morison, *The Rising Sun in the Pacific: 1931- April 1942* (University of Illinois Press, 2001), pp.16-18.
80) ルクテンバーグ『ローズヴェルト』182頁。
81) Memorandum handed to the Secretary of State at 12:30 P.M., December 13, 1937 in Schewe ed. *Franklin D. Roosevelt and Foreign Affairs: Second Series January 1937-August 1939* v.7, p.380.

82) ロジャー・ディングマン「揚子江の危機 ― 再考パネー号事件 ―」『軍事史学』v.100 1990, 95-124頁；山本昌雄「検証、パネー号事件 ― 誤爆か故意か、陸軍関与か不関与か ―」『軍事史学』v.113 1993, 31-46頁。
83) Commander Louis E. Denfield, Aide to the Chief of Naval Operations, to Marvin H. McIntyre, Secretary to the President, December 20, 1937 in Schewe ed. *Franklin D. Roosevelt and Foreign Affairs: Second Series January 1937-August 1939* v.7, pp.425-26.
84) Franklin D. Roosevelt, *The F.D.R. Memoirs* (Garden city: Doubleday & Company, 1973), p.420.
85) ルクテンバーグ『ローズヴェルト』182頁。
86) Jonas, *Isolationism in America 1935-1941*, pp.160-66.
87) American Institute of Public Opinion, *The Gallup Poll: Public Opinion 1935-1971* v.1, p.71.
88) Philip Jacob, 'Influences of World Events on U.S. "Neutrality" Opinion' *in The Public Opinion Quarterly* v.4 (1)1940, pp.51-52.
89) Roosevelt, The *F.D.R. Memoirs*, p.419.
90) James F. Byrnes, *Speaking Frankly* (New York; London: Harper & Brothers, 1947), p.7
91) David M. Kennedy, *Freedom from Fear: The American People in Depression and War, 1929-1945* (Oxford University Press, 1999), pp.432-34.
92) Elliott Roosevelt ed. *FDR: His Personal Letters, 1928-1945* (New York: Duell, Sloan and Pearce, 1950) v.2, p.968.
93) Graff, *Strategy of Involvement: A Diplomatic Biography of Sumner Welles*, p.171.
94) Ibid. pp.257-59.
95) Roosevelt, *The F.D.R. Memoirs*, pp.420-21.
96) Findling, *Dictionary of American Diplomatic History*, p.351.
97) Jonas, *Isolationism in America 1935-1941*, p.241.
98) Roosevelt, *The F.D.R. Memoirs*, p.422.
99) Jonas, *Isolationism in America 1935-1941*, p.2.
100) ルクテンバーグ『ローズヴェルト』180頁。

第 4 章

1930年代におけるアメリカの中国認識と対日政策

はじめに

　1930年代におけるアメリカの東アジア政策を象徴するフレーズとして「不承認政策」と「門戸開放・機会均等」が挙げられる。しかし、1930年代末に至るまでアメリカは日本の膨張政策を阻止するために積極的な行動をとらなかった。アメリカ政府は、日本の膨張主義的な傾向を好まなかったが、中国のために日本と戦争をするつもりは全くなかったからである。この点は、大統領から国務省極東部の末端の担当者に至るまで共通していた[1]。つまり、冒頭の2つのフレーズは政策というより理想を示しているのである。
　「不承認政策」と「門戸開放・機会均等」は、アメリカの東アジア政策のあるべき方向性として実務担当者にも常に意識されていたが、彼らは、日本との戦争をもたらさない範囲でこの方向性を追求せざるを得なかった。したがって、その実践こそがアメリカの東アジア政策の実態であったと言える。大統領や国務長官などの上位レベルの主体は相対的に東アジアを重視すべき地域であるとは考えていなかったので、東アジア政策の実務担当者である国務省極東部の影響力が大きなものとなっていたからである。
　1930年代は大陸における日本の膨張主義的な行動が顕著な時期であるため、それに目が奪われがちであるが、アメリカ国務省極東部の目は常に中国に向けられていた[2]。もっとも、それは必ずしも、彼らが親中的な感情を持っていたことを意味しないし、ましてや親中的な政策を実施することを意味するものでは全くない。アメリカの東アジア政策形成に日本の侵略行動は大きな影響を与

えたが、それにいかに対応するかを決定する過程においては中国をどう認識するかがきわめて重要な意味を持っていたのである。

　本章は、1930年代におけるアメリカの対日政策を規定した重要な要因としてアメリカ国務省極東部の中国認識に注目し、東アジア政策の重層的な構造を明らかにしようとするものである。

1．アメリカの対日「宥和」政策

　アメリカは、満洲事変をめぐる国際的対応へのイニシアティヴを自国がとることなく日本が抑止されることを望んでいたが、1932年1月に日中両国に通知を送ることで不承認政策を表明することになった。これは、道義的圧力を意図して、アメリカが、アメリカの条約にもとづく権利、あるいは中国の領土・行政保全を損なう「いかなる既成事実の合法性も認めることができないこと、および、そのような日中間の条約、協定を承認する意図を持たないこと」を宣言したもので、文言上、日本に厳しい姿勢でのぞんだものであった。実際、ハーバート・フーヴァー（Herbert Hoover）大統領やヘンリー・L・スティムソン（Henry L. Stimson）国務長官は道義的圧力が日本に対して一定の効果を及ぼすことを期待していたので[3]、その点では日本に対して強硬な姿勢をとったとも言えるが、日本に対して道義的圧力以上の手段を講じるつもりがなかったという点ではそれは必ずしも厳しい態度とも言えないという両義的なものであった。つまり、心情的には対日強硬であるが、事実上、対日宥和的な政策をとっていたのである。

　もともと道義的な圧力以上の対応を考慮していなかったアメリカは、1933年3月、日本が国際連盟を脱退した後は、国務省極東部主導の対日宥和政策へと傾いていくことになった。国務省極東部は、道義的圧力が無力であることを認識すると、日本を刺激するような言動を徹底的に回避するようになった。彼らは、東アジア情勢に通じていたからこそ、大統領やその側近よりも一層日本との戦争を導く可能性のある要素に神経質になったのである[4]。1930年代のアメ

リカの東アジア政策に大きな影響力を持っていたスタンレー・K・ホーンベック (Stanley K. Hornbeck) 国務省極東部長は、一般に「親中」派とみられているが、実際は彼の政策に「親中」的な色合いはほとんど見られない[5]。1933年5月のロンドン世界経済会議ワシントン予備会談においてローズヴェルト大統領が日本全権に対し、満洲問題をめぐってアメリカが実力行使をしないことを表明したのはホーンベックの意に反することではなく、むしろ歓迎するところであった。彼は、中国の治外法権撤廃問題には一貫してきわめて冷淡である一方、中国ナショナリズムの封じ込めという色彩が濃厚であった中国への国際金融支援構想の実現を望んでいた。この構想は日本を取り込むことでその排他主義的な中国政策をある程度封じ込めることを意図しており、アメリカによる日中両国に対する二重の封じ込めをめざしたものであった[6]。

「ワシントン体制」は、これまでの歴史研究において満洲事変によって崩壊したと位置づけられており、筆者もそれが妥当であると考えるが、ホーンベックは、当時、満洲事変によって「ワシントン体制」が完全に崩壊したという解釈はとっていなかった。そもそも、「ワシントン体制」というシステムが存在したかどうかが議論のあるところではあるが[7]、ホーンベックはワシントン諸条約を一体のものと考えていたので、「ワシントン体制」という枠組みを認識していたと考えられる。そして、満洲問題を棚上げすることで「ワシントン体制」の主観的延命を図ろうとしたのである。ホーンベックにとっては「ワシントン体制」は列強、特に日本の中国における勢力圏拡大と中国ナショナリズムとに対する二重の封じ込めを意味しており、彼はその維持を強く望んでいたからである[8]。

1934年4月の「天羽声明」は、このホーンベックの「ワシントン体制」延命の意図を砕くことになった。「天羽声明」とは、1934年4月17日の天羽英二外務省情報部長による記者会見における発言の通称であるが、この発言に対して何が東アジアの平和・秩序を乱すかという判断を日本が一方的に行う権利を主張しているという点に国際的な非難が浴びせられた[9]。ホーンベックは、これをきっかけに中国における日本の排他性を確信し、極東部はその東アジア政策を再検討することになった。しかし、日本を封じ込める役割をアメリカの海軍

増強に引き継ぐことを決意した後も、ホーンベックは国際金融支援構想を放棄しようとはしなかった[10]。アメリカは日本の排他的対中政策を承認することはあくまでも拒否したが、求めていたのはアメリカが日本と対等な地位を保証されることであり、中国の主権尊重自体が問題の中心ではなかったのである[11]。したがって、日本による華北分離工作へのアメリカの対応は、日中戦争勃発を回避するために中国を牽制するというものになったのであった[12]。

2. アメリカの東アジア政策担当者の中国への認識

　以上のようなアメリカの対日政策を中国の立場に立って眺めたとき、それを「親中」的とは言い難いし、一般に「親中」派と目されるホーンベックを「親中」派と呼ぶことにもとまどいを感じるのではないだろうか。そして、同時に、何故、アメリカの東アジア政策担当者は、これほど日本に対して宥和的で中国に対して冷淡なのかという疑問が生じるであろう。その答えは、彼らの中国政府への評価がきわめて低かったことにある。
　ホーンベックは、南京政府の北伐に批判的であり、その統治能力も評価していなかった[13]。ホーンベックに限らずアメリカの東アジア政策担当者のこの時期の南京政府への評価は大変低かったのである。彼らは中国の境遇に同情しないわけではなかったが、「自助」を根本的な原則と認識していた。そのため、日本の立場から見ると一見「親中」的なように見えても、実際には中国の訴えに動かされることはあまりなかった。
　例えば、唐有壬（後の外交部次長）は、ウィリス・R・ペック（Willys R. Peck）米国南京領事館参事官に対して1933年5月31日の塘沽停戦協定は日本の強制力によって国民政府に押しつけられたものである点を強調した。国民政府は日本と戦うに十分な兵力を持っておらず、戦えば華北を失うことになるため停戦協定を結んだものの、協定の締結は中国による満洲への権利の放棄を意味するわけではない、というのである。さらに、当該地域の運命は世界の問題であり日中のみによって決定されるべきではないと訴えている。しかし、この論

理はアメリカ外交当局者に対してあまり説得力を持たなかった。なぜなら、アメリカ国務省極東部は、自らの弱さを表明する中国を支援するリスクをとろうとは考えなかったからである[14]。

　そもそも、アメリカ国務省極東部は、日中両国の違いというものは「西洋」と「東洋」という大きな比較の中では大して重要ではないと考えていた。ネルソン・T・ジョンソン（Nelson T. Johnson）駐中米国公使は、国際関係における西洋的理想主義が日本や中国のような東洋的現実主義の挑戦を受けている、という大局的な見方をしていた。ジョンソンも一般的に「親中」派とされるが、「日本人も中国人もそのような思想文化［西洋的理想主義＝筆者注］には与していない」として満洲事変を起こした日本だけではなく目の前で日本の侵略を受けている中国もひとくくりにしている。東洋的現実主義の世界において、現在はたまたま中国が軍事的に脆弱であるために日本の侵略を受けることになっていると認識しているのである。ジョンソンは、中国の対外政策は現在も「夷を以て夷を制す」を原則としているが、かつてと違うのは強国の中で弱者の政策として展開されている点であると考えていた[15]。前述のペックとの会談で、唐は、日本の当局者を、英米が満洲の現状を黙認しているわけではないと牽制したというエピソードを紹介しつつ、中国はアメリカが満洲への言及を維持することに依存しているとも述べたが[16]、アメリカ外交当局者には中国が「夷を以て夷を制す」、すなわち英米の権威を利用して日本を牽制する政策であると解釈されたのである。

　彼らの中国評価が低かった原因の一つは中国政府内の分裂状況への強い懸念があったことである[17]。ホーンベックは、満洲事変前後に「…中国革命はロシア革命のように結束より分離を促進したことで悪名高い。広東と華南の北京と華北からの分離を妨げることはほとんど不可能で…」[18]と記している。ジョンソンも中国の革命はまだ不完全なためどの勢力に国際連盟が援助すれば中国を安定化させることが出来るのかわからないと指摘している[19]。

　また、例えば、1933年1月、南京政府の兵工署長である兪大維はアメリカの駐在武官ビートナー（Beatner）との会談でアメリカに日本に抵抗するための援助を要請し、アメリカの軍部官僚の立ち会いの下でアメリカの軍需産業と取

引することなどを望んだ。その際に俞は、アメリカとの交渉が成功することがはっきりするまで、蔣介石は交渉に関わることを望んでいないと述べ、その理由を交渉が失敗したときに蔣の政敵がそれを利用することを恐れているからであると説明した。このような蔣介石の姿勢は、南京政府が主張する見解は中国内の他の有力な勢力から必ずしも支持されていないと共に、反対を抑えて実行するだけの力が南京政府や蔣介石個人にはないと国務省極東部に判断された。アメリカは統一された強い中国が日本の対抗勢力となることを望んでいたが、その期待とは裏腹に極東部の現状認識は悲観的であった[20]。

　1933年8月に訪米してホーンベックと会談した宋子文は、中国政府内の意見対立を理由に中国への支援に消極的なホーンベックに対して、民主主義において反対勢力の存在は当然かつ望ましいものではないのかと反論し、ホーンベックはどういう方向性が正しいと思っているのかと反問している[21]。

　アメリカ国務省極東部の人びとは、中国に対して厳しい評価をするのに比して、アメリカ自身への評価は甘く、彼らの自己イメージとしてのアメリカを基準として「東洋」を批判的に分析する姿勢には問題がないとは言えない。例えば、ジョンソンは、東洋的現実主義に対抗するものとして、ウィルソンの民族自決主義を挙げ、その最近の具体例として九カ国条約と不戦条約を挙げている[22]。ウィルソン主義の理念とアメリカ外交の実態には一定の距離があるという意識が彼らには希薄であり、さらにはそれ以前に東アジアで展開された西洋の「現実主義」をどう位置づけるのかという問題意識がないため、バランスを欠いた議論となりがちであった。その結果、アメリカの好意的な行動の結果であると彼が考えている九カ国条約を、1920年代半ばに中国外交部長が列国による中国の国際管理と見なして非友好的な措置であると語ったことに対して、憤慨するのである[23]。

　アメリカの東アジア政策担当者は、要するに、中国が絶望的な状況に置かれていると考えていた。塘沽停戦協定が成立する数週間前にホーンベックが大統領のために作成したメモは、「中国政府は悪魔と深海の間に立っている。悪魔とはさらなる軍事的侵攻、深海とは破滅的な『和平』の成立である。中国の安全保障はどちらを選んでも保証されないであろう」[24]と結ばれている。そして、中国がそのような状況にあることは、ホーンベックにとってはアメリカが中国に

よる支援要請を却下することを正当化する根拠となった。彼は中国側から提起された日本の長城以南への戦闘行為への列国による介入について以下のように述べた。

　　アメリカがイニシアティヴをとるとすれば、第一の結果は日本のアメリカに対する憎しみを再び活気づけることであろう。それにもかかわらず、成功したところで、日中両国のアメリカに対するわだかまりが長く続くのである。しかも、仲介は戦闘中止に反対する日本軍部によって失敗する蓋然性が高い。仮に交渉に軍部が同意したとしても、それは日本がずっと求めていた日中交渉が始まるというだけのことである。その交渉は満洲の新しい現状承認に関して中国が屈服する以外に成功することはないであろう。…（中略）…それは日本の外交的軍事的勝利である。この勝利によって日本は大陸での地位を強化し、次（さらなる中国侵攻であれ、対ソ攻撃であれ、対米攻撃であれ）への準備を可能にするのである。このような状況でそのような合意がなされることは、アメリカの利益でもなければ中国や世界の利益でもない。たとえ中国がさらに被害を受けようとも、中国にいる居留民や諸外国一般にとって不安定な状況が継続しようとも、日中情勢を流動的なままにしておく方が望ましい。[25]

　このような見解が人道的ではないという点は本人も自覚していたが、前述のように中国がそのような状況に置かれたのは中国自身の責任であるという見解であった[26]。ホーンベックが日中間の仲介に反対したのは、それによってアメリカが日本の軍事的勝利を補強する役割を担うことを拒否するためであり、そのために戦闘が継続して中国の逆境が増したとしてもそれは中国自身に侵略を防ぐ力がないために仕方がないこととされたのであった。中国は、アメリカに介入を求める論理として、日本が満洲の資源で経済的・物質的に強大化する前に戦う方が安上がりであるという主張もしたが、この時点ではアメリカ政府を動かすことはできなかった[27]。

　一方で、ホーンベックは「日本軍が中国本土に侵攻すれば問題全体が大きく

なり、複雑化していよいよ早期の満足のいく解決が難しくなる。同時に中国では［日本の＝筆者注］侵略によってナショナリズムが台頭するはずであり、現在の南京政府の問題のいくらかは取り除かれるかもしれない。日本の占領が平津地域全体に及べば英ソによる状況への懸念も増していくであろう」とも期待していた。そして、いずれにせよ、「英ソは日本が得るだけ失うという立場にある。アメリカはたいして失うものはない。アメリカの極東政策の原則と世界平和というわれわれの理想はさらに傷つけられるであろう（すでにかなり損なわれている）。アメリカ通商の展望はさらに暗くなるであろう。しかし、物質的利益の面では死活的重要性はない」ので「早期の未成熟な平和」を求める必要はない、と考えていた[28]。

　ジョンソンは、中国のナショナリズムに対してホーンベックより一層否定的な見方をしていた。中国ナショナリズムは、国内の安定達成が困難であったため、排外主義の人気に支えられて台頭することになったが、それは中国にとって不幸な結果を招くと考えていた。なぜなら中国は、中国ナショナリズムが求めるような対外関係を運営できるような内政的基盤や統一を確立していないからであった[29]。要するに、ジョンソンは中国の力では中国ナショナリズムが求めるような対外関係は築けないと言っているのであるが、彼のそのような考え方は明らかに彼の言うところの「西洋的理想主義」よりも「東洋的現実主義」に近いものであった。

　アメリカの東アジア政策担当者の中国評価が低いもう1つの要因として、中国の債務不履行の問題があった。彼らは中国の債務に対する姿勢に強い不信感を抱いていた。例えば、ホーンベックは、訪米した宋子文との1933年8月の会談記録において宋が古い債権問題の解決に消極的であることを特に強調している。「中国は新しい借款の必要に応じてしか古い借款の整理をしないであろう」とのホーンベックのコメントには積極的に債務を果たそうとせずに新たな借款を得ようとする中国の姿勢への強いいらだちが示されている[30]。また、ホーンベックは、ジャン・モネ（Jean Monnet）元国際連盟事務局次長との会談で宋子文の構想する諮問委員会（international consultative committee）は中国の債務と信用の問題を解決できないという点で彼の賛同を得、「少なくとも7年前に

何とかすると言った中国政府は何もしていない」[31]と不信感をあらわにしていた。前述のように、ホーンベックは、日本を取り込んだ中国への国際金融支援の実現をめざしており、あくまでも日本を排除しようとする宋子文とは相容れなかったが、その背景にはこのような中国への不信があったのである。

3. アメリカの東アジア政策担当者の日本への認識

　ホーンベックらのいわゆる「親中」派の人びとが実のところそれほど「親中」的ではなかったとすれば、彼らの日本に対する見解はどのようなものであったのだろうか。
　ホーンベックは、日本が満洲事変に援用した「自国民保護」が日本軍部の目的ではないと考えていたが[32]、日本の満洲における行動はイギリスの植民地政策以上でも以下でもないと考えていた。日本側の正当化の論理は受け入れられていなかったものの、必ずしも日本の「不法行為」と断罪されたわけでもなかった。

　日本が満洲において民族主義的な権利を主張できないことは最初に確認されるべきである。このケースは明らかに帝国主義的根拠に基づいて議論されなければならない。フランスのアルザスに対する要求とは違う。…しかし、満洲における日本の立場はイギリスのエジプト保護国化や南ペルシアにおける勢力圏と同様の根拠で弁護されるかもしれない。…（中略）…植民地帝国主義が正当化されるなら、日本のケースも正当化されるであろう。[33]

　ホーンベックは、日本の満洲における特殊権益について異を唱えてはいなかった[34]。そして、満洲事変勃発当初は日本の侵略行動への動機にある程度の理解を示し、日本人移民排斥問題には負い目を感じていた様子がうかがえる。

　全ての列強の中で、日本は今のところ最も植民地を必要としている。…（中

略)…第二に、日本は日ごとに食糧・原料の輸入国で工業製品輸出国となってきており、満洲は本質的に原料食糧地域である。両者は自然な補完関係にある。日露戦争期には日本の輸出の85％は工業製品であった。日本の自然な市場は中国である。日本は、イギリスがそうであるように耕作に適する土地が少ないため、その生存を海外からの食糧原料供給に頼っている。…（中略)…もし我々がこの平和的な出口を狭い領土に人口密度が高く軍国主義的で工業化された膨張主義的エネルギーに満ちた日本に禁じるというリスクをとるとすれば、誰が日本の野心がより悪影響の大きな別の地域でより危険な方向へ向くことがないと世界に保証できようか。もし、我々が満洲に「門戸開放」の厳格な解釈を強いれば、現在日本人に対して閉ざされている、例えばカリフォルニアの扉が乱暴に開けられないとも限らないのではないか[35]。

しかし、同時にホーンベックは満洲事変が日本の外交政策にもたらす影響について次のような分析を行っていた。満洲事変勃発直後の1931年9月20日、ホーンベックは、恐らく満洲事変は現地の独走であると推測した上で、「日本政府は、占領した地域から撤兵したいと思っているだろうが、難しいと気づくことになるであろう」とすでに予想しているのである。これは満洲事変のみならず、この後の1935年の華北分離工作や1937年の日中戦争における度重なる現地軍抑制の失敗を考えるときわめて鋭い分析であったと言える。そして、「日本外務省が中国に対処する努力にとって、占領は助けともなり、障害ともなるだろう」と指摘した[36]。中国領土の一部を占領することは資源の獲得や軍事的な使用に有利なだけでなく、中国政府への外交的圧力としても作用するが、中国との摩擦を一層生じやすい状況を出現させたということであり、日本政府にとって状況のコントロールの困難さを増すものであると考えたのである。

興味深いのは、ホーンベックは、日本の人口問題や資源に関する民族主義的な焦燥感を認める一方で、日本人は本質的には「現実主義者（realists）」であると考えていることである。1935年春、ホーンベックは日本との協調に関して次のように記している[37]。

我々は日本人が協調を相互の利益と考える分野では日本との協調の機会を追求するべきである。

そして、そのためには日本の側のニーズと彼らが直面している問題を考慮しなければならないとして、以下のように記す。

　日本の人口問題は深刻な様相を呈する大きな問題である。日本は、より大きな輸出市場へのアクセスを得てさらなる工業化を行わなければ、経済的飢餓と政治的不安定に陥るのは明らかである。日本人の旺盛な活力を見る限り、後者を受動的に受け入れるとは考えられない。また、現在の高まるナショナリズムの波に刺激を受けており、彼らが世界情勢における「運命」と信じる道を妨げられるのを甘受しないであろう。
　日本人は1935～36年を危機の年と信じており……そのコストや結果にかかわらず、理性という防波堤を簡単に突破して戦争に至るかもしれない。

したがって、重要な原則において日米間に対立があるということを明確にしつつ、日本に圧力をかける素振りは避けることが肝要である、というのがその結論であった。そして、日本人は揺らがない姿勢と勇敢さに敬意を表するので、行使する準備のない軍事力をちらつかせることは決してしてはならないと戒めている。
　ホーンベックが軍事的な抑止を自制したことは、彼が軍事的合理性を重視していることと表裏一体であった。彼は、日本人は内心では現実主義者であり、軍事力の内実を重視するので、はったりは効果がないがアメリカが海軍増強を十分に行った後には抑止することが可能であると考えたのであった。
　また、ホーンベックは、日本の軍部がアメリカの行動をプロパガンダに使う可能性を常に意識しており、日本軍部が「アメリカの政策と国務長官の言葉は日本への嫌悪、台頭抑制の望み、日本人の困難への無理解に発している」[38]という考えを国民に教え込もうとしていると分析している。そして、軍部はともかく「より知的で情報の豊富な日本の政治指導者や経済界の指導者がこれを

『信じている』かどうかは疑わしい」と考えていた。日本軍部の世論操作の目的は「戦争心理」を生み出すことであり、日本にそのような心理があることを世界に示すことで、海外で「恐怖心」を生みだそうとすることにあると解釈していたのである[39]。ホーンベックは日本政府と軍部を区別していたが、そこから導き出される結論は日本政府にとって必ずしも有利なものにはならなかった。むしろ、日本外務省の報道官がリットン報告書にはよい面もあると認めたという報道に対して、世論を煽る一方で、政治外交的には冷静かつ慎重に行動するという日本の政治戦略が伺える、というような分析を行うのであった[40]。ジョンソンも日本を工業化されているが軍国主義的で現実主義的（an industrialized but militant and realist Japan）と評している[41]。

4. 日中間の妥協への期待

以上のような認識を日中双方に対して持つアメリカ国務省極東部の東アジア政策は、日中双方にとって理解しにくいものとなったが、アメリカの東アジア政策担当者達が望んだのは、結局のところ、自らの手は汚さずに日中間に何らかの合意が形成されることであった。

そのような兆候は満洲事変直後からすでにあった。中国が満洲事変に際して積極的な抵抗を行わなかったことに対してホーンベックが下した評価は複雑であった[42]。「…戦争はすでに戦われ、日本が勝者である。…中国政府と中国人武装勢力が示した恐るべき効果的な自制（政府は抵抗せず、武装勢力は武装解除した）が日本の参謀本部の計算をひっくり返した。…その結果、日本人は、中国人に一方的にものをいう立場でないことを発見したのである」[43]として、軍事的弱者としての中国が日本の思惑をうまく逸らすことに成功したという解釈をしている。ホーンベックは「中国は満洲の運命に無関心であることを再三示しており、ロシアか日本に満洲の地が中立を犯されることに抵抗するいかなる試みもしなかった」[44]と中国を批判しつつも、必ずしも中国が日本に対して徹底抗戦することを望んではいなかったのである。

このようなアメリカの姿勢に日本側は期待を寄せる余地を見いだし、1933年春のロンドン世界経済会議ワシントン予備会談を舞台に日本外務省の対米協調外交が展開されることになる[45]。しかし、アメリカには日本の軍事的勝利を補強するような日本との協調に踏み出す意思はなかった。すなわち、日米協調を中国への圧力にしようとする日本の企図は成功の見込みが一貫してなかったのである。この点、日本側はアメリカから多くを期待しすぎたと言える[46]。

また、アメリカの東アジア政策担当者にとって「門戸開放」は決して理念としてだけ尊重されればよいというものではなかった。綿麦借款の使途をめぐる以下の例はそれを裏付けている。ホーンベックは、その使途をめぐる在中アメリカ企業の不満を受けて、ローズヴェルト大統領にこの件に関して宋子文中国財政部長との協議を求めることで、アメリカの債権者や企業の利益の確保に努力した[47]。ウィリアム・フィリップス（William Phillips）国務次官が極東部の懸念を大統領に伝えた文書の中の「中国政府が我々の信頼を得てアメリカから引き続き支援を得たいと考えるならば中国政府がとるべき方向性」という文言はかなり直接的である[48]。

日本は満洲黙認と中国の排日ボイコット停止を求めるレトリックとして「門戸開放」を利用しようと試みたが[49]、アメリカ側はまったく反応しなかった。同様に、中国が日本の満洲占領は「太平洋における通商の障害」[50]であると主張しても、アメリカ側は特段の関心を示さなかった。アメリカの求める通商利益と離れたところで「門戸開放」に自国の都合に合わせた意義付けをしても、アメリカの関与を引き出すことはできなかったのである。

しかし、アメリカとは無関係に日中間に合意が成立することに関しては、その内容がどうあれ、アメリカには黙認する準備があった[51]。1933年10月末、ホーンベックは日中合意が近い将来成立することを予想した[52]。1933年10月29日、宋子文が財政部長を辞任したが、この内閣改造は日中合意の促進を意味すると観測されていた。ペック南京領事館参事官が、対日強硬派と見られる宋子文が、中国政府内が日本との直接交渉に傾いている中で、日本とのある種の暫定協定の必要性を認め始めたという情報を報告したのは辞任前の10月20日であった[53]。また、著名な文学者で後の駐米大使（1938年9月〜42年9月）とな

る胡適も、中国の指導者達は日本に非があるにもかかわらず暫定合意をせざるを得ないと考えている、と語っていた[54]。

1934年4月の天羽声明による混乱は日中交渉を停滞させたが、1935年1月、南京領事館から日中妥協が成立する可能性があるという報告が再び送られてきた。これに対して、極東部は「合意成立は長期的にみれば本質的に不利益であるが、現在の状況の下ではある意味で救いとなるとみるべきである」とコメントを記したのである。中国は援助を必要としているが、西洋諸国はそれを提供する準備がない上に、天羽声明に顕著なように日本はそれを認めようとしないからであった[55]。

極東部は「日中両国は隣国で、多くの点で適切な補完的関係になりうる」と考えていたが、おそらくその合意が日本に有利なものになるであろうとも予測していた。しかし、彼らはそれを仕方がないと考えた。「弱肉強食は東洋のならい」であったからである。日中合意によって日本が資本を提供し、一方で中国を搾取することが予想された。それは中国・ソ連・イギリス・フランス・オランダの犠牲において極東に日本の覇権が達成される方向をも意味するが、「日中合意の直接の意味はアメリカにとっては列国ほど深刻ではない」と考えられた。日本の覇権確立が日本のリーダーシップの下に極東の人々が結束するようなナショナリスティックな西洋との対決へと向かうと最終的にアメリカに甚大な影響を及ぼすであろうが、数年間の内に世界がインターナショナリズムの方向に進み機構が整備されればこの合意が時間稼ぎの役割を果たして極東が軍事力に訴えずにすむ地域になると期待されたのである[56]。

ジョンソン駐中公使は、1934年10月から任地を離れ本国に休暇帰国していたが、翌年2月に中国に戻ると予想以上に日中関係の好転が進んでいたと報告した[57]。1935年1月～2月に須磨弥吉郎南京総領事兼公使館参事官が蒋介石らを精力的に訪ねて会談したことにアメリカ公使館は注目していた。この日中交渉の中心人物は須磨、鈴木美通陸軍駐在武官らと見られ、軍部の主導と考えるジョンソンと外務省に軍部が権限を与えたと見るジョージ・アチソン（George Athceson）北京米国公使館二等書記官では多少の見解の相違があったが、いずれも日本軍部が軍事的制圧ではなく経済的浸透を図るという結論に達したと考

えていた[58]。

　ジョンソンは、蔣介石、汪兆銘、孫科による親日的な公的声明に加え、全国経済委員会委員長の宋子文の対日態度にも変化があったことを報告した。ジョンソンによれば、4月26日の会談では、宋子文がもはや日本人との面会や議論を拒否しなくなり、この数か月間に会談した対中協力の準備があるという日本の銀行家や実業家からは以前よりも同情的な態度を感じたと述べたということであった。日本情報筋によれば、宋子文の態度の変化は12月頃から明らかになったとされる。そして、以前は反日派の首領と目された宋子文の態度変化もまた、現在の重要な局面で、西洋諸国の援助が期待できない中、日本との「友好」が実質的に不可避であるという考え方で中国当局の見解の統一が進んでいることの証左である、と結論づけた[59]。さらにはイギリスやソ連も日本の中国への経済的浸透を意味する日中合意を容認すると予想された[60]。

　もちろん、日中合意によって問題が完全に解決すると考えられたわけではない。ジョンソンは、日本外務省や産業界が満洲には十分な資源がないことを認識して、日中交渉で有益な提携を行う方向に転じたと考えていた。日中提携により日本はより大きな市場と原料（石炭、鉄鉱、石油、綿花、羊毛）を得るという考え方であり、欧米諸国としても、このような提携が日中相互の利益になるなら満足であるが、問題はそれが可能かどうかであると指摘している。ジョンソンは、中国資源が日中双方の需要を満たすほど豊富ではない点、中国の産業育成政策が日本の利益に相反する点を挙げて日中双方に満足な経済提携が難しいとする一方、中国に進出した日系工場が中国の安価な労働力を得て製造した廉価な製品を西洋諸国に輸出するようになれば真の黄禍であると述べている[61]。

　このように日中経済提携の長期的展望は決して明るくなかったが、結局、中国が現在置かれている立場を考えれば他に選択肢はないと考えられた。アチソンは、情報提供者である中国高官が日中関係を「行き詰まり（deadlock）」と表現したことについて、「まるで、この交渉で日中が対等な立場にあるように聞こえるが、もちろん、中国はそんな幸運な立場にはない」とコメントしている。アチソンは、中国は何の助けも得られず、日本の要求をのむのに、引き延ばす（それもそれほど長くではなく）以外にほとんどできることがないことも認識し

ている、と見ていた。また、対日妥協が現政権の命取りになる可能性も承知しているが、それでも日本と合意せざるを得ない状況なのであるとした[62]。

一方、ホーンベックは、1935年4月、対中関係に特に問題はないと考えていた。「中国人はいわゆる『不平等条約』の除去よりも緊急に取り組まなければならない諸問題があるということを認識するようになった」として、1926～28年の北伐の悪影響は顕著に減少したと評価した。彼は、南京政府が国内の建設的な努力、すなわち共産主義者の脅威と日本からの圧力への対処にエネルギーを注ぐようになっていることに満足していた。彼にとって、満洲事変によって中国の注目が治外法権問題から離れたことは対英米関係を改善するものと認識されたのであった[63]。

おわりに

一般に「親中」派とされてきたホーンベックやジョンソンは、親中反日的であるというよりは彼らの認識における「東洋」的なるものに否定的な見解を持っていたと言え、それがしばしば対日宥和政策を正当化する根拠となった。「東洋」では「西洋的理想主義」が機能しないので日中関係は現実主義的なものとならざるを得ず、中国が軍事的に脆弱である以上、第三国にはどうしようもないと考えていたのである。彼らが、南京政府を信用せず、その統治能力に疑問を持ち、軍事的にも脆弱であると考えていたことは、対日政策を決定する上できわめて重要な要素であった。

ホーンベックが非「親中」的であることを詳細に論じたフーは、彼が日本の立場でものを見ていたと主張するが、実際には日中どちらの外交当局者もホーンベックに対して違和感を抱いていた。中国の立場からアメリカがきわめて対日宥和的に見えたのは、自らを「西洋的理想主義」の実践者と位置づけるにもかかわらず、日中間の軍事バランスによって日中関係が決定されることを東洋における現実として黙認する姿勢のためであった。このようなアメリカの姿勢は、日本において外務省の主導でアメリカの対日宥和性に期待する契機となっ

たが、アメリカの東アジア政策担当者は日本側が期待するほどには対日宥和的ではなかった。それは日本の軍事的優位に対する黙認に過ぎなかったのである。ところが、日本側には日米協調を中国への圧力としようとする期待が常にあった。そのため、日本では、当時の外交官にも、外交史研究者にもホーンベックの評判は芳しくない[64]。しかし、日本はアメリカに対して多くを期待しすぎたのであり、1930年代末までの極東部は決して対日強硬ではなかったのである。

1930年代においてアメリカの東アジア政策担当者はアメリカが関与しない形での日中合意を求めていた。そして、そのような合意によってもたらされた極東の相対的安定が中国強化への時間を提供することを望んでいたのである。1930年代においてそのような合意が彼らによって強く期待された時期が2度あった。それは、1935年2月から5月、すなわち華北分離工作の直前期と、1936年末から日中全面戦争の勃発までの時期であり、日本軍部が軍事的展開よりも経済的浸透に重点を置いているとアメリカ側に観察された時期であった。本章では前者について分析した[65]。アメリカ国務省極東部は、中国の圧倒的な弱さを前提として必ずしも展望の明るくない時間稼ぎとして日中合意に期待したのである。

胡適は、1933年10月に、中国が独裁に向かう可能性は低いと発言していた。当時の中国における有力な政治指導者である蔣介石・汪兆銘・宋子文の3人について、蔣介石・汪兆銘にはある種のカリスマ性があり、宋子文には実行力があると評した上で、いずれも「中国のムッソリーニ」になる資質に欠けると結論づけた[66]。胡適のこの指摘が正しかったとすれば、1930年代における日本の侵略が中国には本来根づきにくかったはずの独裁を可能にし、中央集権を実現したと言える。そして、そのことは、第二次世界大戦において日本と戦う上での重要なパートナーをアメリカにもたらす一方で、戦後、アメリカの意に反して中華人民共和国が成立する基礎となったのであった。

注

1) Dorothy Borg, *The United States and the Far Eastern Crisis of 1933-1938*, (Cambridge: Harvard UP, 1964).

2) この傾向は、1920年代においてもある程度認められるようであり、服部龍二は「国務省では米中関係における日本問題という発想が基調をなしており、日本の研究者が日米関係における中国問題という視角を設定しがちなのは、アメリカ側の観点と合致していない」と指摘している。服部龍二『東アジア国際環境の変動と日本外交1919 – 1931』(有斐閣、2001年) 9頁。

3) N. A. グレイブナー「大統領と対日政策」『日米関係史』第1巻 (東京大学出版会、1971年) 46-52頁。グレイブナーはアメリカにとって「不承認主義は、宥和でなくむしろ強硬政策を意味した」と述べているが、それは日本が抑止されなかった瞬間に対外的には宥和政策としての意義を帯びることになった。

4) 1935/4/8, pp.28-29, 711.00/543 1/2, RG59, National Archives, College Park (以下、NAと記す).

5) ホーンベックは、特に日本においては「親中」的なイメージで語られることの多かった人物であるが、シーチャン・フーはホーンベックの日中戦争勃発までの「親中」的ではない政策について詳細に論じ、従来のホーンベック像に再考を促した。Shizhang Hu, *Stanley K. Hornbeck and the Open Door Policy 1919-1937* (Greenwood, 1995). 日本では国務省極東部の担当者を「親中」派と「親日」派に色分けする考え方が定着している。例えば、三谷太一郎「大正デモクラシーとワシントン体制」細谷千博編『日米関係通史』(東京大学出版会、1995年) 98-99頁。服部『東アジア国際環境の変動と日本外交1919 – 1931』9頁。

6) 中国治外法権問題については、Hu, *Hornbeck and the Open Door Policy*. および拙稿「アメリカ外交における中国治外法権撤廃問題と互恵通商協定」『史学雑誌』第110編第9号 (2001年) 3-7頁。国際金融支援構想については、三谷太一郎「国際金融資本とアジアの戦争」近代日本研究会編『年報・近代日本研究』2 (1980年) および拙稿「日米関係 ── アメリカの東アジア政策の文脈 1933 – 37年」奥田晴樹編『日本近代史概説』(弘文堂、2003年) 144-147頁。

7) 入江昭は、「ワシントン体制」という用語が「1920年代には一般化してはおらず法的に定義された概念として実質的に受け入れられていたとも言えない」としながら、「ワシントン会議後まもなく『ワシントン会議の精神』について多くのことが語られ、アジアにおける各国の行為は、この精神の遵守如何により判断される傾向が強まった。したがって、ワシントン体制は明確な機構というよりも、むしろ、理念・概念の意味合いが強く、列国の自発的な相互協調によりアジアの安定を維持し、中国の近代国家にふさわしい穏健的変革を支持することを表明するものだったといえる」として、「ワシントン体制」をワシントン会議の精神を奉じる極東国際秩序と位置づけている。入江昭『太平洋戦争の起源』(東京大学出版会、1991年) 3頁。一方で、イギリスの外交当局者には「ワシントン体制」と呼ぶべきシステムが存在したとは認識されていなか

ったことが明らかになっており、英仏の研究者の多くは「ワシントン体制」なるものが存在したとは考えていない。イアン＝ニッシュ『日本の外交政策：1869-1942』（ミネルヴァ書房、1994年）155-156頁。Ian Nish, "Japan in Britain's View of the International System, 1919-37" in Ian Nish ed., *Anglo-Japanese Alienation 1919-1952* (1982), p.31. 本章では「ワシントン体制」をめぐる議論に深く立ち入る余裕はないが、服部龍二が主張するように、イギリス人がそれをシステムと認識していなかったことと、システムが存在したと言えるかどうかは別問題であろう。服部『東アジア国際環境の変動と日本外交』6-11頁。筆者は、1920年代の東アジアにワシントン会議を契機とした緩やかな枠組みが存在したと位置づけることは妥当であると考えており、ここでは、それを各主体が自国の政策との関係でどう位置づけるかという視点からホーンベックの「ワシントン体制」像を論じる。

8) 拙稿「日米関係」143-44頁。

9) 問題となった発言の要旨は以下の通りである。①東アジアにおける平和秩序の維持は日本の責任であり、単独でこれを遂行する。②中国の日本排斥運動はもちろん、以夷制夷的な他国利用政策は打破するように努める。③列強が中国に対して共同動作をとることがあればその形が財政的・技術的にいかなる名目にせよ必ず政治的意味を包含することになるから、その結果、直接中国の国際管理または分割もしくは勢力範囲設定の端緒となることがないとしても中国の覚醒・保全のため不幸な結果を招くおそれがあるので、主義として反対である。④各国が経済貿易上の見地から中国と交渉して行う行動が事実上の援助となっても、東アジアの平和または秩序の維持に反しない限り自由である。しかし、東アジアの平和・秩序を乱す性質のもの（例えば軍用飛行機の供給、飛行機の設置、軍事顧問の供給、政治借款など）には反対せざるを得ない。臼井勝美『新版　日中戦争』（中公新書、2000年）10-11頁。

10) 拙稿「日米関係」142-44頁。

11) 1935/4/8, p.15b, 711.00/543 1/2, NA.

12) 拙稿「華北分離工作をめぐる国際関係―米国国務省極東部の政策転換」『国際政治』第148号（2007年）32-34頁。

13) Hu, *Hornbeck and the Open Door Policy*, pp.83-84. ジョンソン駐中米国公使は、1920年代の中国ナショナリズムはソ連の影響を色濃く受けたものであると見ており、彼の共産主義への否定的姿勢から、一層、中国ナショナリズムへの評価は低いものとなった。Johnson to Secretary, The League of Nations and China (Enclosure No.16), pp.7-8, 1933/10/13, 793.94/6513付属, NA. このジョンソン報告には16の付属文書があり、その内容は極東部をはじめとしてフィリップス国務次官からも非常に高い評価を受けた。

14) Peck to Secretary , 1933/11/15, 793.94/6531 F/ESP; Johnson to Secretary, China's Policy in Its International Relations (enclosure 10), 1933/12/14, 793.94/6513付属, NA.

15) Johnson to Secretary, 1933/10/13, p.5, 793.94/6513; China's Policy in Its International Relations (Enclosure No.10); Announcement of Chung Hui (Enclosure No.1), 793.94/6513付属, NA. 東洋では力が正義であるという考え方については『書経』の記述を引用している。

16) Peck to Secretary, 1933/11/15, 793.94/6531 F/ESP; Johnson to Secretary, China's Policy in Its International Relations (enclosure 10), 1933/12/14, 793.94/6513付属, NA. 中国の「親日」派もそれほど「親日」的であったわけではない。孔祥熙財政部長は、日本に対する非抵抗政策を採る中国人も日本の対中政策は攻撃的で中国の政治的安定を乱そうとしているという認識を共有しているが、今戦えば中国の国家建設ができないと考えて、日本との対決の延期を主張しているのである、と語っている。Peck to Secretary, 1933/12/29, 793.94/6550, NA.

17) Conversation between Chinese Minister and Hornbeck, 1933/4/26, 793.94/6257, NA. ホーンベックは、塘沽停戦協定成立後も、アメリカからの綿麦借款（ホーンベックは供与に反対したがモーゲンソー財務長官の後押しにより実施された）によって南京政府が資金を得ることが中国の内戦を助長するという懸念を示している。「1933年6月9日付西南政務委員会からの電報によると…綿麦借款は…中国の内政に影響を与える問題である。…電報は、南京政府、特に宋家を攻撃しており、再度内戦を始めることを示唆している。…政策を今から変更することを求めるものではないが、この電報を回覧して、アメリカ政府が別の政府に物資を売るという単純なことでさえ、複雑な問題になるということを認識してもらうために、大統領や経済金融復興公社（RFC）の議長に見せることを勧める」Hornbeck to Acting Secretary, 1933/6/9, box.453, *Hornbeck Papers*, Hoover Institution Archives, Stanford（以下、HIAと記す）。

18) Document No.1, Justus D. Doenecke ed., *The Diplomacy of Frustraion: The Manchurian Crisis of 1931-1933 as Revealed in the Papers of Stanley K. Hornbeck* (Hoover Institution Press, 1981). 本書は、スタンフォード大学フーバー研究所文書館が所蔵するホーンベック文書から満洲事変関連の文書を抜粋して編纂された史料集である。

19) The League of Nations and China (Enclosure No.16), 1933/12/14, 793.94/6513付属, NA.

20) Peck to Secretary, 1933/1/9, 793.94/5879, NA. 但し、漢口領事は、その担当地区に関する限り、南京政府ではなく蒋介石が実効支配していると考えていた。Adams to Secretary, 1934/04/17, 711.93/322, NA.

21) Chinese-American Relations, 1933/08/08, 711.93/302, NA. 宋子文は、「人民政府の発展を信じ、反対勢力の存在は自然で望ましい進展であると思っていたが、今回の西洋諸国歴訪の間の見聞によって疑問が生じてきた」とも語っており、イギリスのマクドナルド挙国一致内閣などが念頭にあったとも解釈できるが、アメリカの東アジア政策担

当者が西洋的基準として示すものと実際に中国に求めるもの間にズレがあることを示唆しているようにも読める。

22) Johnson to Secretary, 1933/10/13, 793.94/6513, NA.

23) China's Policy in Its International Relations (Enclosure No.10), p.6, 793.94/6513付属, NA.

24) Phillips to FDR, Manchurian Situation: The Tiensin-Peiping Area, 1933/5/9, President's Secretary's File（以下 PSF と記す）, box.26, *Franklin D. Roosevelt Papers*（以下、FDR Papers と記す）, Franklin D. Roosevelt Library, Hyde Park（以下、FDRL と記す）。本文書はローズヴェルト大統領が訪米した宋子文と会談する前に、参考資料としてホーンベックが作成したメモをフィリップス国務次官が大統領に送付したものである。

25) *Ibid.*, pp.4-5.

26) *Ibid.*, pp.9-10.

27) 日中全面戦争勃発後、モーゲンソー（Henry Morgenthau, Jr.）財務長官はこの論理によってアメリカの対中支援を主張した。Youli Sun, *China and the Origins of the Pacific War 1931-1941* (St. Martin's Press, 1993), pp.134-135. 拙稿「ホーンベック国務省政治顧問の対日強硬化とアメリカの日中戦争観1937－1938年」服部龍二・土田哲夫・後藤春美編『戦間期の東アジア国際政治』（中央大学出版部、2007年）374-375頁。

28) Phillips to FDR, Manchurian Situation: The Tiensin-Peiping Area, 1933/5/9, p.8, PSF, box.26, *FDR Papers*, FDRL.

29) Johnson to Secretary, Nationalism in China (Enclosure No. 9), p.11, 1933/10/13, 793.94/6513付属, NA. ホーンベックやジョンソンの国際政治への見方は、彼らの「西洋的理想主義」への頻繁な言及に反してきわめてリアリスト的である。ホーンベックは、ある報告書の序文に国際政治は「適者生存（survival of the fittest）」が原則であると記している。1935/4/8, p.3, 711.00/543 1/2, NA.

30) Chinese-American Relations, 1933/8/8, 711.93/302, NA. ホーンベックは、宋子文が外国の影響力をなるべく抑えて中国がコントロールを確立しようとしていると観察した。中国の立場からは当然のことであるが、アメリカ側は支援を求めておきながら状況をコントロールしようとする中国の姿勢にとまどったようである。その点は、ホーンベックと違って積極的に対中支援を考慮していたモーゲンソー財務長官も同様であった。滝田賢治「ルーズヴェルト政権と米中銀協定」野沢豊編『中国の幣制改革と国際関係』（東京大学出版会、1981年）188-189頁。

31) T.V.Soong's plan for an international consultative committee for assistance to China, 1933/10/31, 893.50A/71, NA. モネはフランス人。1933年5月に宋子文がアメリカで中国政府の財政顧問とする契約を結び、1934年から1936年までは蒋介石の招きで中国に滞

在した。濱口學「ジャン・モネの中国建設銀公司構想」『外交史料館報』第15号（2001年）。

32) Phillips to FDR, Manchurian Situation: The Tiensin-Peiping Area, 1933/5/9, p.8, PSF, box.26, *FDR Papers*, FDRL.

33) Document No.1, Doenecke ed., *The Diplomacy of Frustraion*.

34) *Ibid.* ホーンベックは、「アメリカ政府は日本が中国に特殊権益を有することを承認する。特に日本の領土が隣接する地域においては」という内容のランシング・石井協定に異を唱えるつもりはなかった。そして、「…もし、『特殊権益』の正式な外交的承認が日本が満洲で日本の要求した経済的譲歩に適用されないとしたら、一体何に適用されるというのか？」と記している。

35) Document No.1, Doenecke ed., *The Diplomacy of Frustraion*.

36) Hornbeck to Stimson, 1931/9/20, Document No.4, Doenecke ed., *The Diplomacy of Frustraion*.

37) 1935/4/8, pp.28-29, 711.00/543 1/2, NA. 本文書は、ホーンベックがハル国務長官の求めに応じて作成した62頁におよぶもので、極東政策に関する現状認識と提言からなる。1935年4月8日、5月2日の2度に分けて提出され、5月3日には要約を添えている。

38) Document No.4, Doenecke ed., *The Diplomacy of Frustraion*.

39) Manchuria Situation, 1932/10/6, box.423, *Hornbeck Papers*, HIA.

40) *Ibid.*

41) Johnson to Secretary, 1933/10/13, 793.94/6513, NA.

42) 満洲事変勃発直後は別にして、錦州攻撃に際しては積極的な抵抗を行わなかったことは蔣介石の意思ではなく、張学良がその指示に従わなかったからであったとされる。熊沛彪「九・一八事変とワシントン体制の動揺」『再考・満州事変』錦正社、2001年、177-178頁。

43) Document No.9, Doenecke ed., *The Diplomacy of Frustraion*.

44) Document No.1, Doenecke ed., *The Diplomacy of Frustraion*.

45) 井上寿一『危機のなかの協調外交』（山川出版社、1994年）61-106頁。

46) 拙稿「日米関係」138-141頁。World Monetary and Economic Conference Preliminary Conversations at Washington JAPAN, 1933/5/16, Economic Conference, box. 153, *Hornbeck Papers*, HIA.

47) 上海のアメリカ商工会議所が、中国は綿麦借款を使って、ドイツあるいはイギリスから、兵器工場や鉄鋼工場の近代化計画を遂行するための物資を購入しようとしているとの噂を伝えてきていた。また、アンダーセン・メイヤー・アンド・カンパニー（Andersen, Meyer and Company）などのアメリカの企業は綿麦借款は中国の鉄道借

第4章　1930年代におけるアメリカの中国認識と対日政策　115

款の返済に充てられるべきであると主張した。Phillips to President, 1933/8/3; 1933/8/5, PSF, box.26, *FDR Papers*, FDRL. Peck to FE, 1933/10/04, 893.50A/72, NA. ホーンベックは、中国とRFC（Reconstruction Finance Corporation）の契約は使途について何ら制約を課していないため、その使用に拘束をかけることはできないと承知しつつ、できる限り影響力を行使しようとした。具体的には、(1) 中国政府から債権者一般及びアメリカの債権者への前向きな考慮を獲得すること、(2) アメリカ債権者に他の債権者と同様の措置が執られること、(3) 中国が資金を得たのがアメリカ政府である関係上、アメリカの通商を促進すること、が必要であると考えた。

48) Phillips to President, 1933/8/4, PSF, box.26, *FDR Papers*, FDRL. 他の条件が同じであれば、中国はまずアメリカとの貿易を考えるべきであり、今回の資金で中国が債務を支払うことも新たな物資を購入することも可能なのであれば、中国政府はアメリカの債権者にも輸出企業にも平等に対処すべきである、というのがその方向性であった。

49) 井上『危機のなかの協調外交』69頁。

50) Peck to Secretary, 1933/1/9, 793.94/5879, NA.

51) 以下で分析する1933年10月から35年半ばの日中合意に関する動向についてのアメリカ国務省極東部文書は、彼らが中国にきわめて不利な合意内容をほとんど問題にしていないことを明らかにする。

52) Hornbeck to Secretary, 1933/10/28, 793.94/6501, NA.

53) Peck to Johnson, 1933/10/20, 793.94/6528, NA. ペックの報告によれば、宋子文はソ連大使館関係者に、日本の計画の内容を明かしたとされる。それは日本による中国駐兵の自由や経済独占を認めるものであったが、驚くべきことに日本が提案した代償には満洲の中国主権を日本が承認することや熱河の返還が含まれていたという。

54) Gauss to Secretary, Conversation between Hu Shih and Peck, 1933/11/7, 793.00/292: FE's memo, 1933/12/15, 793.00/292付属, NA. メモで極東部は同内容に関心を示している。

55) FE's memo, 1935/1/26, 793.94/6891, NA.

56) *Ibid.* 極東部は、1935年2月2日には、日中交渉が進行中であることはほぼ確実であると考え、日中合意がアメリカの在中利益に与える影響についての報告書を作成した。極東部は、中国が交渉受け入れを決定した要因のひとつとしてアメリカが銀問題で中国に打撃を与え、列国が財政援助を提供しない中、日本が金融支援の準備を示したことを挙げている。その合意の内容については、第一段階として (1) 中国と「満洲国」間の交通・通信に関する暫定協定、(2) 日本通貨との何らかのリンクを視野に入れた中国通貨制度改革、(3) 中国軍改編への日本の支援、(4) 中国の対日ボイコットの抑制、が予想された。FE's memo, 1935/2/2, 793.94/6849 5/6, NA. また、当時、南京総領事兼公使館一等書記官であった須磨弥吉郎は、1935年春に孔祥熙財政部長から、幣制改革のために日本から10億元の借款を得て、津島寿一を中国銀行の顧問として招聘

たいという申し入れがあり、須磨が広田外相への進言のため日本に戻った際にはモネがその動静を見守っていた、と記している。須磨弥吉郎『外交秘録』商工財務研究会、1956年、12頁。

57）Johnson to Secretary, 1935/3/21, p.1, 793.94/6958, NA. ジョンソンは、1934年10月9日に上海を出航、本国で休暇を過ごし、35年1月25日にサンフランシスコを出航し、2月12日に中国に戻った。Russell D. Buhite, *Nelson T. Johnson and American Policy toward China 1925-1941* (Michigan State UP, 1968), pp.93-99.

58）Atcheson to Johnson, 1935/04/30, 793.94/6990付属; Johnson to Secretary, 1935/3/21, 793.94/6958, NA. アチソンの報告書は高く評価され、5月7日付のロックハート参事官のコメントを付して、本省にも送られた。

59）Johnson to Secretary, 1935/5/9, 793.94/6995, NA.

60）Johnson to Secretary, 1935/3/21, p.79, 793.94/6958, NA. 日中間の対立を解消して日本を参加させるという条件でのみ借款を考慮するとイギリス政府が中国政府に通知したことが中国の対日妥協への傾斜の要因のひとつである、とジョンソンは考えていた。ソ連に関しては、日本の対ソ攻撃までの時間稼ぎとして日本がアジアに関心を奪われることを歓迎すると考えた。

61）Johnson to Secretary, 1935/5/1, 793.94/6994, NA.

62）Atcheson to Johnson, 1935/04/30, 793.94/6990付属, NA. アチソンは、「そのジレンマは政府がその政策、というか無策を国民に説明する際のスローガンが『安内攘外』（西南派等に対処してから、日本に対処する）から『攘内安外』（日本と調停し、共産党を討つ）に変わったことにも間接的に表現されている」と記している。

63）1935/4/8, p.20, 711.00/543 1/2, NA.

64）須磨未知秋編『須磨弥吉郎外交秘録』創元社、1988年、152頁。須藤眞志「近衛 ― ルーズベルト会談の提唱と国務省極東部の反対」『京都産業大学論集』8-1（1978年）152頁。

65）後者については、拙稿「華北分離工作をめぐる国際関係」において実証的分析を行っている。本章で分析したような中国認識がようやく変容し始めるのは1936年末であった。極東部は、第二次華北分離工作において中国の対日抗戦能力を非常に低く評価する一方、日本側が侵略行動を抑制する可能性に対しても悲観的であったため、華北問題が日中全面戦争にエスカレートすることを恐れたが、その回避が可能になったと判断されたからである。日中戦争勃発以後のアメリカの中国認識については、拙稿「ホーンベック国務省政治顧問の対日強硬化とアメリカの日中戦争観」を参照のこと。

66）Gauss to Secretary, Conversation between Hu Shih and Peck, 1933/11/7, 793.00/292, NA.

第5章

外交問題評議会「戦争と平和の研究」における対日戦後処理構想
—— アメリカ知識人・外交問題専門家の抱いた安全保障観を中心に ——

はじめに

　ニューヨーク市マンハッタンに本拠を置く外交問題評議会（The Council on Foreign Relations, 以下CFRと略記）は、第一次世界大戦終了後の1921年、戦後処理の失敗やアメリカ合衆国の孤立主義の復帰に危機感を抱いた有識者が設立した国際主義的民間団体として知られている。CFRは創設以来、外交問題に関する専門家や有識者の参加の下に数々の研究グループを形成して時局の主要な外交問題に関して調査研究・討議活動を展開し、国務省をはじめとする官界との豊富な人脈を活用して、外交政策の分野における有力なシンクタンクとしてその地位と名声を築いてきた。またCFRが発刊する『フォーリン・アフェアズ』誌は、権威ある外交問題専門誌として今日においても世界中の識者に読まれている。

　ところでCFRの地位と名声を一挙に高める研究事業となったのが、本稿で焦点を当てる第二次世界大戦勃発後に開始された『戦争と平和における米国の諸利益の研究（The War and Peace Studies, 正式にはStudies of American Interests in the War and the Peace, 以下WPSと略記）』（1939-1945）であった。この研究事業では、後述するように当初から国務省と密接な協力・連携関係を結びつつ、政治、経済・財政、安全保障・軍備、領土に関わる諸問題をそれぞれ研究する4つのグループを形成して、戦後に平和と繁栄をもたらす世界秩序を構築する上で検討を要する多岐にわたる戦後処理問題について研究・討議活動を行った。各研究グループの活動の成果であるメモランダムは総計682編作成されている

が、それらはワシントンの国務省に送付され、戦後計画の構想・立案を担当した同省内の委員会においても参照・活用されている[1]。

さてWPSプロジェクト開始直後は、各研究グループは枢軸国を対象とする戦後処理問題の中でもドイツをめぐる諸問題に焦点を当てた討議及びメモランダムの作成に多くの時間と労力を費やしたが、大戦後半期に入ると、日本の非軍事化・非工業化を含む対日戦後処理問題にも本格的に取り組んで討議を行い、それに基づくメモランダムを国務省に送付している。本章では、従来の内外の研究[2]において実証的研究がなされてこなかったWPSの対日戦後処理をめぐる討議・メモランダムの内容に詳細な分析を加え、この研究プロジェクトに集った有識者や外交問題専門家が、米国の国益と安全保障をどのように結びつけ、また戦後世界における米国の役割をどのように捉えながら対日戦後処理問題に関する政策提言を行なったかについて検討を加える。またWPSが、国務省の戦後政策をめぐる構想・立案にどの程度、影響力を持ったのかについても考察を及ぼすことにしたい。

1. WPSの起源と展開
　　——国務省の戦後政策立案機関との関係を中心に

WPSは、1939年9月12日に『フォーリン・アフェアズ』誌編集長のハミルトン・フィッシュ・アームストロング（Hamilton Fish Armstrong）[3]と常任理事のウォルター・H・マロリー（Walter H. Mallory）の2人が国務次官補ジョージ・S・メッサースミス（George S. Messersmith）を国務省に訪問し、欧州大戦の勃発を前にしてCFRが企画中の時局の外交問題に関する研究を国務省にとって有益なものにしたいという申し出を行なったことにその起源を有した。その際、彼らは、①経済問題、②財政問題、③領土問題、④国際政治組織における合衆国の地位、⑤軍備制限、を研究対象分野とし、そのために各々の分野に最も精通した4～5人の専門家・有識者から構成される5つの研究グループを形成する旨説明した。メッサースミスはすぐさまこの会見の模様を上

司である国務長官コーデル・ハル（Cordell Hull）と国務次官サムナー・ウェルズ（Sumner Wells）に報告するが、その中で彼は、国務省は日常的業務に追われて長期的な問題を熟考する余裕がないが故に、CFRが企画している研究は有益かつ建設的なものになることが予想され、この申し出を歓迎したいとの意向をCFRからの2人の使者に示したことを伝えている[4]。また、報告を受けたハルとウェルズともに、国務省がCFRの申し出を直ちに受け入れることを承認した[5]。

　その後、年末までの数か月間、CFRはメッサースミスをパイプ役として国務省と緊密に連絡を取りつつ、この研究プロジェクトの体制・陣容を整えていった。まず10月にCFR会長のノーマン・ディヴィス（Norman Davis）が研究プロジェクト全体を統括する運営委員会（Steering Committee）の委員長に就任することを承諾し[6]、アームストロングが副委員長、マロリーが書記として運営委員会のメンバーに加わった。運営委員会のメンバーが確定（資料表1参照）された後、12月8日にはワシントンのメッサースミスの私宅で初会合が開かれ、この会合をもってWPSプロジェクトが正式に開始された[7]。なおこの間、マロリーはロックフェラー財団と接触し、初年度の助成金として44500ドルを獲得した[8]。

　12月の運営委員会の初会合の場で配布されたメモランダムの中では、CFRがWPSを行なう目的として、欧州における大戦の勃発が「アメリカ合衆国に与える影響を調査・確認し、戦争終了時に締結される講和において米国の国益を守ることを目的として具体的な提案を行なう」ことが宣言され、また調査研究に当たっては「米国の主要な利害関心を念頭に置く」ことが強調された。またこのプロジェクトの下に設置される研究グループがそれぞれ扱う問題は、①財政問題、②経済問題、③領土問題、④軍備問題、⑤将来の国際機関、とされ、各々のグループは「ラポーター（Rapporteur）」と呼ばれる各研究グループの討議を主催し活動全体を統括する責任者と、資料の収集やメモランダムの作成の補助を行なう「研究幹事（Research Secretary）」を中心として5～6名のメンバーから構成されるとした。また、WPSは一般への公開を一切避け、メンバーはこのプロジェクトへの参加については秘密を厳守するものとされた[9]。

その後、1940年1月にかけてそれぞれの問題領域に精通した専門家層のリクルートが行なわれ、最終的に、政治グループ (Political Group)、経済・財政グループ (Economic and Finance Group)、安全保障・軍備グループ (Security and Armaments Group)、領土グループ (Territorial Group)、という4つの研究グループが設立され、当初の陣容が最終的に確定した(資料表2～5参照)[10]。その過程で、先の5つの問題領域のうち経済および財政問題が「経済・財政グループ」によって、また「国際機関」問題が「政治グループ」によって主に扱われることになった。WPSの各研究グループは、適宜メンバーを補充しながら1940年2月頃から本格的な活動を開始し、7月までに43編のメモランダムを作成して国務省に送付した[11]。当初からWPSプロジェクトに積極的な協力姿勢を示した国務省の側では、メッサースミスがキューバ大使として転出後は、同省内に1940年1月に設置された「外交関係の諸問題に関する諮問委員会」(Advisory Committee on Problems of Foreign Relations) の副委員長ヒュー・R・ウィルソン (Hugh R. Wilson) がWPSと同省の間の連絡・調整役を務めることになったが、彼はWPSの安全保障・軍備および領土グループの会合に出席した。さらにこの間、国務長官特別補佐官を務め同諮問委員会内に設置された「経済問題に関する小委員会」の委員長レオ・パスヴォルスキー (Leo Pasvolsky) はWPSの経済・財政グループの会合にほぼ毎回参加し、このプロジェクトとの関係を深めた[12]。そして5月には、ウィルソンはパスヴォルスキーと共にディヴィスやマロリーらをワシントンに招いて会合を持ち、そこでWPSの諸研究を国務省側の必要性に適合させるための話し合いがなされ、これ以降WPSと国務省との協力・提携関係はより一層進展した。そして6月28日にニューヨークで開催されたWPSの全体会議にはウィルソン、パスヴォルスキー両者ともに出席し、WPSが国務省にとって有益な研究となっていることに感謝する一方、WPSの今後の方向性に関して提案を行った[13]。さらにまた、ディヴィス、アームストロング、マロリーの3人は、1940年11月にハル国務長官と会見し、WPSプロジェクトに関する詳細な説明を行なっている[14]。

　以後もWPSプロジェクトは、これ以降に国務省に創設された戦後処理を担当する機関と密接な連携協力関係を維持した。すなわち、1940年12月にはパス

ヴォルスキーは国務省内に「現在の混迷した国際関係から生じ、外交政策の形成の助けとなる特別研究を必要とする諸状況とその展開を分析・評価する」機関の設立を国務長官に進言し、翌年2月にはハル長官の承認の下、パスヴォルスキーを長とする「特別調査部」(The Division of Special Research) が発足するが、この部局はWPSと同様に、経済、政治、領土、安全保障を扱う4つのセクションから構成されていた。そして、1942年に入ると、WPSの各研究グループの研究幹事たちが上記4セクションの研究において同様の役割を果たす取り決めが国務省との間になされ、彼らはワシントンとニューヨークを往来することになった[15]。この間にも、WPSの各研究グループが作成したメモランダムは「特別調査部」に送付されて活用された[16]。

　また1941年9月にパスヴォルスキーは、政府諸機関で別個に行なわれていた戦後処理に関わる諸問題を検討する作業を統括する機関を国務省内に新たに創設することを国務長官ハルに進言するが、この提案は彼の同意を経てローズヴェルト大統領に伝えられ、大統領の認可の下、1941年12月末に「戦後外交政策に関する諮問委員会」(Advisory Committee on Post-War Foreign Policy) が正式に発足した。合衆国政府の戦後計画に関する最初の省庁横断的な機関といえるこの諮問委員会の委員長にはハル国務長官、副委員長にはウェルズ国務次官、そして事務局長兼研究理事にパスヴォルスキーがそれぞれ就任するが、この委員会は合衆国議会議員や陸軍・海軍省を含む政府諸機関の代表の他に、「政策に通じた最も高い資格を持ち、開明的な世論と国民の利益を代表する能力を有する」民間人からも人材を集める方針を取った[17]。そのような民間からのメンバーには、WPSプロジェクトの参加メンバーを中心とするCFRの幹部から選ばれたのは当然の成り行きであった[18]。すなわち、同諮問委員会には、ディヴィス、アームストロング、アイザイア・ボーマン (Isaiah Bowman)、ジェームズ・T・ショットウェル (James T. Shotwell)、ベンジャミン・V・コーエン (Benjamin V. Cohen) らが正式メンバーとして参加することになった[19]。また、同諮問委員会内にはWPSの研究グループと同様の名称を持つ各種小委員会が設立されるが、ディヴィスが安全保障小委員会の委員長に、ボーマンが領土小委員会の委員長に就任した。また、マイロン・テーラー (Myron C. Taylor) [20] は

経済再建小委員会の委員として、そしてアームストロングは、政治および領土小委員会の委員として参加した[21]。先に設立された「特別調査部」が「戦後外交政策に関する諮問委員会」の調査研究部門として活用されることになったことや、WPSの各研究グループのメモランダムが上記の小委員会に送付されて利用されたことも、WPSと同委員会の関係を密接なものにした[22]。

大戦後半期に入ってからも国務省を中心に戦後計画立案のための政府機関が改組・新規創設されているが、その構成員にCFR幹部やWPSプロジェクトのメンバーが加わっている。すなわち1944年1月には、長期的な戦後政策を立案するための「戦後計画委員会（The Postwar Programs Committee）」が国務長官ハルを議長として設立されるが、その会合には、ディヴィス、ボーマンに加えて、WPSの参加メンバーであるジョセフ・C・グリーン（Joseph C. Green）[23]及びフィリップ・E・モズリー（Philip E. Mosely）[24]が出席した[25]。また同時に有力な民間団体のメンバーから選定され、重要な外交問題に関して国務長官に助言を与えることを目的とする「戦後外交政策に関する諮問協議会（The Advisory Council on Post-War Foreign Policy）」（議長：国務長官）が設立されるが、その副議長に、ディヴィス、ボーマン、テーラーのCFR幹部三名が選出された[26]。このように国務省内の戦後計画を担当する諸機関の再編にあたっては、CFRはその都度、主要な人材を送り込んだ。

では、CFRの国務省の戦後計画立案に対する影響力、特にWPSプロジェクトで作成されたメモランダムが国務省の実際の政策立案にどの程度の影響力を有したのであろうか。この重要な問いに対して確定的な答えを見出すことは困難であるが、以下では幾つかの状況証拠を吟味することにしたい。

まずWPSで作成されたメモランダムが実際の政策に影響を与えた1つの実例として、ボーマンの領土グループが1940年3月に作成したメモランダム「グリーランドの戦略的重要性」が挙げられる。このメモでは、デンマーク領グリーランドは大西洋横断飛行ルートにとって戦略的な重要性を有し、ドイツがデンマークに侵攻してグリーランドを領有して基地を建設した場合、アメリカにとって重大な安全保障上の脅威になることが警告された。それゆえ、同メモは、アメリカがグリーランドは西半球の一部であり、モンロー・ドクトリンの原則

が適用される地域であることを宣言することによって同島をドイツが軍事目的に使用することを阻止すべきであると説いた。このメモランダムが国務省に送付された数日後、ボーマンはホワイトハウスに呼ばれ、メモのコピーを手にしたフランクリン・D・ローズヴェルト（Franklin D. Roosevelt）大統領からグリーランドの戦略的重要性に関して直接質問を受けた。結局、ローズヴェルト大統領は、その直後に起こったドイツのデンマーク侵攻後、グリーランドが南北アメリカ大陸と同様に西半球に属し、モンロー・ドクトリン適用地域であることを宣言して、同島にアメリカ軍の基地施設を設立する取り決めをデンマーク政府と結んだ。このエピソードは、戦後にCFRの文書および『ニューヨーク・タイムズ』紙に掲載された記事で紹介されているが、これはWPSのメモランダムが外交政策執行の最高責任者まで行き渡り、現実の政策に影響を与えた例とみなすことができよう[27]。

また、国務省高官も、CFR関係者との通信や会合においてWPSプロジェクトの有用性に関して言及している点も注目される。例えば、国務長官ハルは、1940年11月にCFR会長ディヴィスに書簡を送り、「CFRの研究（＝WPS）によって生み出された非常に優れたメモランダムは我々に非常に役立っている。私は、戦闘が終結し再建の時期が来た時は、より一層有益なものになると感じている」と述べた[28]。加えてハルは前述の「戦後外交政策に関する諮問委員会」の1942年5月の会合の場でもWPSは「今次の戦争によって引き起こされた重大な政治・経済問題への学術的アプローチとして、国務省にとって価値のあるものとなっている」と述べてCFRの貢献を讃えている[29]。そして対日政策の立案に大きな役割を果たした国務次官ジョセフ・グルー（Joseph Grew）も1945年2月の書簡において、「WPSが今後とも国務省にとって有益な研究を提供し、重要な問題に関する開明的な世論の形成に資する活動を継続することを希望する」と述べて謝意を表した[30]。

さらに「特別調査部」や「戦後外交政策に関する諮問委員会」のメンバー構成が示すように、これらの戦後計画機関は国務省とCFR幹部のいわば「連合体」といえ、CFRが提供した人材は要職を獲得して運営を左右するほどの地歩を築き、国務省の戦後計画構想に対するCFRの影響力は「構造化」されたこと

が見て取れる[31]。特にWPSの各研究グループの研究幹事たちが「特別調査部」においても同様の役割を与えられたことは、国務省とCFRの接近の度合いの大きさを示していたといえよう。それは、CFRが送り込んだ研究幹事の影響力が大きいことに対し「特別調査部」に参加した国務省の実務官僚・スタッフが憤激して抗議を行っていることからも伺い知ることが出来る[32]。このような事情が存したことも、CFR主催のWPSが国務省の戦後計画に影響力を持ったことの間接的な証左となる。

しかし、WPSの戦後政策立案への直接の影響力を過大に評価することも慎むべきである。まず、WPSの調査研究トピックの選定に関しては、国務省側の意向が大きく働いていたことは重要である。WPS継続中、CFR幹部は国務省幹部と頻繁に接触する機会を持ち、各研究グループが扱う具体的トピックを国務省の要望や必要性に合わせる努力を率先して行う一方、国務省側も、WPSの調査研究トピックの選定に関して具体的な助言を行った。実際、ウェルズ、パスヴォルスキー、ウィルソンら国務省幹部とディヴィス、アームストロング、マロリーらWPS関係者は頻繁に会合を持ち、国務省にとってどのようなトピックが有用であるかについて具体的に協議を重ねている。例えば、1942年10月の運営委員会の場では、委員長ディヴィスによってパスヴォルスキーからの伝達、すなわちWPSは「［WPSの］メンバーが重要であると考える研究よりも、［国務省が望む］特定の問題に関するより徹底的な研究」を行うべきである、が紹介され、この要請に応じることで運営委員会のメンバーは合意した[33]。また、1943年10月にアームストロングはパスヴォルスキーに「国務省にとってその［＝WPSの］貢献が特に有益と考えられる幾つかの方向に誘導する」ことを申し出、その後、国務省で開かれたWPSの運営委員会の場では「［WPSの］研究グループは、国務省が特に関心を示した諸問題に多くの時間を割くことが望まれる」と指示された[34]。これらは国務省が戦後計画を構想する際に、WPSの調査研究トピック選定の主導権を握りつつ、このプロジェクトを巧く利用したことを示している。このように見てくるならば、WPSによって作成されたメモランダムは、国務省に戦後政策の青写真を提供したというよりも、同省にとって利用価値が高い参考資料としての意味合いが強かったといえよう[35]。

また人材供給の面でも、第二次世界大戦も終盤に入り戦後政策が具体的に立案される段階になると、政府の戦後計画機関にWPS関係者の参加が減っていき、WPSを通じたCFRのメンバーのプレゼンスは限られたものになっていた。前述したように1940年〜41年に設立された戦後計画機関には、WPSの研究幹事を含む専門家・有識者から構成されるCFR関係者が多数参加したが、1943年以降に設立された政策の立案・実施に直接関わる国務省内の最高決定機関（「戦後計画委員会」など）には、ディヴィスらごく一部の幹部を除いてCFR関係者の参加は限られたものになり、その影響力にも自ずと制約が課せられた。そこには何よりも、政策が構想から立案の段階に移行するにつれて、機密保持の面からも国務省の実務家に主導権が移ったことが大きく関係していた[36]。さらに大戦も最終段階に入った1944年12月に、戦後政策に関し国務・陸軍・海軍三省間の調整を図る機関として設立され米国政府の基本政策文書を作成した「国務・陸軍・海軍三省調整委員会（the State-War-Navy-Coordinating Committee）」には、民間人であるCFR関係者はもちろん加わっていない。このように戦後政策が構想の段階から実際の政策を立案・執行する段階に移行するとともに、国務省を中心とする政府機関の実務官僚の権限・責任の比重が圧倒的に大きくなっていった点にも留意すべきである。

以上のように見てくるならば、WPSの戦後政策への実際の影響力については、WPSで作成されたメモランダムは国務省が戦後計画の構想を練るに当たって、各重要トピックの討議の際の情報源として、また準拠枠を設定する上で有用な資料となる一方、WPSで作成されたメモランダムがそのまま実際の政策に結びついた事例は稀であった、と結論付けることが妥当であろう[37]。

いずれにせよ、戦後計画を担う国務省内に設置された諸委員会と提携協力関係を結びながらWPSプロジェクトは進行するが、アジア太平洋戦争の戦局の帰趨が連合国に有利になった1942年後半以降は、対日戦後処理を中心とする極東における安全保障確立の問題に関しても本格的に取り上げてメモランダムを作成している。以下では、WPSの対日戦後処理問題に関する討議内容及びそれを経て作成されたメモランダムに詳細な分析を施すことにしたい。

2. 対日戦後処理をめぐるWPSの討議とメモランダム

　WPSが対日戦後処理に関して扱った主要問題は、アジア太平洋地域における安全保障の確立とそれと関連した日本の非軍事化と非工業化、第一次大戦後に日本に受任された南洋委任統治領および沖縄・小笠原諸島・千島列島の処理、そして天皇制の処遇と将来、の3点であった。これらの問題を最も頻繁に議題として取り上げてメモランダムを作成したのは安全保障・軍備グループであった[38]。以下では、同グループによる討議とメモランダムを主な分析対象とする一方、同じ問題を扱った他の研究グループの活動にも目を配りながら、WPSの各グループで具体的にどのような討議を経てメモランダムが作成されるに至ったのかについて、主要参加メンバーの間で論争を呼び起こした問題に関する発言に特に着目しながら分析を加えることにする[39]。

(1) 対日安全保障の確立と日本の非軍事化・非工業化問題

　WPSにおいて、極東情勢全般や極東の国際関係の現状分析に関しては領土グループの会合などでも取り上げられていたが[40]、対日戦後処理に関する方針や手段をめぐる諸問題はその性質上、主に安全保障・軍備グループによって討議された。同グループでは、ドイツと並んで枢軸国の一角を担った日本がアジア太平洋地域において再び軍事的脅威を呈さないようにするために、どのような原則の下に対日戦後処理が実施されるべきかについて検討した。

　安全保障・軍備グループはまず、1942年8月から9月にかけて、アジア太平洋地域の安全保障の確立という文脈の中で対日安全保障上の措置を分析したメモランダムを作成した。グループのメンバーによる討議の叩き台として作成されたメモランダムでは、結論として、同地域の大国間の利害調整や戦後の植民地独立問題を初めとする政治的な不確定要因が存することに鑑みて包括的な戦後計画の立案は時期尚早である一方、日本が再び侵略を起こすことを不可能にする措置を含んだ対日講和条約の締結及び主要な戦略的地域に関する領土処理を含む安全保障上の措置の必要性が指摘された。特に後者の点については、連

合国間の協調に基づく実効力のある国際組織の設立を通じて行う場合と、そのような組織が確立されないことを想定して米国の安全保障上の利益を単独で促進する場合、の2つのシナリオに分けて考慮すべきことが提唱されていた。

このメモランダムを検討した同グループの会合では、極東地域の大国、特に中国の動向が議論の焦点となった。アームストロングやアレン・W・ダレス（Allen W. Dulles）[41]からは、戦後、この地域に強国として登場する中国が集団的安全保障体制に参加することに関心を示さない可能性があることに鑑み、その点をメモランダムにおいても強調すべきであるという意見が出された。これに対して、軍事ジャーナリストのジョージ・F・エリオット（George F. Eliot）少佐[42]やフランク・R・マッコイ（Frank R. McCoy）陸軍少将（退役）[43]からは、戦後の中国は軍事的に未だ強国とはいえず、地域的集団安全保障体制に参加する可能性は十分高いのではないか、という反対意見が出された。結局、ロックフェラー財団社会科学部のステーシー・メイ（Stacy May）[44]から、戦後、この地域の対日安全保障の確立を目的とする国際組織の運営上の主要な役割を中国に与えることを通じて同国の参加を積極的に促すべきであるという見解が示され、他の参加者はこれに同意した[45]。

またこの時の会合では、後日、本格的に議論されることになる日本近海の島嶼群や日本委任統治領をめぐる領土処理についても参加者の間で意見交換がなされた。この点に言及したアームストロングは、メモランダムは米国の防衛上考慮すべき「戦略上のフロンティア」が太平洋地域のどの辺りに存するのか明記すべきであると主張した。また、エリオットは、日本が小笠原・千島列島に再び軍事施設を建設することを防ぐばかりでなく、日本委任統治領である南洋諸島を事実上米国の管理下に置く必要があるのではないかという意見を述べた。彼によれば、グアム島を含むこれらの南洋諸島は、「米国人の血と努力」によって奪還されたが故に、一般世論は「第二の真珠湾」を防ぐためにも米国によるこれら太平洋上の島嶼群の支配と管理を支持する可能性が高いと主張した。同様の見解はマッコイからも出された[46]。

このような討議を経て安全保障・軍備グループによって作成されたメモランダムは次のような内容を有していた。まずメモの冒頭、大国間の提携と協力に

基づく安全保障を確立するための国際機構が太平洋地域に設立されるか否かは定かではなく、具体的には中国とソ連が集団安全保障体制に参加する保証はないことが指摘された。そして先の会合での討議を反映させる形で、特に中国はそのような国際組織への参加を拒否する可能性があり、しかもそれは一般に認識されているよりもはるかに大きいものである、と主張された。また同メモは太平洋地域の安全保障の確立をめぐる世論の動向に言及し、従来、米国世論は「アラスカ―ハワイ―パナマ」ラインに米国の防衛ラインを引く傾向が見られたが、自分たちの世代が被った犠牲を次世代が再び被ることがないように、このラインを超えて、米国への攻撃を企む敵対勢力が利用する可能性がある戦略上の要衝をすべて押さえることを支持するかもしれない、と論じた。さらに、連合国が国際組織を設立して太平洋地域の安全保障の確立を図る場合には、各大洋間を結ぶ戦略上の拠点（海峡など）の近辺に基地を建設して海・空軍の連携を円滑なものにするだけではなく、日本委任統治領となっている南洋諸島を国際組織の管理下に置き、日本が太平洋の中間地点にある島嶼を再び軍事目的に使用することを防ぐことが重要性であると主張した[47]。

さらにこのメモランダムでは、アジア太平洋地域全体の安全保障の確立に責任を有する国際組織が設立されなかった場合、米国の安全保障を確立する上でどのような要件が満たされるべきかについても分析された。第1の要件は、「パールハーバーの再現」を防ぐことであり、米国はハワイ以西の「無防備な状態」から脱すること、また、第2の要件としては米国がフィリピン防衛に関しても一定の責任を負っていることを鑑みてフィリピンへ至る太平洋横断飛行ルートを確保すること、であった。メモランダムは、この2要件を満たすためには、太平洋上の一連の島嶼群、すなわちカロライン、マーシャル、マリアナといったミクロネシアの島嶼群の米国による支配と管理およびフィリピンにおける米国海軍基地の維持が必要であると論じた[48]。

次に対独・対日戦後処理の基本方針については、1942年末に安全保障・軍備グループによって作成された「安全保障に関する諸原則と講和に関する幾つかの問い」と題されたメモランダムの中で論じられた。同メモは1943年初頭の同グループの会合で検討に付されるが、対独戦後処理に関しては、戦後樹立され

る一般的な安全保障体制にドイツを最終的に平等なメンバーとして組み入れることに対する展望を明確に示すと同時にソ連の欧州支配に対抗する「強いドイツ」論が浮上する可能性が示されたのに対し、対日戦後処理に関してはドイツと同様の処遇の可能性が言及されていなかったため、メンバー間で議論が巻き起こった。

　ドイツよりも日本に対してより厳格な戦後処理を行なうことに対して強い異議を唱えたのはマロリーであった。マロリーは、メモで論じられた日本に対して適用される「より厳格な条件」はドイツに対しても同様に適用されるべきであると主張した。またマロリーは、マッコイが軍事的観点からみて日本はドイツより将来監視・監督しやすいであろうと述べたのを受けて、それならばなぜドイツをより寛大に処遇するのか、つまるところドイツの方が安全保障上より大きな脅威を呈する可能性が高いのではないのか、という疑問を投げかけた。またアームストロングも、ドイツはその地理的位置を利用して日本よりも権力政治的な駆け引きを行なう可能性が高いことを指摘した。これに対して実業家のハロルド・シーツ（Harold Sheets）[49]は、アメリカ国民は日本に対してより厳しい処置を「論理的であるか否かを問わず」望むであろうと述べ、同メモの骨子に基本的に同意した。また航空工学の専門家エドワード・P・ワーナー（Edward P. Warner）[50]は、一般のアメリカ人は、ドイツが将来復興を遂げることを確信しているが日本に対してはそのような信念を抱いていない、そしてそれは日本人との接触の不足のために日本の文化や思考が西洋人にとって「不可解なものであること」に拠るかもしれない、と説いた。さらに彼は、ドイツの場合、連合国に協力する国内勢力が容易に見出されると信じられているのに対し、日本の場合はそのような集団を見出す事が出来るか否かについては疑問が抱かれている、と主張した[51]。

　このような議論を経てワシントンに送付されたメモランダムでは、基本的には草稿段階の主旨が維持された。即ち、ドイツに関しては、戦後の初期段階では同国が欧州の平和の脅威にならないための措置を講じる一方、安全保障を確立する安定した国際組織が樹立された後は、「広範な基盤を持つ〔安全保障上の〕システムは、ドイツが他の強国と平等の原則の下にその中に加わることを

必要としている」と述べた。また、欧州地域の安全保障を確立する国際機関が設立されずにソ連が欧州での覇権を目指すような事態になった場合、「英米政府内において、ドイツが将来脅威になるという認識に代わり、ロシアの膨張主義に対する平衡錘としての強いドイツの存在の望ましさが抱かれるかもしれない」と説いた。他方、対日処理に関しては、「日本の侵略の歴史に鑑みて、日本の海外領土の大部分を剥奪することによって日本帝国を破壊する徹底的な戦後処理は、極東地域における安全保障を樹立する計画のための新たな基礎となり、それは国際組織の事業の助けとなる」と明言した。さらに、同メモでは、中国が将来極東の安定にとって脅威となり「ある程度強い日本」が、中国による極東地域支配に対する抑制要因になると予測する見解があることに言及する一方、そのような事態の展開は新生中国の外交行動の根本的な変化を想定しなければならないが故に蓋然性にかけること、またソ連がこの地域における強国に留まることを鑑みれば、「強い日本を維持することが、極東地域における安全保障に建設的な貢献をすることは疑わしい」と結論づけた[52]。

続いて安全保障・軍備グループは1943年中葉に、再びアジア太平洋地域の包括的な安全保障の確立という文脈の中で対日処理問題を取り上げた。そこでは、日本の再軍備に対する極度の警戒心とそれに呼応した厳しい処罰的措置を予測する声が大勢を占めると同時に、日本の再軍備を監視するための基地問題が具体的に議論の俎上に載せられた点が注目される。

この会合において、参加者の一人ラルフ・ディヴィソン海軍少将（Rear Admiral Ralph Davison）[53]は、日本が再びこの地域において脅威とならないよう「あらゆる努力がなされるべきである」と述べつつ、日本を外から包囲して抑止するための基地群の維持が費用等の点で困難が予想されるが故に、日本の重工業の破壊および復興の阻止こそが「最も満足の行く方策」であると論じた。これに対し航空工学の専門家セオドア・P・ライト（Theodore P. Wright）[54]は、これは二者択一の問題ではなく監視基地の設置と重工業の剥奪の両者とも必要であるとの意見を述べた。またマッコイは、英米両国民は厳しい対日処理案を遂行する用意があるが、それは両国民がドイツ人やイタリア人とは「異なる感情」すなわち「極めて苦々しい感情」を日本人に対して抱いており、それ

は対日講和を「理に適ったものにする」ことを妨げるであろう、という予測を述べた[55]。

　これらの発言にも見られたように、この会合においては、日本を軍事的に牽制するための基地の設置やその管理に関しても議論が戦わされた。この点に関して、軍事評論家ハンソン・W・ボールドウィン（Hanson W. Baldwin）[56]は、安全保障・軍備グループは戦後の国際警察活動の実施に必要な一連の基地群の設置の必要性に関してはすでに合意しており、その一部が日本に対する「封じ込め（containment）」を目的とするものである点を指摘した[57]。彼は、もしそのような基地群の国際的管理が「現実的」でない場合は、少なくともその一部は米国国旗の下に維持・管理されるべきであるという見解を示した。この発言に対して、ワーナーはアジア太平洋地域の基地システムに対する国際管理が放棄されるのは遺憾であり、特定の国家の旗の下に基地群が形成されるならば、諸国家間の間で競争が起こるであろうという懸念を示した。さらにマッコイからは対日監視を含むアジア太平洋地域の安全保障体制の樹立に当たっては、英米中露の4大国の参加を前提に議論を進めるべきであるという意見が出される一方、アームストロングからは米国は対日監視の履行に当たり他国との協調行動を嫌って行動の自由を求めて単独での監視を望むかもしれない、という見解が示された。いずれにせよ、この会合では、アジア太平洋地域の安全保障に関する研究を遂行していく上で、日本の再軍備を阻止・監視するという「日本問題」に絞ったメモランダムの作成が必要なこと、その際、周辺基地群の多国間管理と完全な主権の行使を通じた米国による単独管理との間の相互比較がなされるべきであること、そして米国がフィリピン防衛という「特殊な権益」を有することも考慮すべきであること、などが合意された。結局、ボールドウィンに対日処理を含むアジア太平洋地域の安全保障全般を論じるメモランダム作成を依頼してこの時の会合は閉会した[58]。

　ボールドウィン起草のメモランダムを議論の叩き台とした1943年11月末の安全保障・軍備グループの会合では、連合国による軍事占領の性格や期間、また日本の経済復興と軍事力再興の防止のための経済的戦争力の除去を両立させる監督システムの確立、の2点が中心的な問題として取り上げられた。

前者の点に関しては、ボールドウィン自身は長期にわたる占領は望ましくなく、短期間に実効性のある監視領域に集中して行うべきであると主張したが、これらの点に関しては、参加者からより細かい注文が付けられた。例えば、国務長官特別補佐官のグリーン[59]は、ボールドウィンが占領期間は「2年から5年」という案を出したのに対し、日本の武装解除に必要な期間はそれよりも短くして長くても2年に限るべきこと、また日本全土の占領はせいぜい数か月間とし、その後は、幾つかの戦略的拠点に退いて占領統治を行うべきこと、但しその際、それは日本人に敗戦の自覚を徹底的に促すものになるべきであること、を強調した。これに対しボールドウィンは、日本の武装解除にはグリーンが想定する期間よりも長くかかるであろうと述べながらも、占領目的が達成される限りにおいて占領は出来るだけ短期間にすべきであるという見解に賛成し、この線に沿ってメモランダムの記述を修正することに同意した。また後者の点に関して、前述の会合で日本に対する厳しい見方を示したワーナーは、非軍事化のための産業統制の性格や期間は戦後日本の政治的展開に大きく依存し、もし自由主義的政府が誕生して政情が安定すれば厳格な監視システムは必要がなくなり航空産業の禁止も解除され得るという意見を述べ、その立場を軟化させた。またアームストロングからは、日本の経済復興には海運業が必要であることに鑑み、メモランダムで主張された日本の海運業に対する規制があまりに厳し過ぎるのではないのか、また厳格な統制が不可能な領域ではないのか、という疑問が呈された[60]。

これらの見解に象徴されたように、安全保障・軍備グループのこの会合での討議においては、日本を軍事的には弱体化した状態に保ちつつも経済的にはある程度の繁栄を許すという「本質的に難しい問題」が取り上げられたといえる。そこでは、経済の安定のための機会が与えられなければ、軍国主義の再興を阻止する自由主義勢力の伸張が望めないことと、経済復興を可能にする工業生産能力の回復が潜在的な軍事国家への道を開くことに繋がることをどのように両立させるかが難題となったと言えよう。結局、この時の会合では、日本の武装解除・非軍国家化と両立する限りにおいて経済的繁栄を許すべきであるというグリーンから出された処方箋がほぼ承認された[61]。

以上のような意見交換を経て、国務省に送付されたボールドウィン執筆のメモランダムにおいては、短期的目標と長期的目標を区別しながら対日安全保障政策が詳細に論じられた。まず前者に関しては、日本が再び軍事国家として再興し地域経済を支配して自給自足体制を構築することを阻止すること、また過去数十年にわたる侵略行動によって獲得したすべての領土が剥奪されることが休戦条約ないしは講和条約において明記されるべきことを指摘した。また降伏と同時にすべての武器の引渡しを求め、それらは即時破壊されるべきこと、そして占領の目的や性格については、日本人に敗戦の現実の意味を思い知らしめるものになるべきであり、占領軍は日本の敗北に貢献した諸国から出された多国籍軍とすべきことを提唱した。他方、占領は所期の目的を達成する限りにおいて出来るだけ短期間のものにすること、懲罰的措置は復讐的性格を帯びるものであってはならず、また長期にわたって日本人に心理的かつ財政的な負担を与えるものとなるべきではないことが強調された。さらに同メモは、日本の非軍事化の重要な側面として「精神的な」改革にも言及し、占領軍は「日本の封建的・軍事的なカースト」を永続化させる伝統的な諸制度を除去し、日本国内に存する自由主義的な分子や新しい政治思想の成長を促すあらゆる手段を講じるべきであると説いた[62]。

　また、長期的目標としては日本の非武装化・非軍事化の厳格な施行を継続して行うことが強調された。第一次大戦後の対独処理の反省に鑑みて、日本は陸・海・空のいずれの軍隊も保有することを許されないこと、国内治安を維持するための警察力も携行が許される武器は棍棒・小銃火器等に限定されること、また日本人が抱く自国の過去の歴史に対する「封建的概念」を払拭するための啓蒙活動を積極的に展開すべきことが提唱された。産業統制については、軍事力の基礎となる基幹産業の撤去・破壊が主張された。すなわち航空産業を全面的に禁止し、造船業についてはスピードや年間t数を制限された商船の建造に限定すること、そして鋼板製造のための鉄鋼業生産のための施設の除去が支持された。さらにこれらの国内産業の統制・監視と並んで、厳格な輸出入統制が必要であることも強調され、具体的には鉄鋼・航空機・原油精製関連の機械設備の輸入禁止、国際的な協調行動の下に日本に寄港する船舶のライセンス制や

検疫の徹底などが提案された[63]。

このように敗戦国日本に対する厳格な監視・監督の必要性が説かれる一方、日本の経済的復興も最終的には実現されるべきであることも強調された。ボールドウィンは「将来の世界における日本の地位は日本人の行動に依存している」と述べ、日本が真摯な態度で国際協調的な態度を取るならば、日本を徐徐に平和を愛好する諸国家の一員として国際社会へ参入させるべきであると説いた。以上を総括して、ボールドウィンは、対日戦後処理の基本方針として、日本を「第２級の国家」へ降格させる一方、将来の紛争の種となるような心理的禍根を残すようなものになってはならないと述べ、また日本がアジアの一国であるという理由でより厳しい処罰の対象とされたという感情が抱かれないように、日本に対する処遇とドイツに対する処遇が大きく異なるものになるべきではない、と結んだ[64]。

ところでこのボールドウィン・メモ作成から半年後の1944年5月には、安全保障・軍備グループの別のメンバーによって対日処理を包括的に論じたメモランダムがもう一つ作成されている。メモランダムの筆者は軍事ジャーナリストのエリオットであったが、そこではボールドウィン・メモ以上に日本に対する徹底した非軍事化・非工業化措置が唱道されていたため激しい議論が起こった。

エリオット・メモの内容を討議した安全保障・軍備グループの最初の会合において、エリオットは「少なくとも今後一世代は日本による侵略が起こらないように徹底的な非工業化に基づくプログラムを指し示した」と述べたが、これに対しては他のメンバーから批判的意見が相次いで出された。まずボールドウィンは、先の彼自身のメモランダムを引き合いに出しながら、エリオット・メモの内容は「将来の日本の侵略を阻止するという目的によって正当化される以上に（日本に対する）徹底的な非工業化の提案を行っている」と述べ、航空産業の禁止および海運業の制限で十分に所期の目的が達成されるのではないのか、と指摘した。またアームストロングは、エリオット・メモで論じられているような「徹底的な産業破壊」によって戦後多くの日本人が飢えるような事態をアメリカ国民は容認しないであろう、従って、アメリカ国民の支持が得られ、かつ効力が期待できるような統制に集中すべきであると主張した。さらにアーム

ストロングは、日本の警察には「装飾的な刀剣」による武装しか許すべきではないという草稿メモ中の記述に特に異を唱え、国内治安維持のためには、それ以上の武装を認めるべきであること、また、日本に対する厳しい輸入統制の提案に関しても、中国はいずれ対日貿易の復活を望むであろうと述べて反対した。グリーンからも、米国のビジネスマンも対日貿易の再開を望むことが予想され、メモで唱道されているような長期にわたる貿易制限・監視は米国の実業界からの支持を得られないのではないのか、という意見が出された(65)。

　また、エリオット執筆の草稿段階のメモが議論された二回目の会合においても、メモで述べられた幾つかの想定に関して疑念が呈された。日本人は最後の一人まで戦うことが予想されるので長期にわたって継続する抵抗を予期すべきであるというエリオットの見解に対して、グリーンは、いかに狂信的な国民であろうともそのような事態は考えにくいと述べてメモの記述を修正するように求めた。さらにグリーンは、軍事占領終了後、日本に残留して監視の任務にあたる連合国の監視委員会のメンバーは「狂信的な日本人によって必ずや暗殺されるであろう」という記述を批判し、戦後の日本では、将来の繁栄と国際社会への再復帰は講和条約の規定の遵守によってもたらされることを十分に理解した国内の「信頼に値する勢力」が実権を握って国政を担うことが十分に予想されるが故にそのような記述は不適当である、と述べて修正を求めた。また前回の会合でも問題とされた日本の国内警察にどの程度の武装を認めるべきであるのか、という点に関しては、少なくとも機関銃による武装は許されるべきではないのかと質した。さらにワーナーやライトからは、航空産業の規制については製造禁止措置で十分であり、国内用の商業用航空機の購入は認めてしかるべきである、という反対意見が出された(66)。

　このような批判に対して、メモランダムの筆者エリオットは、指摘された問題に関わるメモ中の記述の部分的な修正に応じながらも自らの地歩を譲らなかった。例えば、「日本人は最後の一人まで戦うか」という点については、「日本軍は今日までのところ降伏よりも死を選ぶ傾向を示している」ことに鑑み、連合国は日本人による長期にわたる抵抗が続く可能性を過小評価すべきではない、と述べた。また日本国内における航空機の使用についても、ドイツの場合と異

なり、「日本の場合は［商業用航空機の使用という］譲歩を行う必要性が高くない」と述べて、その全面禁止を正当化した[67]。結局ワシントンに送付されたエリオット・メモランダムは、安全保障・軍備グループの会合での議論を取り入れて草稿段階における記述が若干修正されたとはいえ、日本の徹底的な非工業化と厳しい監視を提唱する内容を有するものとなった。

エリオットはメモランダムの緒言において、日本が徹底抗戦の道を選択した結果「（抵抗を続ける）最後の日本男子がどこか遠隔地の山岳地帯で射殺されるような状況になった場合、日本の武装解除はライフルの最後の銃声で完結する」事態も「可能性の領域内にある」と述べる一方、日本が降伏した時点でまだ引渡しの対象となる武器や軍事力が存在するという前提の下に執筆されたものであることを強調した。

この前提の下、エリオットはまず、日本の警察が装備する武器に関しては、「一言で言えば、各地域の警察活動に必要な最低限の武器以上のものは許されることはない」と述べ、治安維持に必要な小銃火器に限定すべきであると主張した。また、軍艦の製造および購入の禁止に加えて、日本国内における航空機の製造および使用を全面的に禁止すべきであると明言した。さらに武器製造工場の除去はもちろんのこと、すべての造船所の解体（但し、限定された量の対外貿易を行うための一定数の商船の建造のためのものを除く）も提案した。必須物資の輸入制限については、日本による戦争物資備蓄を阻止することを念頭に置いて、屑鉄／石油等の原材料資源の厳格な割当制度に基づく輸入制限を提唱した。また、日本が将来、中国やインド、また東南アジアとの交易を通じて国家的繁栄を図る可能性に言及しながら、それが「軍国主義的かつ侵略的な日本」の再生に繋がって世界平和を脅かすことがないように細心の警戒を怠るべきではない、と説いた[68]。

またエリオット・メモでは具体的な監視システムとして、連合国の軍隊による軍事占領終了後は、英米中のメンバーから構成される「共同監視委員会」の設立が提案された。エリオットは、この委員会のメンバーや関係者は「一度、軍事的統制が緩和されれば、狂信的な日本人によって殺害される危険性がある」と述べ、だからこそ当初の段階において日本の非武装化を徹底的に行い、その

活動を容易にするべきであると説いた。この委員会の具体的な活動としては、例えば日本が破壊された軍需産業を復興させるために原材料物資の備蓄を図ることを監視することを挙げ、また同委員会は、日本と交易する国々の港湾当局とも連携して、日本向けの船舶による輸入物資の査察・検分を徹底的に実施する権限を有するものとした。エリオットによれば、連合国間の協力の下、このような厳格な監視システムが確立すれば、その実施に当たって大規模な軍隊を日本国内に常駐させたり近隣地域に配備する必要はないが、米国は日本近海の諸島に設置された基地から航空機による監視活動を行うことが推奨された[69]。

以上検討したように、前述したボールドウィン・メモが日本の復興や国際社会への復帰を視野に入れた対日処理を説いたのに対し、エリオット・メモはあくまで厳格な処罰を基調とした点において、その論調が相当異なっていた。しかし、次に検討する経済・財政グループから1944年末に出されたメモランダムは、日本を戦後東アジアの工業国家・産業経済の中心と位置づけ、工業国家としての早期復興とそのための環境的整備を唱道した点において異彩を放つものとなった。

ところで経済・財政グループは産業統制に関する対日戦後処理のメモランダムを作成するにあたって日本経済史の専門家であるエリザベス・シュンペーター (Elizabeth Schumpeter)[70]に依頼した。シュンペーターが提出したメモランダムを議論した同グループの会合では参加者からその骨子にさしたる反対意見が出されていないことに鑑み、彼女が執筆したメモランダムの要旨をまずみることにしたい。

メモ全体を通して、シュンペーターは日本に対する「寛大な経済的処遇」を説いた二つの文献、すなわちモルトン／マリオによる『ドイツおよび日本に対する統制』及び戦後の国際問題に関する米国大学連合委員会が主催したプリンストン会議におけるリポート、の主要な論点を紹介しつつ[71]、そこで説かれた日本に対する経済上の寛大な処遇が、日本のみならず東アジア全体の将来の経済秩序にとって如何に望ましいかを力説した。

シュンペーターはまず、両文献とも戦後の対日経済統制はドイツのそれよりも容易なものであること、また日本が軽工業と重工業を維持すると同時に自由

な海外交易を許されなければ限られた資源と領土しか持たないがために増大する人口を支えることは不可能である、と論じていることに言及した。この2つの主要論点を裏付ける上で、シュンペーターは次のような具体的な議論を展開した。まず日本はその7千数百万人の人口を「適当な生活水準」に維持するためには、一部の人びとが唱道しているような農業国としての生産力では到底不可能であり、貿易立国として諸外国との通商関係を結ぶ必要があると説いた。その上でシュンペーターは日本が支配する地域との交易の重要性について言及し、日本はアジアの支配地域（朝鮮、台湾、満州など）から戦略的物資や食料を輸入する一方、これらの地域の工業化にも寄与し、両者の間には双方に利益をもたらす互恵的関係が成立していると主張した[72]。

またシュンペーターによれば、日本は食料及び原材料を海外からの輸入に依存し、貿易立国として海外貿易によってその繁栄を図っていかなければならないが、貿易環境は国際政治・経済の動向に大きく左右されるが故に日本はきわめて脆弱な立場にあるといえ、それが日本の「経済上の国家的不安感」に結びついていた。いずれにせよシュンペーターは、日本が世界各地で交易に従事する際には外貨を稼ぐ商船の活動が不可欠であり、また日本は、アジア各国に、機械、輸送機関、工業薬品、染料、化学肥料、鉱山開発／電力発電のための機械等の重工業製品を輸出することを通じてそれらの国々の工業化に貢献することができる、と主張した。換言すれば、日本に商船の保有や重工業の維持を許すことは、日本が食料や原材料を輸入する資金を稼げることに繋がるだけでなく、アジアの他の地域の工業化に寄与し、すでに日本と密接な交易関係にあるアジアの国々の経済的混乱を最小限に留めることができると論じた。従って日本の経済的将来にとっての重要な問題は、戦後、国際貿易に関してどの程度開放的な体制や制度が確立されるか否かという点であり、欧米諸国が1930年代にみられたような日本に対する差別的な貿易慣行を実施すれば、自由な海外貿易を通した日本の経済的な繁栄及びそれに伴う安定した民主主義体制は望めない、と説いた[73]。

既述のようにシュンペーター・メモの内容に対して経済・財政グループのメンバーは同意を与えた。パーシー・W・ビッドウェル（Percy W. Bidwell）が述

べたように、対日処理に関するシュンペーターの立場は、政治的・軍事的統制はともかく、経済統制は緩やかなものにすべきことを基調としている点において、グループ全体の立場と類似のものであった。このメモの内容に敢えて異論が出された点があるとすれば、日本は、重工業偏重の歪んだ産業構造を有しているのでむしろ軽工業の方を伸張させて消費財の生産・輸出を促すべきである、というジェイコブ・ヴァイナー（Jacob Viner）から出された意見ぐらいであった。しかし、ユージン・スターレー（Eugene Staley）が、敗戦国に民主的政府を創設しながら民主主義の存続を困難にするような経済的状態を課すような危険は避けるべきである、と述べたことに示されたように、シュンペーター・メモで展開された対日処理案は、経済・財政グループの総意として受け入れられた[74]。

ところで、このような日本を機軸とする東アジアにおける経済秩序構想は、経済・財政グループのメンバーにとって、唐突に出てきたものではなかった点は留意すべきである。すなわち、真珠湾攻撃以前の時期の1941年5月のウィリアム・ディーボールド（William Diebold Jr.）[75]及びスターレー執筆のメモランダムでは、日本が平和時においては極東地域の工業国家の中心となるべきこと、また中国より工業化が進んだ日本は中国に消費財を中心とする輸出市場を見出すことが出来、また中国も日本に原材料を提供しつつ経済発展を図ることによって互恵的な通商関係を結ぶことが可能であること、そしてとりわけ欧米諸国は日本経済を世界経済全体に密接に連繋させるために差別的関税を撤廃するなどして日本に工業製品の輸出市場を保証すべきこと、などが提唱されていた[76]。

このように経済・財政グループによる戦後日本の産業統制や極東地域経済の中で占める位置に関する議論は、安全保障・軍備グループのそれと際立った対照を示していた。後者においては、日本の経済復興と日本の軍事的再興の阻止の両立がジレンマとして認識される一方、安全保障上の観点が優先され、軍事的再興の阻止およびその前提となる工業国家としての復活に対する警戒が主要なモティーフになったのに対し、前者においては、日本の経済的復興と国際復帰、さらに地域経済の牽引役としての工業国家日本の再生を容認する立場が支配的となった。それは同グループにおいては、市場原理に基づく輸出入ともに

開かれた通商関係の拡大が世界経済の繁栄をもたらし、そのような経済秩序の樹立が世界平和に繋がるという国際貿易理論を信奉する経済的国際主義の考え方が強く抱かれていたからである。

(2) 領土処理問題
1) 日本委任統治領の処理

ここで言う日本委任統治領とは、第一次大戦後、国際連盟規約第22条に基づいて日本が受任国として委任統治した「日本委任統治領南洋群島」、すなわちカロリン諸島、マーシャル諸島、マリアナ諸島を含む赤道以北の南洋諸島（通称ミクロネシア）を指す[77]。南太平洋に位置する一連の群島の統治権を日本から剥奪することは、日本がこれらの群島を軍事基地化して使用したことから、懲罰的意味はもちろんのこと安全保障面からも重要な措置として位置付けられた。

さて南洋諸島の戦後の処理・地位については、先に分析した安全保障・軍備グループの会合でも若干討議されていたが、この問題は大戦末期に同グループと政治グループの両者によって集中的に討議されている。両グループにおいて議論の核心となったのは、戦後、南洋諸島を国際管理下におくべきか、それとも少なくともその一部を戦略的観点から米国の単独管理下に置いて軍事的利用を行うべきか、という点であった。

安全保障・軍備グループにおいて、南洋諸島の戦後処理が議題として取り上げられたのは1943年9月27日に開催された会合においてであった。この時の会合において、参加者の一人ウィリアム・V・プラット海軍大将（Admiral William V. Pratt）[78]から、どのような国際機関が創設されるのかわからない不確定的な状況下、南洋諸島が有する戦略的な重要性に鑑みて、合衆国が少なくとも暫定的に占有して支配すべきであるという見解を述べた。この見解はこの会合の大方の参加者の賛同を得ているが、その場でコロンビア大学のカーク（Grayson Kirk）[79]にこの問題に関するメモランダムを執筆するよう依頼した[80]。この要請に応えてカークは安全保障・軍備グループの次回会合にメモランダムを提出した。カークが執筆したメモランダムでは、米国が南洋諸島に対して「排他的、或いは支配的な管理（exclusive or predominant control）」を行って軍事

基地を建設すべきであると結論付けられていたが、それに対して参加メンバーの間から賛否両論が出された。

　カーク・メモを討論した会合において、一部の参加者はこの結論の文言に異議を唱えた。メイは、米国がこれらの諸島に対する「排他的管理」を主張すれば、それは他の列強も他の地域において同様の主張を行うことに繋がり、その結果、「真の意味での国際的な警察活動の発展」を阻害してしまうのではないのか、という危惧の念を表わした。またワーナーは、カーク・メモで示されている結論と大西洋憲章中の「領土不拡大」条項の間には矛盾が認められると述べ、もし各列強が世界の他の地域において同様の行動に出ればそれは領土拡大競争に繋がって将来の紛争の火種となる危険性があるという警鐘を鳴らした。このような反対意見に対してボールドウィンは、南洋諸島の戦略的な重要性は極めて大きく、もし米国が極東地域における警察行動に責任を負うつもりならば極東へのルートを確保すべきであり、それは南洋諸島に対する完全な支配によって保証されると主張して、米国による「排他的、或いは支配的な管理」という文言の使用を支持した。結局、マロリーから、将来確立される安全保障体制の枠組みの中で米国と国際機関の間で交わされる「特定の取り決め」を行うという前提の下に米国が「排他的」管理を行うという趣旨の文言を挿入してはどうかという提案が出され、この妥協案は参加者に受け入れられた[81]。

　以上のような議論を経た後にワシントンに送付されたカーク・メモは次のような内容を有していた。まず、日本が委任統治に関する連盟規約に明白に違反して南洋諸島に海軍基地を建設したことに鑑み、戦後は侵略的な目的のためにこれらの諸島を利用しようと試みる如何なる国の管理・支配下に置かれるべきでない点を強調した。続けてカークは、戦後の安全保障体制に関する取り決めにおける南洋諸島の地位や関係に関して5つのシナリオを提示した。このメモで言及された5つのシナリオとは、第1に米国に太平洋地域における安全保障が委ねられ他の列強諸国は協力的な役割を果たす場合、第2に南洋諸島に軍事的な安全保障以外の機能と責任を有する地域的機構が確立された場合、第3に太平洋地域に利害を持つオーストラリア等の国家が米国の軍事力が提供する庇護の必要性を感じないか又は拒絶する場合、第4に南太平洋地域に地域的安全

保障機構が設立されて米国が軍事行動に関する主たる役割を担う場合、第5にこの地域に如何なる安全保障体制が確立されない場合、であった。カークによればそのいずれの状況を想定した場合も、この地域の戦略的重要性に鑑みて、米国の軍事力の裏づけに基づく安全保障の確立が必要であった。そしてカークは、米国の軍事力を南太平洋地域の如何なる地点においても有効なものにするために真珠湾からフィリピンへ至る空路・海路の確保が必要であり、そのためには米国による南洋諸島の支配・管理が必要であることを指摘した。他方、このメモランダムでは先の会合での討議を踏まえ、結論部において「排他的」という文言が消えて「支配的な」という表現のみが使われ、また米国の支配は戦後樹立される安全保障機構との取り決めと「合致する」ものであるべきことも明記された[82]。

このように安全保障・軍備グループのメンバーの間では、日本委任統治領の将来については米国による事実上の支配を容認することで合意が成立したが、同じ問題を扱った政治グループの会合では、一部のメンバーから強硬な「併合」論が主張されたため激しい議論が起こった。すなわち、この問題を扱った政治グループの会合は1944年の後半の時期に数回行われているが、そこでは日本委任統治領の処遇をめぐって、米国は単独行動に走るべきではなく、たとえ米国が事実上の支配を行うにしても国際機関との調整や正式の取り決めを経るべきであると主張するメンバーと、過去の教訓及び将来の安全保障上の理由により米国は南洋諸島を単独でも併合すべきであると主張するメンバーとの間で意見が衝突した。

前者の立場を代表したのが元国際連盟職員のアーサー・スイートサー（Arthur Sweetser）[83]であった。彼は政治グループの会合において「米国が、戦略的に極めて重要な島嶼であるからという理由で単独でそれらを領有することは領土拡大には当たらない、と論じることは傲慢である」と述べ、米国が「他国や国際社会の条約上の権利を侵して単独行動を行わないことは、道徳的また法的な義務である」と主張した。また米国がそのような行動に出れば、ソ連が東欧において同種の行動を行う際の「先例」となることに懸念を示した[84]。これに対して米国による単独併合論を強く主張したのが、ブラウン大学学長のリストン（Henry Wriston)[85]であった。リストンは、南洋諸島の戦略上の重要性に鑑みて米国は戦後を俟たずに戦時中に4大国間の取り決めによって南洋諸島の事実上の領有権を得るべきであり、これらの諸島に米軍基地が建設されれば、オーストラリアやニュージーランドも軍事的に庇護されて米軍のプレゼンスを歓迎するであろうと述べた。さらにフィリッピン防衛のためにも、米国がこれらの日本委任統治領を領有することは正当化され得ると主張した[86]。

このような両者の対照的な見解に対して、他の参加メンバーからは、米国による旧委任統治領の事実上の併合は小国からの不信を招くのではないのか、またそれは米国がソ連による東欧地域併合に反対することを困難にし「権力政治」を復活させることに繋がるのではないかといった意見が出される一方、日本委任統治領に関する限り米国の実効支配は「領土併合」には当たらない、また南洋諸島領有は米国の自己利益のためではなく極東の安全保障を確立する上で米国の責務を効率的に果たす上で必要な措置であるという見解も出され、意見が統一されなかった[87]。

結局、政治グループは、日本委任統治領の処遇に関して2つの対照的な内容を持つメモランダムを作成してワシントンに送付している。政治グループ全体のメモランダムとして作成された1つ目のメモランダムにおいては、冒頭、これらの島嶼群が米国とフィリッピン・中国の間に位置する「極めて大きな戦略的重要性を有する」ことが指摘される一方、この地域の人口が寡少であるという理由で領土的拡大には当たらないとする議論は「全く不合理である」と主張された。このような指摘を行った後、同メモランダムはこの問題に対して、米国世論の動向、他国政府との関係、そして国際機関の発展という3つの視角から分析を施した。第1の点に関しては、米国世論は、これらの諸島を併合することを支持する人びとと国際管理下に置くことを支持する人びとの2つの派に分裂していることに言及した。第2の点については、米国による併合が領土的拡大と解釈された場合、他国政府は「同様の行動を取ることを奨励されるか、場合によっては余儀なくされる」と説いた。最後の点に関しては、日本委任統治領が、国際機関が司法権を有する国際的な領土となるのか、それとも特定の国家の領土になるかによって戦後創設される国際組織の性格が大きく影響され

ると述べ、前者が実現しない場合は、国際組織の発展にとって「一歩後退を意味する」と説いた。結論として同メモランダムは、戦後、米国がたとえこれらの諸島を戦略的な観点から支配・利用するとしても、それは連合国との国際的な取り決めに従ったものになるべきであり、米国がそのような意図をできるだけ早期に表明することが最も望ましいと主張した[88]。

第2のメモランダムは熱心な「併合論者」であったリストンによって執筆された。リストンは、ミクロネシア（＝南洋諸島）が第一次大戦後に日本委任統治領になった経緯を説明しながら、日本が委任統治に関する連盟規約に違反したが故に受任国としての地位を剥奪されることの合法性を強調する一方、大西洋憲章の「領土拡大」禁止条項は枢軸国の領土には適用されるものではなく、特定の国が併合しても同憲章に対する違反には当たらない、と論じた。リストンによれば、ミクロネシアの価値は、軍事基地の建設に格好の場所であることに存し、米国はこの地域に基地を持たなかったために、開戦当初、グァム、フィリピンを失う破目に陥ったと述べた。そして、戦後、どのような国際的機関・制度が確立しようとも、この地域の安全保障上の責任を主に担う国家がこれらの諸島を領有するべきであり、その国は米国に他ならないことを強調した。リストンはこのような論拠の下に「米国による併合が最も単純な解決法であり、それが（アジア太平洋地域の）安定した平和に最も寄与するものである」とメモランダムを結んだ[89]。

以上のような日本委任統治領の戦後処遇をめぐる安全保障・軍備グループおよび政治グループの議論・メモランダムの内容は、WPSに集った専門家たちが、委任統治領の処理をめぐって、大西洋憲章に象徴された国際主義/普遍主義と、米国による併合が意味することになる単独主義の狭間で腐心したことを示していた。それを象徴したのが、政治グループの会合でリストンの主張に対して他のメンバーから強い反対意見が述べられたことであった。しかし注意すべきは、国際主義的立場に与する論者の場合も、戦略上の観点を考慮して、南洋諸島の米国による事実上の管理・軍事的利用の必要性については基本的に賛同していた点である。そこには、自国の安全保障上の利益は言うに及ばず、戦後のアジア太平洋地域の平和と安定において米国が果たすべき役割に対する自負

2) 琉球（沖縄）、小笠原諸島、千島列島の処理

　安全保障・軍備グループは、対日領土処理に関連して、琉球（沖縄）および小笠原・伊豆諸島、そして千島列島の処理に関してもメモランダムを作成した。そこでは、これらの島嶼地域が歴史的に日本に帰属することが承認されながらも、戦後の日本に対する監視活動を行う拠点としてどのように利用すべきなのかという点に焦点が当てられた。

　まず琉球および小笠原・伊豆諸島の処理に関しては、再びカークが議論の叩き台となるメモランダムを執筆し、安全保障・軍備グループの会合を経て若干の修正を経た後、ワシントンに送付された[90]。このメモでは、冒頭、連合国が戦後日本の再軍備を監視する上でこれらの諸島が戦略上の価値を持っていることが指摘された。続いて両諸島の歴史的帰属や地勢が分析された後、日本の再軍備を監視するための空中偵察活動（場合によっては爆撃行動）にとって利用価値の高い点が強調された。カークによれば、これらの諸島に軍事基地を置く利点は、日本に近接しているがために偵察活動を行うのに適する一方、日本本土に基地を建設するよりも日本人の反発を受けることがより少ないことが予想されることにあった。また仮に中国に監視のための基地を設置することになれば中国の国民感情を害することが予想され、その意味においても日本近海の島嶼に監視拠点を置くことはよい選択であるといえた。カークは、空軍基地建設の具体的な候補地として小笠原・伊豆諸島の中では八丈島を、琉球諸島の中では奄美大島を挙げ、これらの島に将来建設される基地は、アジア太平洋地域の安全保障の確立と維持に協力するすべての国家の軍隊の利用に供されるべきであると主張した[91]。

　千島列島の処理をめぐるメモランダムは、歴史家ジュリアス・W・プラット（Julius W. Pratt）[92]が執筆しているが、このメモランダムは安全保障・軍備グループの会合で「簡潔で学術的な極めて優れたメモランダム」と評されたことが示したように高い評価を得、ほぼ無修正でワシントンに送付された[93]。

　プラット・メモにおいては、千島列島を北部島嶼群（シュムシュ、アライド、パラムシル、オンネコタン島など）と南部島嶼群（国後、択捉、色丹、歯舞、

ウルップ島などを含む)に分類した上で、千島列島の歴史的帰属をめぐる問題(特に日ロ間の帰属をめぐる領土係争)、地理・地勢と気候、経済的価値、人口、戦略的重要性という各々の観点から分析が施された。このメモランダムにおいてプラットが注目したのは、もちろん最後の戦略的重要性に関してであった。プラットは、千島列島の戦略上の価値を分析した箇所において、千島列島はその地理的位置や地勢のために海軍基地の建設場所には適さないと述べる一方、その環礁に囲まれた地勢は水上飛行機の基地として最適であり、実際に日本はこれらの諸島に空軍基地を建設して太平洋とオホーツク海、カムチャッカ半島と極東ロシアを結ぶ航路を支配してきたことに言及した。そしてプラットは、千島列島がソ連の極東の主要港と太平洋との間に位置していることを考慮すれば海上ルートとしての重要性については同国が最も重大な利害関係を有しており、「ロシアが千島列島を経由するコミュニケーションに関して恒常的な脅威にさらされる正当な理由はないように思われる」と述べて、北部島嶼群をロシアに割譲することが「(ソ連が直面する)問題を最も容易に解決することに繋がる」と説いた。結論としてプラットは、もし「比較的強い日本」を維持することによって極東におけるソ連の行動を抑制することが米国の利益になると想定するのでない限り(プラットによれば、このような考えは安全保障・軍備グループでは有力な見解とはなっていなかった)、ソ連が望んだ場合、北部島嶼群を同国に割譲すべきであること、しかし戦略的な重要性を持たない南部島嶼群は日本に帰属させるべきである、と主張した[94]。

　これらの島嶼地域の領土処理に関するメモランダムは、安全保障・軍備グループが大西洋憲章で謳われた領土不拡大原則や主権と領土保全の保証という原則よりも、政治的判断を優先したことを示している。換言すれば、島嶼地域の領土処理問題を、対日監視のための軍事基地や連合国にとっての戦略的重要性という視点で捉え、連合国、特に大国間の合意によってある程度決定される性格の問題とみなす立場が支配的であったといえる。

(3) 天皇制の処遇

　WPSが取り組んだ対日戦後処理問題の中でも、最も政治的熟慮を必要とする問題として位置付けられたのが、天皇制の処遇であった。そこでは、天皇の戦争責任の有無、日本の政治文化の中の天皇制の役割、また天皇制に代わる政治的象徴の有無、等が分析の中心に置かれ、意見が交換された。

　安全保障・軍備グループは1944年4月に、ジュリアス・プラットが執筆したメモランダムを叩き台に議論を行った。提出されたプラット・メモにおいては、天皇は「戦争犯罪人」として扱われるべきではなく皇居への意図的な爆撃は避けるべきであること、日本のナショナリズムの中核にある天皇制を強制的に廃止することは日本に安定した政体を樹立する上でむしろマイナスの効果を及ぼすこと、が結論として示されていた。

　この2点を骨子とするプラット・メモに対しては、安全保障・軍備グループのメンバーはほぼ同意を与えた。例えば、グリーンは、外部権力が「日本の宗教的かつ政治的イデオロギーの基本的要素」である天皇制を廃止することは、逆の状況、すなわちもし日本が勝利して米国人の宗教（＝キリスト教）や合衆国憲法を廃止して神道信仰を強制する状況、と同じくらい「明らかにばかげた試み」であると説き、日本人に天皇制崇拝を終わらせようとすれば日本人の殲滅さえ必要となろう、と警告した。またボールドウィンもメモ全体の論調に賛意を示して、戦後天皇を戦争犯罪人として扱い、天皇個人を処罰の対象とすることは賢明ではない、と述べた。但し彼は、戦争を有利に遂行する上で、皇居に対する爆撃も選択肢として持つべきであると主張した。ただ一人プラット・メモの結論に対して異議を唱えたのが、アームストロングであった。彼は、もし戦後、連合国が戦後天皇を日本の政体の中心として扱って交渉することになれば、その「超自然的性格に関する日本人の信仰」を強めることに繋がりはしないか、また米国が皇居を爆撃することは米国人の士気を高めるのではないのか、逆に天皇個人への配慮を優先して皇居を爆撃することを避けた場合、米国の世論は納得するであろうか、と疑問を投げかけた。しかしこの時の会合では、天皇制に対する寛大な処遇に疑念を呈したのはアームストロングのみであり[95]、結局、安全保障・軍備グループの一般的な見解として、戦後に天皇を処罰の対

象とすることは避けるべきである、という点で合意をみた[96]。

　ワシントンに送付されたプラット・メモは次のような内容を持っていた。冒頭、プラットは天皇および天皇制の処遇に関しては、内外において相対立する見解──天皇制の維持・利用vs流刑や廃止を含む厳罰措置──が表明されている状況下、厳罰派は2つの理由、すなわち日本の軍国主義が天皇崇拝およびそれと結びついた人種的優越性の観念に基づく限り天皇制の廃止なしには平和を愛好する新生日本の誕生は望めないこと、および天皇自身が現下の戦争に直接責任があり「戦争犯罪人」として扱われるべきであること、を挙げてその立場を正当化している点に言及した。そしてプラットはメモの続きの部分において上記の主張の妥当性・有効性を吟味しながら、なぜ天皇（制）に対する厳しい処遇が「百害あって一利なし」なのかについて力説した。

　まず日本人の天皇制崇拝に性格については、神道を媒介として天皇が神格化されそれが排外主義的な愛国主義に繋がっていることを指摘してその負の側面に言及する一方、次のような論拠を挙げて天皇厳罰論に反対した。まず、日本人にとって宗教の名に値する神道信仰を強制的に廃止することは、大西洋憲章で唱えられた「信教の自由」を侵すものであること、また天皇という神格化された存在を勝者が「辱めたり処刑したりすること」は、「殉教者としての神聖」を新たに付与することに繋がる危険性があると主張した。さらにプラットは、明治維新以来、議会制民主主義の定着は天皇制の枠組みの中で試みられてきており、日本における民主主義は天皇制の廃止を伴う急激な体制転換ではなく、緩慢な「内部からの進化」によって達成されるべきものであると論じた[97]。

　次にプラットは、現下の戦争に対する天皇の責任問題に触れて、その是非を日本史における天皇の地位の変遷という視角から分析を加えた。まず天皇の権限については、確かに明治憲法では国権上の大権は天皇に与えられていたとはいえ、それは単に「紙上」のものに過ぎないと説き、実際は「天皇個人によって行使される権限は、ヒトラーやスターリンのような人物が有する権限とは全く似ても似つかぬものあり、またそれは合衆国の大統領にも及ばないことはもちろん、おそらくはイギリス国王が有する権限を越えないものである」と主張した。また、7世紀頃から1868年までの時期は、国内の統治権は官僚や将軍た

ちの手に握られる一方、天皇は「せいぜい実権を持たない儀礼的な宮廷の長に過ぎないか、最悪の場合は貧困にあえぐ無視された存在に留まった」と述べて、天皇が政治の実権から疎外されてきた存在であることを強調した。プラットはさらに続けて、確かに明治憲法によって天皇は至高の地位を付与されたものの、「実権は、明治維新を起こし日本の近代化を推進した武士階級出身の人びとによって占められた官僚や軍人の手に引き渡された」と述べ、以後権力の在り処は、天皇が持つ「象徴的な価値」を自らの目的に利用することが出来た官僚や側近の手中にあった、と説明した。従ってプラットによれば、実権を握った軍人の派閥が1931年以降の日本の侵略政策を推進し、彼らこそが真の戦争犯罪人とみなされるべきであった[98]。

以上のような分析と考察を下に、プラットは次のような結論を導いた。第1に、天皇を意図的に攻撃目標としたり戦後に戦争犯罪人として処罰する考えは捨て去るべきであること、第2に、日本のナショナリズムの象徴としての天皇制を廃止することは益よりも害をもたらすであろうこと、従って連合国の目的は、戦争遂行に責任のある軍人を処罰すると同時に国際協調的な国家の建設に向けて天皇制の象徴的価値をうまく利用することの出来る新しい集団を築き上げること、の2点であった[99]。

ところで、安全保障・軍備グループは、アジア太平洋戦争終了直前の1945年7月末に、天皇制の処遇に関して再び討議を行っている。その背景には、当時米国政府内で、日本の早期降伏を実現するために、天皇制の処遇に関してどのような政策文書を作成すべきかをめぐってさまざまな動きがみられたことがあった[100]。この会合での議論の冒頭、ボールドウィンは天皇制の将来が「根本的な政策上の重要性」を持つことに鑑み、すでに国務省へ送付したメモランダムを再検討し、「より包括的かつ成熟した提言を持つ新たなメモランダム」を作成すべきであると説いた。続く議論の場では、エリオットから、ポツダム宣言では何も言及されていないものの天皇も戦争遂行の責任者の一人として訴追される可能性が示唆されたが、他の参加者からはそのような天皇処罰論に対する否定的見解が示された。ワーナーは、天皇制に代わり得る制度なしに天皇制を廃止することは「重大な誤り」であり、天皇制には伝統に基づく宗教的雰囲気が

伴っており、ヒトラーが掌握した権力とは区別すべきであると主張した。さらにこの問題は連合国が日本にどのような政体を望むのか、という問題に関わっており、もし日本に自由主義的民主主義を欲するのであれば天皇制は障害物に他ならない一方、もし日本が米国にとって脅威とならない限りどのような政体を取ろうと関知しないならば、天皇制を維持すべきであろう、と述べた。また、マッコイは、天皇自身が日本の軍事力等に関して正確な知識を提供されていたかどうかは定かではなく、むしろ側近たちに誤り導かれた可能性も捨てきれず、戦時中に日本でどのようなことが起こっていたのかに関して確かな情報が得られるまで特定の政策にこだわるべきではない、と述べた。そして天皇制に代わり得る政治的象徴が存在して社会的混乱が避けられるという確信がない限り、天皇制に対する処罰的行動を取らないことが重要である、と論じた。結局、ボールドウィンから、天皇制の代替物は何かという問いは重要であり、これに関して安全保障・軍備グループは十分に分析と考察を加えてこなかったことに鑑み、この問題に関するあらたなメモランダムの作成を行なうという提案が出され、この時の会合は終了した[101]。

　このように天皇制の将来の問題をめぐっては、終戦直前まで安全保障・軍備グループで議論の対象にされた。その際、安全保障・軍備グループによって問題の核心とされたのは、天皇制に代わる戦後の日本社会の「安定要因」が見出されるか否か、という点であり、仮にそのような代替物が日本社会に存在しない以上、天皇制の廃止は望ましくないという見方が支配的であったといえよう。つまりそこでは、天皇制の維持が積極的に唱道されたというよりも、軍国主義の支柱という牙を抜かれた「伝統」としての天皇制という衣に民主主義をかぶせることが想定されていた。これは裏を返せば、日本人の自主的な改変能力に対する不信感の表れとみることもできよう。いずれにせよ、天皇制の処遇に対する安全保障・軍備グループの議論やメモランダムは、日本の歴史の個別性・特殊性を重視しながら、体制変革を目的とする民主化を外部から強制する直接的な介入主義に対しては慎重な姿勢を示したものと評価され得る。

おわりに

　WPSプロジェクトにおける対日処理案をめぐる討議やメモランダムは、米国の国益・安全保障をアジア太平洋地域の戦後平和構築にどのように結びつけるべきかという戦後秩序構想の一部を成していた。アームストロングがWPS終了後に「CFRの戦時中の活動は政府機関と民間団体の協力の稀な事例であった」と総括したことが示すように[102]、この研究プロジェクトは民間団体による機動的な政策研究・提言活動が政府の外交政策の構想・立案にも貢献した事例といえ、「民―官」の提携・協力に基づくアメリカ的な外交政策立案過程を特徴的に示したものとみなされよう。

　本稿で詳細に検討したように、確かに扱われた問題によっては、各研究グループ間や参加した個々のメンバー間で見解の顕著な相違も見られたが、鳥瞰的に観れば、そこには、これ以降の米国の外交思想の一部としての安全保障観を特徴付けることになる2つの主要な要素が認められる。

　最初に指摘されるべきは、WPSプロジェクトに集った外交問題専門家・有識者は、第一次世界大戦後から第二次世界大戦期にかけてアジア太平洋地域において米国の置かれている安全保障環境が根本的に変容したことと同時にそのような世界における米国の地位と責任の変化を強く認識しながら、それに対応した安全保障上の必要措置を唱道した点である。すなわち、米国の安全保障は、真珠湾攻撃が象徴したように、もはや西半球の領域に限定されるものではなく、極東地域を含むユーラシア大陸の周辺部にまで及ぶという地政学的な関心に基づく安全保障観が支配的となったといえる。そのような安全保障観は、対日処理の一部としての基地問題に関する討議とメモランダムにおいて、米国が単独でも基地を建設すべきであり、基地ネットワークの形成がアジア太平洋地域および米国の安全保障に必要であるという主張に最もよく示されていた。これに関しては、確かに一部のメンバーから「領土不拡大」という普遍主義的原則との齟齬を懸念する声が挙がったとは言え、最終的には地政学的利害を中心に置いた戦略論に基づく現実主義的な思考が支配的となった。そこには、米国がそ

のパワーの優越を背景として特に軍事面で果たすべきグローバルな役割に関する権力政治的アプローチを見て取ることも出来よう。

他方、平和と繁栄を保障する経済秩序構想に関してみれば、経済・財政グループのメモランダムが象徴したように、国際協調・多国間主義が有力な見方になったと言える。そこでは、対日戦後処理の要諦として、排他的な地域経済ブロックを形成して地域経済を支配することを打破・阻止し、最終的には開放的な国際経済システムに参入させ、日本を非差別の原則に基づく国際分業体制に組み込んで経済的に国際復帰させる、という方向性が示されていた。その背景には、1930年代の過度の経済競争と保護主義が世界政治経済秩序の最大の不安定要素になったという反省の下、開放的な国際貿易システムが、米国の経済面、安全保障両面での国益にとって中心的な重要性を持つ（すなわち開放的な経済秩序が米国の国益に合致する）、という考え方が強く支持されたことがあった。彼らによれば、このような民主的で開放的な経済秩序のルールや制度作りを行う役割を担うことの出来る国は、今やイギリスに代わり圧倒的な軍事力・経済力を保持するに至った米国以外にはなかった。すでに1941年にWPSの運営委員会のメンバーであったボーマンが指摘したように、米国から武器供給を受けているイギリスを含む連合国が米国の工業生産力にその戦争遂行能力を依存していることに鑑み、「米国は勝利の瞬間、民主主義の最後の兵器庫となるが故に、その世界的責任を受け入れなければならない。…我々は、帝国主義的に世界を支配する欲望を持っていない一方、現下の状況が、米国が支配的な役割を果たすことを余儀なくさせている」のであった[103]。ここには、米国が増大する自国のパワーを使いながら、民主主義という価値の供給者として、平和と繁栄を構築するための世界秩序形成のためのリーダーシップの役割を担うことに対する決意と覚悟が示されていた。

最後に、WPSプロジェクトに集った有識者・専門家として類型に関しては、以下のようなことが指摘されよう。彼らは、戦争という国家非常時に、エリートの有識者・専門家としての義務感と責任意識を持って、先見性のある外交政策がその上に築かれる知的基盤を国務省に率先して提供しようとした。換言すれば、彼らは焦眉の外交問題に関して、専門的知識と公的な世界の必要性の間

第5章　外交問題評議会「戦争と平和の研究」における対日戦後処理構想——アメリカ知識人・外交問題専門家の抱いた安全保障観を中心に——　153

の架け橋になることで、その社会的な有用性を証明しようとしたのであった。そして総体としてみれば、WPSの活動は、専門知識を時局の外交問題に適用するに当たって、思索的であると同時に実用的な知識を志向し、道義的・倫理的な立場を取りつつも公正さや客観性の理想を追求しようとした知的営為であった評価できる。その意味で、WPSプロジェクトに集った知識人・有識者たちは、左右両翼からのCFR批判者が好んで貼る「権力エリート集団」或いは「権力の従僕」というレッテルよりも、専門的かつ実際的知識を公共政策の立案に資するために提供する「サーヴィス・インテレクチュアル」[104]と呼ぶことが最も相応しいといえよう。

注

1) WPSプロジェクトの概要については、The Council on Foreign Relations, *The War and Peace Studies of the Council on Foreign Relations 1939-1945* (New York, 1946), を参照。

2) WPSプロジェクトを扱った代表的な英語文献としては、シュルジンジャー、ワラ、サントロ、ミンター／シャウプ、パーマーによる諸研究を挙げることができる。シュルジンジャーの研究では、WPSの起源・開始から終了までの経過やこの研究プロジェクトの全体的な内容に至るまで分析されているが、対日戦後処理をめぐるメモランダムに関しては体系的な分析がなされているとは言い難い。Robert Schulzinger, *The Wise Men of Foreign Affairs: History of the Council on Foreign Relations* (New York: Columbia University Press, 1984), pp.59-112.（その中、対日処理問題を扱った部分は、pp.104-106.）。ワラの研究においては、WPSの全体像が素描される一方、対日戦後処理問題に関してはほとんど言及されていない。Michael Wala, *The Council on Foreign Relations and American Foreign Policy in the Early Cold War* (Providence: Berghahn Books, 1994), pp.31-46. さらにサントロは1940年から41年の時期に限定して欧州を対象とする戦後処理に関するWPSの各研究グループのメモランダムを詳細に分析しているが、対日戦後処理問題に関する討議・メモランダムは分析されていない。Carlo Maria Santoro, *Diffidence and Ambition: The Intellectual Sources of U.S. foreign Policy* (Oxford: Westview Press, 1992). またCFRは、"東部エスタブリッシュメント" の牙城として知られていることから、左翼的立場から権力エリート集団批判としてCFRを取り上げた研究も幾つか出され、その中でWPSプロジェクトも言及されている。しかしその代表的な研究であるミンター／シャウプの研究では、CFRのメンバー

の社会的バックグランドや国家機関との人脈的な繋がりについては詳細に分析されているものの、WPSでの討議やメモランダムに関しては、経済・財政グループのそれを除いて実証的な分析が十分になされていない。Lawrence Shoup and William Minter, *Imperial Brain Trust* (New York: Monthly Review Press, 1977), pp.117-187. WPSを分析した最近の英語文献としては、イギリスの研究者のパーマーの著作および論文がある。そこでは、グラムシーのヘゲモニー論を援用しつつ批判的観点からCFRと国家権力（state power）の密接な連携協力関係の事例としてWPSが検討され、幾つかのメモランダムの内容も分析されているが、対日戦後処理問題を扱った討議・メモランダムの分析は十分になされていない。Interjeet Parmer. "The Issue of State Power: The Council on Foreign Relations as a Case Study," *Journal of American Studies* 29 (1995), pp.85, 87-90; idem, *Think Tanks and Power in Foreign Policy: A Comparative Study of the Role and Influence of the Council on Foreign Relations and the Royal Institute of International Affairs, 1939-1945* (New York: Palgrave Macmillan, 2004), pp.108-132. また、WPSを含むCFRの戦時中の活動を一次資料を基に包括的に扱った邦語文献として、五百旗頭真『米国の日本占領政策 — 戦後日本の設計図（上）・（下）』（中央公論社、1985年）がある（特に、（上）23-27頁、63-67頁、70-76頁、92-95頁、200-217頁、271-274頁／（下）4-8頁、等を参照）。同書において五百旗頭氏は、「《戦争と平和の研究》の中でもある程度まで日本問題が扱われたが…」と述べている（（上）、201頁）。しかし本稿で分析するように、この評言から受ける印象以上にWPSにおいて「日本問題」が本格的に取り扱われて討議され、複数のメモランダムが作成されている。またWPSプロジェクトの起源や展開に関しては、林義勝「第二次大戦中の国際主義団体の活動 — 外交問題評議会を中心に一」本間長世（編著）『第二次大戦下の米国社会』（東大出版会、1983年）、32-37頁。

3) アームストロングのCFRにおける経歴については、Priscilla Roberts, " 'The Council has been your creation': Hamilton Fish Armstrong, Paradigm of the American Foreign Policy Establishment?" *Journal of American Studies*, 35 (2001), I, pp.65-94.

4) Memorandum of Conversation from G.S. Messersmith to The Secretary, The Under Secretary, Sep.12, 1939, pp.1-3. Hamilton Fish Armstrong Papers, Sheeley G. Mudd Manuscript Library, Princeton University, box 75.（以下、Armstrong Papersと略記）

5) *The Memoirs of Cordell Hull, Volume II* (New York: The Macmillan Company, 1948), p.1625; Harry Notter, *Postwar Foreign Policy Preparation 1939-1945* (Washington: GPO, 1949), p.19.

6) Walter Mallory to George S. Messersmith, October 5, 1939, Armstrong Papers box 75.ディヴィスの経歴については、表1参照。

7) CFR, *The War and Peace Studies of the Council on Foreign Relations 1939-1945*, p.3.
8) Walter H. Mallory to Allen W. Dulles, Dec. 11, 1939; idem, "Report of the Secretary: War and Peace Studies Project, December 15, 1939, to September 1, 1940," (n.d.), p.1. Armstrong Papers box 75.
9) Council on Foreign Relations, "Project for a Study of the Effects of the War on the United States and of the American Interest in the Peace Settlement: Memorandum on Purpose, Scope, and Procedure," December, 1939, pp.1-3. ibid.
10) CFR, "The War and Peace Studies of the Council on Foreign Relations," Dec.18, 1945, pp.3-8. ibid. なお、1941年には欧州における講和問題を扱う5つめのグループ ("Peace Aims Group") が設立されている。当初WPSとは別個のプロジェクトとして開始されたこのグループの活動では、戦後講和に利害関係を有する欧州各国の有識者や専門家を招いて、各国の講和目的に関して聞き取り調査及びそれを基にした討議を行う方式が取られた。CFR, *The War and Peace Studies of the Council on Foreign Relations 1939-1945*, p.5.
11) Walter H. Mallory, "Progress Report of the Secretary, War and Peace Studies Project, Dec.15, 1939 - July 1, 1940," July 3, 1940, pp.1-11. Armstrong Papers box 75. WPSの6年あまりの活動中、各研究グループのメンバーは途中交代したり、新規メンバーを加えたりしているが、全般的には漸次増加している。各研究グループの活動に参加したメンバーの完全なリストについては、CFR, *The War and Peace Studies of the Council on Foreign Relations, 1939-1945*, Appendix A (pp.19-24)を参照。
12) Mallory, "Report of the Secretary: War and Peace Studies Project," p.2. ロシア出身の金融問題を専門とする経済学者であるパスヴォルスキーは、1939年9月に国務長官特別補佐官に任命された。以後、パスヴォルスキーは、国務省による戦後計画の構想・立案作業において中心的な役割を果たすことになる。この人物の経歴や国務省内の地位・役割については、五百旗頭『米国の日本占領政策（上）』、9-11, 77-78頁。なお、この「外交関係の諸問題に関する諮問委員会」は国務長官コーデル・ハルの命を受けて1939年12月末に創設されているが、同委員会は、国務省内に設置された戦後処理問題を扱う最初の委員会（委員長は国務次官ウェルズ）として位置づけられている。Harry Notter, *Postwar Foreign Policy Preparation 1939-1945*, pp.20-22.
13) Mallory, "Progress Report of the Secretary: War and Peace Studies Project," pp.3-4. Armstrong Papers box 75.
14) Armstrong to Joseph H. Willits(the Rockefeller Foundation), Nov.13, 1940, ibid.
15) CFR, *The War and Peace Studies of the Council on Foreign Relations 1939-1945*, p.6; Walter Mallory to Leo Pasvolsky, July 14, 1942; Leo Pasvolsky to Walter Mallory, Aug.7, 1942. CFR Records MC 104 1918-2004 Series 3: Studies Department Sheeley

G. Mudd Manuscript Library, Princeton University, Box 298.
16) Notter, *Postwar Foreign Policy Preparation 1939-1945*, p.56.
17) Ibid., pp.71-72. この諮問委員会の設立に至る詳細な経緯に関しては、五百旗頭『米国の日本占領政策（上）』、63-70頁、を参照。
18) すでに8月の時点でアームストロングは、パスヴォルスキー、ウェルズらと会見し、近い将来設立される諮問委員会（＝「戦後外交政策に関する諮問委員会」）の民間からの参加メンバーに関して非公式の協議を進めていた。Armstrong to Sumner Wells, August 7, 1941; Armstrong to Walter Mallory, Aug.7, 1941, CFR Records MC 104 1918-2004 Series 3: Studies Department Box 298.
19) ボーマンの経歴については表1参照。ショットウェルの経歴については表4参照。またベンジャミン・コーエンは、金融・証券取引法が専門の法律家で、1935年以降は財務長官特別顧問の地位にあった。1941年9月からWPSの「経済・財政グループ」のメンバーに加わった。
20) マイロン・テーラーは、USスティール社元会長で、1943年にはCFRの理事（Director）の一人となっている。なお、彼はWPSプロジェクトには参加していない。
21) Notter, *Postwar Foreign Policy Preparation 1939-1945*, pp.81-84; CFR, *The War and Peace Studies of the Council on Foreign Relations 1939-1945*, pp.6-7.
22) Hamilton F. Armstrong, "Notes for conversation with Mr. Wells, January 6, 1942," Armstrong Papers box 75; Notter, *Postwar Foreign Policy Preparation 1939-1945*, pp.106, 149, 155.
23) 国務長官特別補佐官を務めていたJ.グリーンは、1943年11月以降、安全保障・軍備グループのメンバーとなっていた。
24) 領土グループ研究幹事を務めたモズリーの経歴については、表5参照。
25) Notter, *Postwar Foreign Policy Preparation 1939-1945*, pp.208-210.
26) Ibid., pp.213-214. 但し、この諮問協議会は、特定の政策を決定・推奨する機能は有さず、国務長官との懇談や彼に対する助言を行うための機関として位置付けられていた。
27) CFR, *The War and Peace Studies of the Council on Foreign Relations, 1939-1945*, pp.15-16; Hanson W. Baldwin, "U.S. Stand on Greenland Guided by Council on Foreign Relations," *New York Times*, October 6, 1946. この記事の執筆者、ハンソン・W・ボールドウィンは、安全保障・軍備グループのメンバーであった［表2参照］。なお、WPSプロジェクトを扱った先行研究すべて［註2参照］において、このメモランダムが現実の政策に影響を与えた実例として紹介されている。また五百旗頭氏は、安全保障・軍備グループのメンバーの一人グレイソン・カーク（Grayson Kirk, コロンビア大学国際関係学教授、1941年6月から同グループ研究幹事として参加）が執筆したメモランダム「1918年の休戦交渉（The Armistice Negotiations, 1918）」（A-B50,

第5章 外交問題評議会「戦争と平和の研究」における対日戦後処理構想――アメリカ知識人・外交問題専門家の抱いた安全保障観を中心に―― 157

April 8, 1942）が、国務省の「戦後外交政策に関する諮問委員会」の安全保障小委員会（ディヴィスが委員長）によって、そのままの形で採択された事例を紹介している。五百旗頭『米国の日本占領政策（上）』、92-94頁。

28) Cordell Hull to Norman H. Davis, November 12, 1940, Armstrong Papers box 75.

29) Hamilton F. Armstrong, "Memo to Members of the War and Peace Studies Group," May 7, 1942, ibid.

30) Joseph C. Grew to Russel Leffingwell, February 14, 1945. CFR Records MC 104 1918-2004 Series 3: Studies Department Box 298. 駐日大使を長らく務めたグルーはこの書簡が書かれた当時、国務長官代理の職にあった。グルーが対日政策の立案に果たした役割については、五百旗頭『米国の日本占領政策（下）』を参照。

31) 五百旗頭『米国の日本占領政策（上）』、25-26頁、70-71頁。

32) 同上、27、74-75頁；Shoup and Minter, *Imperial Brain Trust*, pp.158-161. 特にその中でもCFRの影響力の増大に危機感を抱いた国務省の官僚は、ハリー・ノッター（Harry Notter）であった。

33) "Minutes of the Steering Committee of the War and Peace Studies Project, Meeting at the Cosmos Club, Washington, D.C. on October 30 th, 1942," p.2. CFR Records MC 104 1918-2004 Series 3: Studies Department Box 300.

34) Armstrong to Leo Pasvolsky, Oct.5, 1943. ibid; "Program of Work Adopted at Steering Committee Meeting, December 10, 1943." ibid.

35) WPSプロジェクトのアジェンダ設定における国務省側の優位・優越を指摘する見解については、Parmer, "The Issue of State Power," pp.92-93.

36) 五百旗頭『米国の対日占領政策（下）』、4-8頁。CFRの影響力の低下を指摘する見解として Wala, *The Council on Foreign Relations and American Foreign Policy in the Early Cold War Years*, p.42. も参照。

37) 同様の結論は、WPSを扱った主要な研究においても示されている。Schulzinger, *The Wise Men of Foreign Affairs*, p.79; Wala, *The Council on Foreign Relations and American Foreign Policy in the Early Cold War Years*, p.45; Parmer, *Think Tank and Power in Foreign Policy*, pp.116-119.

38) 軍備・安全保障グループには、陸軍長官（ヘンリー・スティムソン）および海軍長官（フランク・ノックス）によって任命された人物が、それぞれ陸軍・海軍を代表して参加していた。Walter Mallory, "A Report on the War & Peace Studies," Aug.29, 1945, p. 4.CFR Records MC 104 1918-2004 Series 3: Studies Department Box 300.

39) WPSにおいては、検討／分析対象とされた特定の問題に関して専門的知識を有する最も適格とされた執筆者（単独ないしは複数）によってメモランダムが執筆され、そのメモランダムを叩き台として研究グループ内で議論を行い、その結果必要な場合メモ

ランダムの内容や記述に修正が施され、最終的に国務省に送付されるという手続きが取られた。CFR, *The War and Peace Studies of the Council on Foreign Relations 1939-1945*, p.4. なお、メモランダムの中には特定の著者名が記されていないものも若干あるが、それらはグループ全体のメモランダムとして扱うことにする。以下では、各グループが行った討議の摘要（digests of discussion）や作成されたメモランダムを表記する際、まず各グループの英語名称の頭文字を最初に表記し、続いて、討議の摘要はAで、メモランダムはBで示すことにする（両者をダッシュ（-）で結ぶことにする）。例えば、経済・財政グループ［The Economic and Finance Group］の討議の摘要は、E-A、作成されたメモランダムはE-B、と表記することにする。安全保障・軍備グループ［Security and Armaments Group］の場合は、CFRの文書においてしばしば、"the Armaments Group"という呼称が使われているため、このグループの文書は、"A-A"、"A-B"と表記することにする。なお、従来のWPSに関する研究（註2参照）では、各グループの"digests of discussion"は使用されていない。

40）例えば、1942年前半に行なわれた領土グループの会合では、蔣介石の特別顧問として重慶に滞在したオーウェン・ラティモアの帰国報告を下に、中国戦線における日本の軍事行動の動向や戦後の日中関係や日中と欧米諸国の関係の展望に関する質疑応答が行なわれた。T-A 23 , March 18, 1942, pp.1-6; T-A28, August 19, 1942, p.6. CFR Archives, Harold Pratt House, New York.（以下、CFR-WPSと略記）。興味深いことにラティモアは3月の会合において、中国側は日本のリベラリズムの復活を期待し、戦後は日本との平和的かつ互恵的な通商関係を結ぶことを望んでおり、それゆえ、過度に懲罰的な対日講和は望んでいない、という報告を行なっている。T-A 23, March 18, 1942, pp.4, 5. CFR-WPS.
41）A・ダレスの経歴については、表1参照。
42）『ニューヨーク・ヘラルドトリビューン』紙の軍事評論家を務めていたエリオットは、1941年2月から安全保障・軍備グループのメンバーに加わった。
43）マッコイの経歴については、表2参照。
44）メイの経歴については、表2参照。
45）A-A 26, Aug.31, 1942, pp.4-5. CFR-WPS.
46）Ibid., pp.5-6. CFR-WPS.
47）"Postwar Security in the Pacific Area," A-B 69, September 11, 1942, pp.1-3. CFR-WPS.
48）Ibid., pp.4-5. CFR-WPS.
49）経済・財政グループの当初からのメンバーであったシーツ［表3参照］は、1942年7月以降、安全保障・軍備グループのメンバーとなっていた。
50）ワーナーの経歴については、表2参照。
51）A-A30, Jan.4, 1943, pp.7-8. CFR-WPS.

第5章　外交問題評議会「戦争と平和の研究」における対日戦後処理構想——アメリカ知識人・外交問題専門家の抱いた安全保障観を中心に——　159

52) "Security Principles and Some Questions about the Peace Settlement," A-B 78, January 22, 1943, pp.5-6. CFR-WPS.
53) ディヴィソン少将は1941年7月から1943年12月まで、安全保障・軍備グループのメンバーとして討議に参加した。
54) 航空工学の専門家であるライトは、1941年2月から1945年9月まで安全保障・軍備グループのメンバーに名を連ねた。
55) A-A36, June 21, 1943, pp.4-5. CFR-WPS. このような発言が出された背景には、当時のアメリカ世論は敵国日本に対しては、人種や宗教、また文化面での異質性に基づく敵対感情を抱いており、ドイツ人やイタリア人に対するそれとは異なるある種の人種主義的発想の影響を受けていたことがあったといえよう。この点については、油井大三郎『未完の占領改革——アメリカ知識人と捨てられた日本民主化構想』（東大出版会、1989年)、46-49頁。
56) ボールドウィンの経歴については、表2参照。
57) Admiral Ralph Davison, Hanson W. Baldwin, Edward P. Warner, "Strategic Bases for the United States," A-B 80, February 12, 1943. CFR-WPS.
58) A-A36, June 21, 1943, pp.5-6. CFR-WPS.
59) 注23参照。
60) A-A 40, Nov.29, 1943, pp.6-8. CFR-WPS.
61) Ibid., p.9. CFR-WPS.
62) Hanson W. Baldwin, "Security Policy vis-a-vis Japan," A-B 97, November 29, 1943, pp.1-4. CFR-WPS.
63) Ibid., pp.4-6. CFR-WPS.
64) Ibid., p.6. CFR-WPS.
65) A-A 43, April 4, 1944, pp.4-6. CFR-WPS.
66) A-A 44, May 1, 1944, pp.9-10. CFR-WPS.
67) Ibid. CFR-WPS.
68) George Fielding Eliot, "The Disarmament of Japan," A-B 106, May 1, 1944, pp.3-4. CFR-WPS.
69) Ibid., pp.4-5. CFR-WPS.
70) エリザベス・シュンペーターは、著名な経済学者ジョセフ・シュンペーターの妻であり、ハーバード大学に籍を置きながら、日本経済史研究の専門家として業績を挙げていた。
71) Harold G. Moulton, Louis Marlio, eds., *The Control of Germany and Japan* (Washington, D.C.: The Brookings Institution, 1944) ; The Report of the Princeton Regional Conference of the Universities Committee on Postwar International Problems.

72) Elizabeth Schumpeter, "The Postwar Treatment of Japan," E-C 15, December 16, 1944, pp.1-6, 10-11. CFR-WPS.
73) Ibid., pp.7-8, 9-10, 11. CFR-WPS. シュンペーターはメモランダムの結びで、戦後経済的に困窮した日本がソ連の影響力を受ける可能性を指摘した。すなわち戦後、日本が植民地市場を失い、また海外貿易の機会が制限されて経済的に極端に困窮するならば、国内に共産主義に共感を寄せる知識人や労働運動指導者が少なからず存在することに鑑み、日本はソ連と密接な関係を取り結ぶ可能性があることに言及した。
74) E-A 61, December 16, 1944, pp.6-8. CFR-WPS. ビッドウェル、ヴァイナー、スターレーの経歴については、表3を参照。
75) ディーボールドの経歴については、表3参照。
76) 但し、同メモランダムは、このような互恵的な通商関係が日中間に成立するためには、日本は中国に対する侵略的な行動を止めて「根本的に変わる」ことが条件であり、それは日本の敗北によってしかもたらされないかもしれない、と指摘している。William Diebold and Percy Bidwell, "The Economic Organization of Peace in the Far East," E-B33, May 12, 1941, pp.1-21.CFR-WPS.
77) 国際連盟規約第22条として結実する旧ドイツ領南洋諸島に関する委任統治案をめぐる関係各国の動向（特に米国の政策担当者の動向）に関する分析を扱った論考に、高原秀介「ウィルソン政権と旧ドイツ領南洋諸島委任統治問題―米・英・日・英自治領の認識と政策的対応をめぐってー」『アメリカ史研究』第27号（2004年）、pp.85-100。
78) ワシントン軍縮会議（1921-1922）の米代表団の随行員や海軍作戦部長（1930-1933）を務めた経歴を持つプラット将軍は、1941年4月から1945年2月まで安全保障・軍備グループのメンバーとして討議に参加した。
79) 注27参照。
80) A-A 38, Sep.27, 1943, pp.4-5. CFR-WPS.
81) A-A39, Nov.2,1943, pp.2-4. CFR-WPS.
82) Grayson Kirk, "Pacific Security and the Japanese Mandated Islands," A-B 96, Nov.2, 1943, pp.1-4. CFR-WPS.
83) スウィートサーは国際連盟の情報課の職員を長らく務め（1918-1942）、41年2月から政治グループのメンバーとして参加している。
84) P-A 48, June 26, 1944, p.6. CFR-WPS.
85) リストンの経歴については、表4参照。
86) P-A 45, March 20, 1944, p.5; P-A 49, Sep.25, 1944, pp.3-4. CFR-WPS.
87) Ibid.
88) "The Disposition of the Japanese Mandated Islands," July 5, 1944, P-B 85, pp.1-3. CFR-WPS.

89) Henry M. Wriston, "The Case for Annexation of Micronesia by the United States," P-B 88, September 25, 1944, pp.1-3. CFR-WPS.
90) 草稿段階におけるカーク・メモに対する修正意見として、これらの島嶼群に建設される基地は日本の軍事的復興を監視するシステムの一部であることを特に強調すべきこと、また、これらの島嶼群の中で連合国による管理・統制の対象となるのは基地が建設される島に限られ、沖縄本島を含めて多数の日本人が居住する島嶼の行政権は日本人に委ねられるべきであることを明記すべきこと、の2点が出された。A-A 41, February 7, 1944, p.1. CFR-WPS.
91) Grayson Kirk, "The Disposition of the Bonin and Ryukyu Islands," February, 1944. A-B 101. CFR-WPS.
92) ラトガーズ大学、バッファロー大学歴史学部の教授を務めたプラットは、1943年9月以降、安全保障・軍備グループの活動に参加していた。
93) A-A 45, June 5, 1944, p.9. CFR-WPS.
94) Julius W. Pratt, "The Kurile Islands," June 5, 1944, A-B 107, pp.1-6. CFR-WPS.
95) アームストロングは、日本の政体に関する積極的な「介入変革」論者であり、日本を民主主義国家として再生させるためには天皇制の廃止が必要であるという立場を取っていた。五百旗頭『米国の日本占領政策（上）』、272-274頁。
96) A-A 43, April 4, 1944, pp.8-10. CFR-WPS.
97) Julius Pratt, "The Treatment of the Japanese Emperor," A-B 104, April 4, 1944, , pp.1-4. CFR-WPS.
98) Ibid., pp.4-6. CFR-WPS.
99) Ibid., pp.6-7.CFR-WPS. なおこのメモランダムは、戦後政策を立案するために国務省内に1944年に設置された「戦後計画委員会」（ハル国務長官が委員長）の天皇制の処遇をめぐる討議を行った会合において参照されている。五百旗頭、『米国の日本占領政策（下）』、p.64.
100) 天皇制の取り扱いをめぐるアメリカ政府側の政策文書等を集めた一次資料集として、山極晃・中村政則（編）『資料　日本占領1　天皇制』（大月書店、1990年）を参照。
101) A-A 53, July 31, 1945, pp.5-6. CFR-WPS. その後終戦を迎え、WPSプロジェクトも終了したため、新たなメモランダムは作成されていない。天皇制の処遇をめぐる戦時中の米国政府内の議論の動向の分析については、ロバート・E・ウォード「戦時中の対日占領計画 — 天皇の処遇と憲法改正」坂本義和／R.E.ウォード（編）『日本占領の研究』（東大出版会、1987年）、47-94頁。；五百旗頭『米国の日本占領政策（上）・（下）』、（上）264-275頁、（下）41-46、62-69、199-201頁、を参照。
102) CFR, *The War and Peace Studies of the Council on Foreign Relations, 1939-1945*, p.1.

103) Isaiah Bowman to Hamilton Armstrong, Dec.15, 1941. Armstrong Papers box 75.
104) 「サーヴィス・インテレクチュアル」の概念については、Richard Kirkendall, "Franklin D. Roosevelt and the Service Intellectual," *The Mississippi Valley Historical Review* Vol.49, No.3 (Dec., 1962), pp.456-475; Edward A. Purcell, "Service Intellectuals and the Politics of 'Science,'" *History of Education Quarterly*, 15 (September 1975), pp.97-110.

資料
WPS発足時の各研究グループのメンバー構成（1940年2月）

表1 運営委員会（Steering Committee）

氏名／生年	学歴	就任時の経歴	主たる経歴（戦前～戦後）	著書／論文等
ノーマン・ディヴィス（Norman Davis）（委員長）(b.1878)	ヴァンダービルト (1897-98)、スタンフォード (1899-1900)	CFR会長／アメリカ赤十字会長	ウィルソン政権国務次官 (1920-21) ／パリ講和会議 (1919) ／ロンドン海軍軍縮会議 (1935) 参加	N/A
ハミルトン・アームストロング（Hamilton F. Armstrong）（副委員長）(b.1893)	プリンストン (AB, 1916)	『フォーリン・アフェアズ』誌編集長 (1928～1972)	駐英大使特別補佐官 (1944)、国務長官特別顧問 (1945)	*Hitler's Reich: The First Phase (1933)* / *Can America Stay Neutral?* (with A.Dulles), 1936
ウォルター・マロリー（Walter H. Mallory）（書記）(b.1892)	コロンビア (1913-15)	CFR常任理事 (1927～)	アメリカ中国協会会長 (1943-47) ／中国医療委員会メンバー	*China: Land of Famine* (1926)
アイザイア・ボーマン（Isaiah Bowman）(b.1878)	ハーヴァード (AB, 1905) ／イェール (Ph.D., 1909)	ジョンズ・ホプキンズ大学学長 (1935-1948)	国務省領土小委員会委員長 (1942-43) ／国務長官特別顧問 (1943-1945)	*The New World-Problems in Political Geography* (1921); *The Pioneer Fringe* (1931)
アルヴィン・ハンセン（Alvin Hansen）(b.1887)	ヤンクトン (AB, 1910) ／ウィスコンシン (Ph.D. 1918)	ハーヴァード大学教授（経済学）	連邦準備制度理事会メンバー、財務省顧問	*Business Cycle Theory* (1927) / *Fiscal Policy and Business Cycles* (1941)
アレン・ダレス（Allen F. Dulles）(b. 1893)	プリンストン（AB, 1914, MA 1916)	弁護士（サリヴァン・クロムウエル法律事務所）	戦略局 (OSS) 職員（大戦中）／CIA長官 (1953-1961)	*Can America Stay Neutral?* (with H. Armstrong), 1936

第5章 外交問題評議会「戦争と平和の研究」における対日戦後処理構想――アメリカ知識人・外交問題専門家の抱いた安全保障観を中心に―― 163

ホイットニー・シェパードソン (Whitney H. Shepardson) (b. 1890)	コルゲート (AB, 1910) ／ハーヴァード法律大学院 (1917)	International Railways副会長／CFR理事	戦略局（OSS）職員（大戦中）／駐英大使特別顧問（1942-46）	*The United States in World Affairs* (1934-40)
ジェイコブ・ヴァイナー (Jacob Viner) (b. 1892)	マギール (AB,1914) ／ハーヴァード (Ph.D.,1922)	シカゴ大学教授（1916-1945）	財務省顧問（1935-1939）／国務省顧問（1943-52）／プリンストン大学教授	*Studies in the Theory of International trade* (1937)

表2　安全保障・軍備グループ（Security and Armaments Group）

氏　名	学　歴	就任時の職業	主たる経歴（戦前～戦後）	著書等
アレン・ダレス (Allen Dulles) (b. 1893) (ラポーター)	表1参照	表1参照	表1参照	表1参照
ウィリアム・フランクリン (William M. Franklin) (研究幹事)	N.A.	N.A.	N.A.	N.A.
ハンソン・ボールドウィン (Hanson W. Baldwin) (b. 1903)	海軍兵学校 (1924)	NY Times軍事評論家 (1928～)	ピューリツァー賞受賞 (1942)	*United We Stand* (1941)／*Strategy for Victory* (1942)
フランク・マッコイ (Frank R. McCoy) (b.1874)	陸軍士官学校 (1897)	陸軍少将	リットン調査団委員／外交政策協会会長 (1939～)	N.A.
トーマス・ベッツ (Thomas J. Betts) (b.1894)	ヴァージニア (BS, 1916)	陸軍准将	ポーランド大使館付き陸軍武官 (1947)	N.A.
ウィリアム・スタンドレー (William H. Standley) (b.1872)	海軍兵学校 (1895)	海軍大将（退役）	海軍作戦部長 (1933-1937)／駐ソ大使 (1941-1943)	N.A.

164

氏名	学歴	就任時の職業	主たる経歴（戦前～戦後）	著書等
ステーシー・メイ（Stacy May）(b.1896)	アマースト／ブルッキングズ大学院（Ph.D. 1925）	ロックフェラー財団社会科学部副部長（1932-1942）	戦時生産部（War Production Board）部員（1940-44）	*Public Control of Business* (with D.M. Keezer, 1930)
ジョージ・ストロング（George Strong）(b.1880)	陸軍士官学校（1904）	陸軍参謀総長補佐（1938〜）	陸軍省戦時計画部長官（1938-1941）	*Japanese-English Dictionary for Military Translators* (1911)
エドワード・ワーナー（Edward P. Warner）(b.1894)	ハーヴァード（BS, 1917）；マサチューセッツ工科大学（MS, 1919）	連邦航空委員会委員	マサチューセッツ工科大学教員（航空工学）1920-1926／国際民間航空機関会長（1945-1947）	*Airplane Design: Aerodynamics* (1927), *Airplane Design-Performance* (1936)

＊ウィリアム・M・フランクリンについては、学歴・経歴等に関するデータが得られなかった。

表3　経済・財政グループ（Economic and Financial Group）

氏名	学歴	就任時の職業	主たる経歴（戦前～戦後）	著書等
アルヴィン・ハンセン（Alvin H. Hansen）(b.1887)（ラポーター）	表1参照	表1参照	表1参照	表1参照
ジェイコブ・ヴァイナー（Jacob Viner）(b.1892)（ラポーター）	表1参照	表1参照	表1参照	表1参照
アーサー・アップグレン（Arthur R. Upgren）（研究幹事）(b.1897)	ウィスコンシン（AB, 1920）／ミネソタ（Ph.D. 1937）	ミネソタ大学助教授（経済学・財政学）	財務省研究員（1941-1942），タック・ビジネススクール（ダートマス大）学長	*A Trade Policy for National Defense* (with Percy Bidwell)(1941)
ウィリアム・ディーボールド（William Diebold, Jr.）(b. ?)	スワスモア／イェール	ロックフェラー財団研究員	国務省通商部（1945-1947）／CFR上級研究員	*The Schuman Plan* (1959)／*International Policy as an International Issue* (1981)
パーシー・ビッドウェル（Percy W. Bidwell）(b. 1888)	イェール（AB, 1910, Ph.D., 1915）	CFR上級研究員	バッファロー大学教授（1930-1938）／世界平和財団理事	*A Trade Policy for National Defense* (with Arthur R. Upgren)(1941)

レオン・フレイザー（Leon Fraser）(b. 1889)	コロンビア（AB, 1910, Ph.D., 1915）	ファースト・ナショナル銀行頭取（1937〜）	連邦準備制度諸問委員会メンバー	N.A.
ウィンフィールド・リーフラー（Winfield W. Riefler）(b.1897)	アマースト（AB, 1921）／ブルッキングズ大学院（Ph.D.1927）	プリンストン高等研究所教授（政治経済学）	CFR理事／国連経済恐慌会議代表団議長（1945）	*Money Rates and Money Market in the United States* (1930)
ハロルド・シーツ（Harold F. Sheets）(b.1883)	イェール（AB, 1903）	ソコーニー・ヴァキューム石油会社会長	N.A.	N.A.
ユージン・スターレー（Eugene Staley）(b. 1906)	ヘイスティング（AB, 1925）／シカゴ（Ph.D.,1928）	フレッチャー法律外交大学院教授	スタンフォード大学フーバー研究所研究員	*World Economy in Transition* (1939) / *World Economic Development* (1944)
ジョン・ウィリアムズ（John H. Williams）(b.1887)	ブラウン（AB, 1912）／ハーヴァード（Ph.D.1919）	ハーヴァード大学教授（経済学）	アメリカ経済学会会長（1951-1952）	*Postwar Monetary Plans* (1944) / *Economic Stability in the Changing World* (1953)

表4 政治グループ（Political Group）

氏　名	学　歴	就任時の職業	主たる経歴（戦前〜戦後）	著書等
ホイットニー・シェパードソン（Whitney H. Shepardson）(b.1890)（ラポーター）	表1参照	表1参照	表1参照	表1参照
ウォルター・ラングサム（Walter Langsam）（研究幹事）(b.1906)	コロンビア（Ph.D. 1930）	ユニオン大学教授（歴史学）	シンシナティ大学学長（1955-1971）	*The World Since 1914* (1933)
ジョン・フォスター・ダレス（John Foster Dulles）(b. 1888)	プリンストン（AB, 1908）／ジョージ・ワシントン法律大学院（1911）	サリヴァン・クロムウェル法律事務所弁護士	ヴェルサイユ講和条約アメリカ代表団法律顧問（1918）／国務長官（1953-1959）	*War or Peace?* (1957)

氏名	学歴	就任時の職業	主たる経歴（戦前～戦後）	著書等
フランシス・ミラー（Francis P. Miller）(b.1895)	ワシントン・リー大学（AB, 1914）／オックスフォード大学 MA, 1923）	全国政策委員会副委員長	CFR理事／国務省顧問（1950-1952）	*The Giant of the Wester World* (1930) / *The Blessings of Liberty* (1936)
ジェームズ・ショットウェル（James T. Shotwell）(b.1874)	トロント（AB, 1896）／コロンビア（Ph.D.,1900）	コロンビア大学教授（国際関係学）	カーネギー平和財団理事長(1945-50)/国務省顧問（1945）	*Plans and Protocols to End War* (1925) / *The Origins of the International Labor Organization* (1934)
ヘンリー・リストン（Henry Wriston）(b.1889)	ウェジリアン（AB,1911）／ハーヴァード（Ph.D. 19 ）	ブラウン大学学長（1937-1955）	ローレンス大学学長（1925-1937）／CFR会長（1951-1964）	*The Nature of a Liberal Arts College* (1937) / *Prepare for Peace* (1941)

表5 領土グループ（Territorial Group）

氏名	学歴	就任時の職業	主たる経歴（戦前～戦後）	著書等
アイザイア・ボーマン（Isaiah Bowman）（ラポーター）(b.1878)	表1参照	表1参照	表1参照	表1参照
フィリップ・モズリー（Philip E. Mosely）（研究幹事）(b.1905)	ハーヴァード（AB, 1926, Ph.D.1933）	コーネル大学助教授（東欧史）	国務省（1942-1946）、モスクワ（1943）、ポツダム会議（1945）参加／コロンビア大学ロシア研究所教授（1946～）	*Russian Diplomacy and the Opening of the Eastern Question* (1934)
ハミルトン・アームストロング（Hamilton F. Armstrong）(b.1893)	表1参照	表1参照	表1参照	表1参照
ジョン・クーパー（John C. Cooper, Jr.）(b.1887)	プリンストン（AB, 1909）	パン・アメリカン航空社副社長	フロリダ法曹協会会長（1931）／国際民間航空会議アメリカ代表（1944）	N.A.

第5章 外交問題評議会「戦争と平和の研究」における対日戦後処理構想——アメリカ知識人・外交問題専門家の抱いた安全保障観を中心に—— *167*

ブルース・フーパー（Bruce C. Hooper）(b.1892)	ハーヴァード (BS 1918, MA 1925, Ph.D.1930)	ハーヴァード大学助教授（政治学）	戦略局（第二次大戦中）／太平洋問題調査会会員／米国ロシア協会会員	What Russia Intends (1931) / Pan-Sovietism (1931) / Potentials of Soviet Foreign Policy (1939)
オーエン・ラティモア（Owen Lattimore）(b.1900)	セント・ビーズ・スクール (1915-19) ／ハーヴァード (1929)	ジョンズ・ホプキンズ大学教授（内陸アジア史）	『パシフィック・アフェアズ』誌編集長 (1934-41)／蔣介石政治顧問 (1941-42)	Inner Asian Frontiers of China (1940); Solution in Asia (1945); The Situation in Asia (1949)
ウィリアム・ウェスターマン（William L. Westermann）(b. 1873)	ネブラスカ (AB, 1894)／ベルリン (Ph.D. 1902)	コロンビア大学教授（中近東史研究）	パリ講和会議ギリシャ領土問題委員会メンバー (1918-19)／アメリカ歴史学会会長 (1944)	Upon Slavery in Ptolemaic Egypt (1929) / The Slave Systems of Greek and Roman Antiquity (1955)

出所：表1～5 *WHO'S WHO IN AMERICA: A BIBLIOGRAPHICAL DICTIONARY OF NOTABLE LIVING MEN AND WOMEN, VOL.20 (1938-1939), VOL.21 (1940-1941), VOL.24 (1946-1947), VOL.26 (1950-1951), VOL 27 (1952-1953), VOL 28 (1954-1955), VOL30 (1956-57).* (Chicago: The A.N. Marquis Company)、その他インターネット資料。

第6章

大戦期アメリカの対イラン外交政策
―― 緩衝的役割から枠組み設定としての外交へ ――

はじめに

　1908年、イランにおいて中東で初めての巨大油田が採掘された後、中東における大規模油田の発見は1927年のイラクまで待たなくてはならなかった。イラクにおいて大規模油田が発見されるや戦間期の中東は、英・蘭・米の国際石油資本が自国政府を巻き込みながら衝突しあう地域となっていった。オスマン・トルコ崩壊後におけるヨーロッパ諸国のアジア地域への中継地、ロシア革命後のソビエトの南進経路に加えて、石油資源に関する国際政治の利権争奪の場となった。戦間期の中東は、現在のイラク、シリア、レバノン、パレスチナ、ヨルダンがイギリス、フランスの委任統治領であり、国際連盟の委任統治領として各地域的首長は国家として独立を求める動きが活発となる。1930年代以降、イラクを初め、多くが名目的独立を勝ち取ってゆくが、イギリス、フランスは旧宗主国として、経済政策の指導のためのアドヴァイザーを派遣することで実質的な財政を左右していた。一方ソビエトは、不凍港を求めノーザーン・ティヤ（北部層）と呼ばれるギリシャ、トルコ、イラン、アフガニスタンにおける社会主義運動に対して大きな影響を与え始めていた。1932年以降、ドイツにナチス政権が誕生すると世界戦略における中継地としての重要性から、中東に多くの技術者を送り出し鉄道敷設の延長に従事させるようになった。

　戦間期の中東の国際政治における重要性は次の3点にまとめることができる。①ヴェルサイユ体制のもとでのオスマン帝国崩壊後のアラブ諸国の独立の動き、②ロシア革命の影響が少数民族独立運動から国家的レベルにまで拡大する勢い

を与えたこと、③大規模油田の発掘が英・蘭・米によって行われていったこと。

　これらの諸点はその後の中東の国際的な位置づけを形成した。第二次世界大戦後、①に関してはイスラエル建国の問題と関連し、②については冷戦時代の終焉と共に少数民族の処遇に関する問題へと変容してゆき、③については60年代以降、OPECの影響による石油資源の国有化問題が2度にわたる石油ショックを引き起こすこととなった。戦間期の中東において、アメリカは孤立主義に則りながらも太平洋地域、中国などにおいて租借権の獲得をめざしていたが、中東ではその影響力をほとんど行使することができなかった。第一次世界大戦においてトルコに対して宣戦布告をせず、中東における委任統治が英・仏に独占されてしまったことが大きな原因であった。しかし、第二次世界大戦により情勢は180度転換し、中東地域における最大の原油採掘・精製・販売権を獲得したのはアメリカであった。旧植民地体制からの漸次的な緩やかな独立の承認を与えるヴェルサイユ体制から、国際連合を枠組みとしつつ一挙に主権国家体制へとアメリカは国際関係変容の主導的役割を担った。

　1944年2月、アメリカ議会にデゴライヤー報告書が提出された。この報告書はサウジアラビアが世界最大の原油埋蔵量を有していることを報告するものであった。地質学者エベレット・リー・デゴライヤー（Everett Lee DeGolyer）が議会より公式に派遣された中東の原油埋蔵量に関する調査報告書であった。当時のアメリカは世界最大の生産量を誇っていたが、第二次世界大戦において自国と連合国への石油燃料の消費は莫大であり、国内においては石油の配給制度を採っていた。デゴライヤー報告書に示されたサウジの世界最大の原油埋蔵量は、現在も世界全体の約25％を有しており、この意味ではデゴライヤー報告書は、今もその意義を失っていないと言わなければならない。

　デゴライヤー報告書が発表された6か月後、1944年7月、英米石油協定においてイギリスとの包括的な原油採掘と販売に関する政府間の国際的枠組み設定の試みが始まった。アングロ・イレイニアン、ロイヤル・ダッチなどのイギリス石油産業は中東、中南米、インドネシアなどにおいて巨大な原油生産と精製を行なっていた。イギリスに対して、アメリカの海外での原油採掘はメキシコが中心であり、中東においてはごく一部の租借権しか有していなかった。中東

におけるアメリカのプレゼンスは、サウジアラビアにおける原油採掘利権の獲得から始まっている。サウジにおけるアメリカの合同石油会社（ARAMCO, Arabian American Oil Company）[2]は、戦後の中東におけるアメリカ石油産業の中心的役割を果たす。

本章では、テヘラン会談と英米石油協定を、第二次世界大戦後の国際秩序形成におけるイランなど小国への戦後補償を確約するとともに石油の公正なアクセスを求めようとしたものとして重視する。1947年7月のマーシャル・プラン（ヨーロッパ復興基金）において、石油が戦後産業復興の重要なエネルギー源となるが、そのほとんどは中東から賄われた。中東におけるサウジアラビアの超巨大な埋蔵量が確認されたことが、マーシャル・プランというソビエトをも含めようとした復興のための国際協力の基礎が与えられた。戦後のイギリス経済の疲弊は、アメリカからの経済支援を必要とし、石油に関する英米石油協定は将来的にはブレトン・ウッズ会議やダンバートン・オークス会談のような国際的な枠組みを求める石油協定へ至ることが示唆されていたにもかかわらず、結局は廃案となってゆく。

スティーブン・マクファーランドは、イランに対するアメリカの関与は、「緩衝的関与」であったと結論付けている[3]。彼の説によれば、第二次大戦下のイランでは、ナチス・ドイツの関与のもと、イギリス・ソビエトの常駐軍とともに、イラン政府に対する諸外国の干渉のもとでアメリカ政府の「緩衝的関与」が期待された、というものである。彼の説は、冷戦終了後のアメリカ外交政策の見直しにおける、いわゆるニュー・レフトからの解釈とされているが、アメリカの対イラン外交政策の専門家であるジェームズ・ビルの著作[4]にも見られるものであり有力な説である。

これに対して、当時のテヘランにおける元アメリカ公使館員であったロバート・クニホルムは、イランへの関与は、ソビエトの伝統的南下政策に対する世界的な規模でのアメリカの国益擁護が目的であったと結論付けている[5]。マクファーランドの局部的な情勢による緩衝的関与説に対して、クニホルムはギリシア・トルコ・イラン・アフガニスタンという地域こそが「南北権益圏」を分ける生命線であり、アメリカの外交政策がソビエトの軍事的な南下政策に対し

て行われた分離政策に強調が置かれたことが「冷戦の起源」へとつながったという考察を繰り広げている。このクニホルムの「南北権益圏」の考えは、国益擁護という論考であるが、その底流にあるものはイデオロギーの対立軸としてのイランに焦点をあてているものであり、この意味ではジョン・ルイス・ギャディスなどの冷戦リアリストと通じるものがあることを指摘できる。

イギリスの外交政策専門家、ジョン・ケントは、アメリカの対中東政策は、当時のイギリスの中東における委任統治と共同コミッションの形式をとりながら、その実質は自らの権益を国益に沿うものに変容させていったと論じている[6]。ケントは、アメリカの対中東政策は、イギリス政府の大幅な譲歩により行われたという視点を強調するものである。

本章においては、アメリカの対イラン外交政策が緩衝的役割からテヘラン宣言からデゴライヤー報告を経てホワイト・ハウスの枠組み設定としての外交政策へと変容してゆく過程を論ずる。一次資料はアメリカの1940年代の議会上院公聴会記録・アメリカ合衆国外交文書（FRUS）・議会議事録などに拠った。

1.「テヘラン宣言」について

「テヘラン会談」の最大の意義は、フランクリン・ローズベルト（Franklyn Delano Roosevelt）とヨシフ・スターリン（Iosif Stalin）が初めて席を同じくして会談を持ったことにある。単にナチス・ドイツへの連合国側の作戦会議にとどまらず、その1か月前に行なわれたモスクワ外相会談においてソ連の国連加盟が確約されていることは、戦後に向かってのアメリカ外交政策の大きな転換点の1つとなったと位置づけなければならない。テヘラン会談の前後、カイロにおいてローズベルトは2回の会談を行っている。第一次カイロ会談はローズベルト・チャーチル・蒋介石が出席し、大戦後の東アジアにおいて、中国が大国としてその秩序形成の役割を担うことを確認した。第二回目はトルコ大統領イノヌを招いて行われているが、宣言文に見られるのは英・米・ソの連合国側の結束を確認しているだけであるが、その意義に関してはトルコ銀行をはじめ

とする英・蘭・仏の投資による中東における原油採掘権に関して英・米の継続的な地位が確認された。

　第一次カイロ会談は、1943年11月22日から25日かけて行なわれ、テヘラン会談は3日後の11月28日から12月1日まで開催された。第二次カイロ会談はテヘラン会談終了2日後の12月2日から7日にかけて開かれている。ローズベルト大統領は16日間でカイロとテヘランを往復し国際会談を3度行なっている。時を同じくして12月にアメリカ議会下院は中東における原油埋蔵量の調査のためにデゴライヤー率いる調査団を派遣する。デゴライヤー報告が議会に提出されるのは2か月後の1944年2月のことである。1944年にはブレトン・ウッズ会議（7月）、第一次英米石油協定（7月）、ダンバートン・オークス会談（8月）と大戦後の国際的な枠組みが決定されてゆく。この戦後復興のための国際的な安全保障と経済金融の枠組みのなかに英米石油協定も組み込まれている。英米石油協定はイギリスの中東などにおける石油採掘権・販売権に対してアメリカの石油産業界も同様な権利を求めるため、国際的な枠組みを求めたものだが、アメリカ側の石油産業界の代表たちは強硬に反対をしている。その理由はイギリスの経済的疲弊にあった。アメリカ参戦以前より自国船による現金払いの武器調達（キャッシュ・アンド・キャリー）[7]、武器貸与法（レンド・リース）[8]の適用を受けていたイギリスはアメリカの経済協力なしには戦争継続は不可能であったのであり、アメリカ国内石油産業界にしてみれば、そのようなイギリスに譲歩をすることは将来的な石油産業を束縛するものであった。1947年7月にマーシャル・プランにより中東原油がヨーロッパ戦後復興に提供されることが発表されると、同年末、英米石油協定は議会上院において廃棄されることになる。

　テヘラン会談においては、ドイツに対する共同戦線、並びに、対日戦線へのソ連の参加を確認し、また戦後のポーランドの国境線などが話し合われていた[9]。実際の宣言全文が、米国外交文書資料（FRUS 1943 Conferences at Cairo and Teheran）[10] ならびに議会議事録（Congressional Record 1943 p.10927）[11] に掲載されているが、両者の違いが強調された部分を以下に引用する[12]。一般コミュニケとイランに対する宣言文の二通があるが、1961年に出版されたFRUS（The

Conferences at Cairo and Teheran）には2通とも掲載されているが、1943年12月7日づけの議会議事録には、ローズベルトにより提出されたものは、そのうちの1通だけであった[13]。イランに対する宣言文においては、イランの戦後復興に関する経済援助を確約した部分（下線を付した部分）がある。1943年12月の段階では、アメリカ国内においては戦時下における配給制度が為されていた時期であり、戦後の経済支援を他国に対して明確に宣言することは議会からの反発を招く虞があった。このことはアメリカ議会の孤立主義的伝統に阻まれることなく、ローズベルトは国際連合・世界銀行・国際通貨基金などの大戦後の国際的な枠組み作りをアメリカ議会に対してかなり自由に行なうことができたことを示唆している。アメリカの戦後の国際秩序形成は、諸外国の国際安全保障機構への参加問題とともに、国内、特に議会勢力の承認という、優れて国内問題としても考察をされなくてはならない。

　FRUSに掲載されたテヘラン宣言（イランに関する宣言）の日本語訳（FRUS 1943 p.414）。

　この戦争がイランに対して甚大な経済上の困難を与えたことを認識し、軍事行動ならびに輸送・資源・民事用品の欠乏に鑑み、出来得る限りの経済的援助を、今後とも行うことに同意するものである。
　<u>戦後のイランの経済的問題については、国連の参加国と共に、国際経済会談や国際機関によって十分に考慮することに同意した。</u>
　アメリカ、ソビエト、イギリス政府は、イランの独立、領土、領土的統一の維持に対して同意するものである。3か国の政府は、他の平和を愛好するすべての諸国家とともに「大西洋憲章」の原則に則って戦後の国際的な平和、安全、繁栄の建設においてイランの参加に期待するものである。（下線部筆者）

　議会議事録に掲載されたテヘラン宣言（共同コミュニケ）の日本語訳（Congressional Records 1943 p.10927）。

戦争に関して、我々の軍事スタッフが円卓会議に参加しており、ドイツ軍の破壊のための計画を協力して行なった。我々は、東、西、南から遂行される作戦の展望、ならびに、その時刻に関して完全な同意に至ったものである。我々がここで到達した共通の理解とは、勝利が我々のものであるという事を保障するものである。

地球上のいかなるパワーも、我々がドイツ陸軍を陸上で、Uボートを海上で、そして、戦闘機を空中戦で破壊することを止めることはできない。我々の攻撃は、情け容赦なく、拡大してゆくものである。我々は、世界のすべての人びとが、暴君から解き放たれて、そして、自分達の欲求と善意に従って、自由に生きる日を、自信を持って展望するものである。

我々は、希望と決意を持ってここに来たのである。我々は、事実上、精神的に、また目的をもって、ここに友人達と別れるものである[14]。

イラン政府に発表された内容は、戦後のイランの経済復興を確約した内容であるのに対し、議会へ報告されたテヘラン宣言は、ナチス・ドイツに対する米・英・ソの軍事同盟を確約したものである。従来、テヘラン宣言に関しては、戦時中に出された他の「宣言」に比べて、その重要さを強調されることは少ない。大戦下におけるアメリカ政府においても、1941年1月6日、ローズベルトにより宣言された「フォー・ポインツ」[15]、さらに「大西洋憲章」に宣言された8項目を、政策遂行の大原則としている[16]。しかし、第二次世界大戦の趨勢が決し始めた1943年11月22日から12月7日までの16日間に、ローズベルトは、カイロ会談・テヘラン会談・第二次カイロ会談と、3つの国際会談に臨み、スターリンと蒋介石に初めて直接会っており、この3会談において連合国による戦後の実質的な枠組みが大きく前進した。とりわけ連合国に参加した植民地諸国、移任統治諸国、独立間もない諸国への対応がこの時期から宣言されていることに注目をする[17]。

「テヘラン宣言」の意義は、当時のアメリカ政府内部においても、重大な政

策発表であった。宣言発表当時、イラン駐在のアメリカ公使ドレフュスは、国務長官ハルに宛てた書簡のなかで、以下のようにテヘラン宣言の意義をまとめて報告している[18]。

①アメリカが初めてイラン人の厚生とイランの自由・独立を公式に表明したこと。
②英・ソのテヘラン軍事占領はイラン人の懐疑を高揚させていたが、その状況を改善し今後両国の干渉があれば、イラン政府は本宣言を楯にできること。
③大西洋憲章への言及はこの憲章が大国のみならず小国においても適用できることを実際に証明したこと
④1919年のヴェルサイユ条約においては小国は無視されたが、本宣言により戦争後のイランに対する経済的な援助が英・米・ソによってなされることが保証されたこと。

以上であるが、特に③と④の意義は、テヘラン宣言により、連合国に参加した40か国を超える中小の諸国家に対しても、大戦後の経済的援助を示しており、国連が1945年に設立されのちソビエトの拒否権や棄権などがあったものの曲がりなりにも機能を果たしてゆく大きな要因の1つとなった。国連構想が始まっていた当時において、いかに旧植民地諸国を国際的な安全保障体制のなかに組み入れるかは最大の懸案事項のひとつであった[19]。ローズベルト構想にしてみれば、旧植民地諸国の参加を、戦後保障を具体的に宣言することにより戦後の国際秩序の重要な部分となっていったと位置付けなければならない。

戦時における石油の役割については、いくら強調してもしすぎることは無い[20]。車両、戦車、戦艦、航空機に至るまで、すべて「石油」が燃料であったのであり、戦時において、敵領地内に侵攻する場合、まず石油施設の奪還がなされるのは戦略上の定石であった。第一次世界大戦以降、全面戦争となると石油の確保は勝敗の帰趨を決するものとなった[21]。

ドイツのソ連侵攻の直接的目的は、ソ連の工業地帯、バクー油田を支配下に

置くことが当面の目的であった。このバクー油田方向への侵攻に対するソ連側の阻止こそが、スターリングラード（ヴォルゴグラード）の戦いとなったのであり1942年9月15日から始まった。本格的なソ連の反抗は11月20日より行なわれ翌年の1943年2月2日に至りようやくドイツ軍は降伏をした。ヴォルゴグラードで戦うソ連軍に搬送される物資は、その多くがイラン経由であった。イランの地政学的な位置は、ヴォルゴグラードの戦いを勝利に導いた大きな要因であった。ドイツ軍はヴォルゴグラードからバクー油田地帯の占拠、さらにコーカサスを越えてイラン・イラクの油田地帯、最終的にはインドへの陸路の確保にあった[22]。

　1943年の時点において、中東においては、アメリカの石油会社は、基本的には赤線協定で認められた5社が入っていた[23]。最も権益が多かったスタンダードでも、ロイヤル・ダッチ・シェルやアングロ・イラニアンと比べると4分の1にしか過ぎなかった[24]。アメリカ石油産業は、国内とメキシコ、ベネズエラ、コロンビアなど中南米諸国に限られていたのであってイギリスをはじめオランダ、フランスのように中東、北アフリカ、蘭領インドなどには、一切進出できずにいた。イギリスのポンド・スターリング圏が中東、アジアを覆っており、アメリカの産業がこれらの地で活動した歴史は浅く、その進出のためにはアメリカ政府の強力な後押しが無ければ関係各国の租借権の承認を得ることが出来なかった[25]。1928年に中東における原油採掘の権益圏の線引きを行なった赤線協定にアメリカの近東開発会社という合弁企業が参入できたのは当時の国務省の尽力であった。アメリカ石油産業界にとっては、中東は巨大な原油を埋蔵しながらもアメリカの利権は、英・仏・蘭に比べて極めて限られたものであり、「大西洋憲章」の第四項において宣言された「資源への自由なアクセス」「自由貿易体制」「機会均等」の大原則は、それをして中東原油に対してアメリカ政府が最も推し進めたかった目標であった[26]。

2. 英米石油協定

　テヘラン会談が終了すると、ローズベルトはハルに命じて、英米石油協定の準備に取り掛からせた。この英米石油協定こそ、イギリスにほぼ独占されていた中東に関する石油租借権への「門戸開放」を求める意図があった[27]。「テヘラン会議」におけるアメリカの戦後秩序への取り組みの姿勢が具体化されたものが本協定であると位置付ける。その理由は、大戦後、世界各国の石油消費は大きく増加することが見込まれていたが、アメリカ石油産業が契約に成功した海外の採掘権はイギリスに比べると限られていたからであった[28]。

　協定は、前文、第一条から第六条までからなる。

前文　アメリカ合衆国とイギリス政府は、両国の者たちが実質的共同のもと、他国における石油資源の探査・開発権を保有しつつ、以下のことに合意する。

1　増大する市場需要を満たすのに十分な石油の供給を国際貿易上確保することが、諸国民の経済的厚生と安全保障の双方において不可欠であること。

2　世界の石油資源は予見され得る将来に渡って、かかる供給を十分に保証するものである事。

3　かかる供給は、入手可能な埋蔵や健全な技術慣行や、関連する経済的諸要素や、産油国と消費国の利益についての正当な考慮のもと、拡大する需要を完全に、満足させるために世界中のさまざまな産油地域から獲得されるべきであること。

4　かかる供給は、大西洋憲章の原則に従いつつ、かつ集団的安全保障の要請に役立つべく利用されなければならないこと。

5　上記の諸原則の全般的な採用と実施は、産油国たると消費国たるとを問わず、石油貿易に関係するすべての諸国間の国際協定によって最も良く促進されうるものであること。

前文に強調されていることは、アメリカとイギリスとが諸外国において「平等」な石油に関する供給側であることに合意することがその基本となっている。とりわけ、「大西洋憲章の原則」、「集団的安全保障の要請に役立つ」ことを明記していることは、1944年7月という戦時体制であったことが大きな理由である。さらに注目をしたいのは、「石油貿易に関係するすべての諸国間の国際協定によって」という部分である。1944年7月1日から22日にかけてはブレトン・ウッズ会談が行われ、翌月の8月21日から10月7日にかけては2回にわけてダンバートン・オークス会談が開かれている。第一次英米石油協定は同年7月25日に行なわれており、国際金融、国際安全保障の枠組み設定が決定されてゆく過程と同時期に行なわれていることは、ローズベルト政権の国際的な石油の安定的供給の枠組み設定を求めたことが示されている。

前文に続く第一条では、英米石油協定が将来、多国間の石油協定になることがさらに明確に示されている。

第一条　両当事国政府は以下のように合意する。国際貿易のための石油資源の開発は、前文の第3パラグラフで述べられている諸要素を正当に考慮し、また適用可能な法と租借権契約の枠内において、秩序ある方法に従い世界的な範囲で拡大されるべきである[29]。この目的のため、第二条にいう<u>国際会議の招集の予備的手段として</u>、両当事国政府は、その諸権利が両国の国籍者によって保有され、または取得され得る石油資源に関して、以下のような方針で努力する。(下線部筆者)

明らかに英米石油協定が、国際的な石油製造・取引・販売の枠組みを求めたことが下線部に示されている。しかしながら、続いて述べられる第一条の「方針」では、まったく具体的な内容を盛り込むことはできなかった。

(一) 軍事的安全保障上の諸考慮、ならびに平和維持と侵略防止のために今後締結される諸協定の諸規定を常に条件として、石油の十分な供給は公正な価格と同様の取り扱い方に基づきすべての平和愛好国家に国際石

油貿易においてりようできるものであること。
(二) 石油資源の開発および産油国がそれから得る利益は、その国の健全な経済的進歩を促進すべきものであること。

　(一) においては、戦時における安定的な石油供給を求めたものであり、(二) においては、1930年代からメキシコやベネズエラにおいて始まっていた石油国有化の動きに対して対処することが示唆されている。国家間の石油協定を政府レベルにおいて、いかに安定的な供給体制を構築するかについては、「安全保障上の目的」を第一義とし、そして産油国側の協力体制を求めざるを得ないことが示されている。
　このように見てくると、条文の内容は、結局は曖昧のままであるということである。英米間の石油採掘権に関連する国名・地域名などはあげられていない。このような、曖昧な協定条文にならざるを得ない最大の理由は、アメリカ側がイギリスの石油採掘権は既得権として存在しているものの対独戦争によりイギリス経済は疲弊を極めており、既得権としてのイギリス石油租借権に対してアメリカ政府がどのように対処するべきであるのか明確な政策が欠けていたことにある。国際的な石油産業・産油国の関係などのあり方について、アメリカ政府の将来にわたるビジョンの欠如は、最終的にはアメリカ国内石油産業の議会への動きに対抗することはできず、ここに英米石油協定、さらにそれに続くと予想されていた政府間レベルでの国際的な石油産業の枠組み設定は失敗に終わった。アメリカ国内独立石油産業界が、アメリカ・メジャーの意向を踏まえて石油産業の自由化を求める議員を全面的に支援した。英米石油協定に反対をした議員の出身地が、アメリカ石油産業が活発な地域と密接に関連していることが指摘されている[30]。
　実は英米石油協定は、第一次と第二次ともに、英米政府間の署名は行なわれていた。しかし、議会の批准を得ることが出来なかった。アメリカの石油メジャーのみならず独立石油業者たちの影響も多大であった[31]。独立製油業者はいわゆるスタンダードなど大手の石油業者と契約を結びながら販売を行なっており、中西部に広範に広がるこれらの業者がスタンダードなどの巨大石油企業が

イギリスへの譲歩を迫られることを恐れたために、連邦議会議員選挙に対して強力な運動を行なった。1945年9月に批准された第二次英米石油協定は、戦後のイギリスの疲弊が明白であり、英米借款協定により戦後のイギリスの経済復興を援助する状況では、アメリカ石油産業界はイギリスへの譲歩による国際的な石油利権の交渉を望まなかった。

　以上、英米石油協定の政府間批准から民間石油産業界の反発まで見てきたが、決して見過ごすことができないことは、ローズベルトが英米石油協定を通じて、国際的な管理・運営協議機構にまで発展させていこうとした意思があったということだ。結果として、ローズベルトが構想した石油に関する国際的な枠組みは実現することなく、各国の石油産業の個別の協定と自由競争にゆだねられてゆくことなったが、産油国の国有化問題は民間石油産業界だけでは対処できるものではなかった。国際安全保障、戦後経済復興の国際的な枠組みに対して、経済の大動脈としての石油産業の国際的な枠組み形成は失敗したが、それは枠組み設定が出来なかっただけであり、石油を扱う産業は、すぐれて「国家」の枠組みを超えたものであることに変わりはなかった。1946年、ニューヨークの国連本部ビルがロックフェラー財団により寄付されたことは、民間のみならず、国家間の石油産業に関わる国際的枠組みの設定が必要であったことを象徴しているのではないだろうか。

3. アメリカ石油産業の外観

　石油産業は、鉄鋼・造船などよりはるかに新しい産業である[32]。アメリカ石油産業は、1859年アメリカのペンシルバニア州オイル・クリークにおいてドレイク大佐が油井を掘り当てたことが嚆矢とされている。それまでにも地表に染み出ている原油を医薬に用いられたりしていた。いわゆる鯨油にかわって照明の原料として使われ、次第にその用途が拡大されると共に、大規模な原油掘削・精製事業が営まれるようになった[33]。アメリカにおいては、1960年代には、ペンシルバニア州から原油掘削の投機熱が高まり、その勢いは、中西部諸州へ瞬く間に広がり、

カリファルニアまで至った。また、カスピ海沿岸のバクー油田では、スウェーデン人ノーベルにより大規模な原油掘削事業が始まっていた[34]。これに、フランス系ロスチャイルド家がバクーから黒海までの輸送路敷設投資を行い、後のシェル石油の基礎となっている[35]。このバクー油田は、ロシア革命以降の国営化問題のみならず、世界の石油産業に少なからず影響をあたえてきた。バクー油田からペルシア湾にパイプラインを敷設することでアジア向けの販路を広げようとしたロシア（ソビエト）にしてみれば、イランは中継地として枢要な位置にあった。

　原油の用途が灯油からさらに内燃機関の燃料に拡大されてゆくことで、次第に世界各地で大規模油田の掘削に欧米列強の銀行・保険業界を中心として巨額の投資が行なわれてゆくようになる。カナダ、ポーランドにおいて始まり、さらに、インドネシア、ビルマ、ペルー、メキシコなど、文字通り世界的な広がりを見せてゆく。しかし、中東原油の埋蔵量に関しては、否定的な見解が一般的であった。1900年前後においても砂漠地帯での原油の埋蔵を期待することができないというのが地質学者の一般的見解であった。この常識を覆したのがイランにおける1908年の大規模油田マスジット・イ・スレイマン（Masjid-i-Suleiman）の発見であった。原油掘削はたぶんに投機的要素が強く、銀行を中心とする投資家・投機機関にしてみればリスク回避のため、中東への試削には慎重な姿勢を崩せなかった。しかし既にイギリス海軍はすべての船舶の燃料を石炭から石油に変換することを発表しており、油田の試掘はアメリカ国内をはじめ、世界各国において銀行からの借り入れを背景として活発に行なわれようになっていった[36]。1860年から1944年までの、原油生産量の上位7カ国の経年変化を図6-1に示したが、アメリカの原油産出量は、世界の中で、突出したものであった[37]。

　アメリカの飛びぬけた原油生産量が特徴的であり、大戦末期の1944年においてもロシアやベネズエラなどその他の主要原油生産国の産出合計の約6倍の産出量を示している。このような原油生産におけるアメリカ国内の突出した産出量は1908年のT型フォードという大衆車の登場に加えて軍部における船舶や航空機の燃料として石油が使われたため、国内需要に促された背景があった。自動車に関しては1940年代には既に約2000万台の車が国内で走っており国民5人

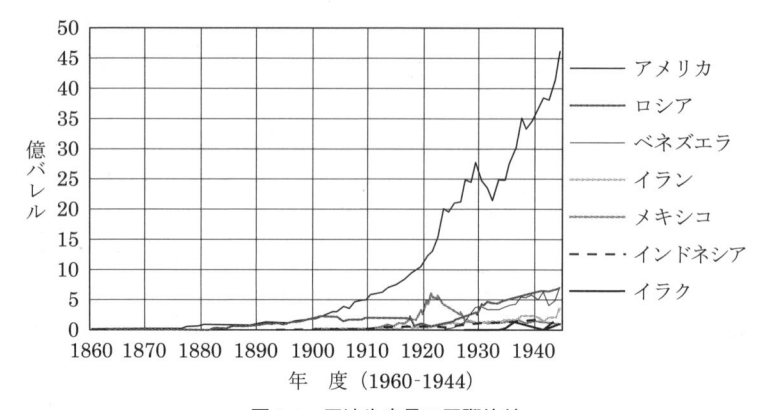

図6-1　原油生産量の国際比較
出典：米議会上院石油資源調査特別委員会（1945年6月）

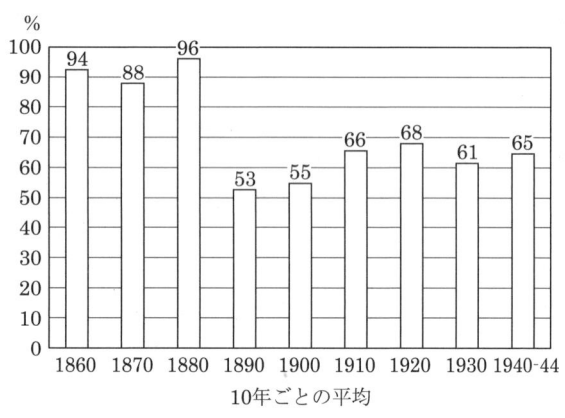

図6-2　アメリカ原油生産量の世界に占める割合
出典：米議会上院石油資源調査特別委員会（1945年6月）

に1人が所有していた[38]。

　船舶・プロペラ機などあらゆる内燃機関にも利用されており石油製品の消費においてアメリカは、世界の他のどの地域をもはるかに凌駕していた[39]。世界全体の原油生産総量に占めるアメリカの原油生産量の比率を上記の資料からグラフ化したものが図6-2である。

　米国内の原油産出量は、世界の石油産業が1860年代から始まったとして、1940年代には65％程度であるが84年間を平均すれば世界の原油総生産高の

第6章 大戦期アメリカの対イラン外交政策 —— 緩衝的役割から枠組み設定としての外交へ —— 183

73％を占めていた[40]。

ゴムはヨーロッパや北アメリカでは生産できないことからアジアなどでのプランテーションが進んだが、石油を原料とした6-6ナイロンの合成など石油の化学製品への依存を飛躍的に高めることとなる。燃料から化学合成製品まで、石油産業は20世紀の経済成長を支える大きな役割を担うこととなった。生活のあらゆる面に石油製品が浸透してゆくこととなる。

1937年から1944年にかけての産出量について、アメリカ産原油石油製品の海外への輸出量についてリグレッション・モデルを構築した[41]。

$Y = \beta_0 + \beta_1 X_1 + \beta_2 X_2$

Y ：アメリカ原油石油実質輸出量
X_1 ：アメリカ国内石油産出量
X_2 ：アメリカ以外の原油産出総量
$\beta_0 - \beta_2$ ：定数項ならびに係数

結果は表6-1のようになった。

表6-1 アメリカ原油輸出量と国内と世界の産油量のリグレッション・モデル

	F検定値 = 0.0059		R値 = 0.9674		調整済みR値 = 0.9457	
	係数	標準誤差	t-値	t-検定	95％ 信頼区間	
アメリカ原油産出量(β_1)	.1922361	.0356489	5.39	0.012	.0787853	.3056868
アメリカ以外原油産出量(β_2)	-.1797472	.0195832	-9.18	0.003	-.2420696	-.1174248
定数項(β_0)	773513.1	110282.9	7.01	0.006	422543.9	1124482

アメリカの石油産出量が増大すれば、実質輸出量が増加し、またアメリカ以外の国々の石油産出量が増大すれば、アメリカからの輸出量が減少していることが95％有意[42]であることをモデルは示している。一見すると当然の結果が示されているようにも思えるが、アメリカ産石油の枯渇問題、さらにアメリカ石油産業が海外における原油調達に対してアメリカ国内産石油の可採年数は数十年を超えるものではなかったことを考えれば、莫大な埋蔵量を有しながらも海外の原油調達が増大すればアメリカからの原油輸出は有意に減少することをモ

デルからより読み取ることができる。海外の原油生産を高めることがアメリカ国内原油の枯渇問題が解消されることを明確に示している[43]。

19世紀末から20世紀にかけて石油製品が市場経済の中に深く組み込まれていったが、製品の需要・供給関係はその価格に最もよく反映される事を考慮すれば、他の産業の製品の価格と比較して、原油価格がどのように変化してきたかを分析することは石油製品の位置づけとして有用である。ここではアメリカ国内における各産業の価格を比較することで、新しい産業としての石油産業がどのような特徴を有していたのかを概観する。比べる商品は、石油・繊維・金属・家電・皮革・化学薬品・農業食品・畜産品の8品目であり相関分析を行った結果を表6－2に示す[44]。

p値が0.05以下である場合[46]には、製品価格の経年変動には相関がないという帰無仮説が否定され、双方の製品の価格には相関が認められることを示している。ガソリンなどの石油製品の価格と最も高い相関を示しているのは鉄鋼などの金属製品であることわかるが95％の確率では有意ではない。95％で有意で

表6-2 石油と7品目の23年間（1922-1944）にわたる価格変動の相関表[45]

	繊維	金属	家庭製品	石油	皮革	化学薬品	食料	畜産
繊維		-.5846	.7720	-.1406	-.1308	-.6306	.1126	-.3996
		P = .004	P = .000	P = .533	P = .562	P = .002	P = .618	P = .065
金属	-.5846		-.5350	.3739	-.3019	.7552	-.6243	-.0311
	P = .004		P = .010	P = .086	P = .172	P = .000	P = .002	P = .891
家庭製品	.7720	-.5350		-.1768	.1885	-.7608	.3256	-.6053
	P = .000	P = .010		P = .431	P = .401	P = .000	P = .139	P = .003
石油	-.1406	.3739	-.1768		-.4722	.3358	-.6370	-.2740
	P = .533	P = .086	P = .431		P = .026	P = .127	P = .001	P = .217
皮革	-.1308	-.3019	.1885	-.4722		-.2368	.3419	-.0536
	P = .562	P = .172	P = .401	P = .026		P = .289	P = .119	P = .813
化学薬品	-.6306	.7552	-.7608	.3358	-.2368		-.5353	.2089
	P = .002	P = .000	P = .000	P = .127	P = .289		P = .010	P = .351
食料	.1126	-.6243	.3256	-.6370	.3419	-.5353		.3642
	P = .618	P = .002	P = .139	P = .001	P = .119	P = .010		P = .096
畜産	-.3996	-.0311	-.6053	-.2740	-.0536	.2089	.3642	
	P = .065	P = .891	P = .003	P = .217	P = .813	P = .351	P = .096	

あるのは食料と皮革の価格であるが、これらとは「負の相関」であることに気をつけなければならない。つまり、食料の価格が高騰すれば石油製品価格は下落し、食料や皮革製品の価格が下落した状態であれば石油製品の価格は高騰することが統計的に有意に結論付けられるということである。金属製品は繊維、家庭製品、食料の順で強い負の相関があるが、石油製品とは異なる価格変動を示している。化学薬品と金属製品の価格変動の相関も有意に高い。しかし石油製品と化学薬品との価格との相関は非常に弱い程度に過ぎない。これらのことから石油製品は新しい産業としての価格、または独自の販売体制による価格であったことを示している可能性が高い[47]。アメリカ国内において、石油産業は19世紀末からの新しい産業の一つであった。

4. アメリカ国内石油枯渇問題

　アメリカが日独に宣戦布告をして1年あまりが経った1943年1月、上院に設置された「ガソリン・燃料不足に関する調査特別委員会」の公聴会が開かれた。証言に立った内務長官ハロルド・イキーズ（Harold Ickes）[48]は、戦時下における石油資源、とくに、ガソリンの不足は深刻なものであることを述べている[49]。レンド・リースによる軍事用品の供給を行っていた当時のアメリカにとって、東部工業地帯の生産のための燃料確保、ならびに、太平洋・ヨーロッパ戦線への燃料供給など戦時における莫大な石油需要に直面していたことを反映した答弁であった。イキーズは、石油産業の国有化を示唆していたが深刻な石油不足の可能性を十分に考慮してのことであった。

　しかし、この公聴会の直後から戦線は大きく連合国側の勝利へと向かった。ガダルカナルからの日本軍の撤退（1月16日）、ヴォルゴグラードでのソ連軍の勝利（2月）、北アフリカでの連合軍の勝利（5月）、クルクスでの独軍最後のソ連侵攻の敗北（7月）と、戦局は、決定的局面を迎えていった。それに伴い内務省長官イキーズの目指した石油産業の連邦政府による国営化の必要性は次第に説得力を失ってゆくこととなる。

イキーズの内務省とは別に、石油資源に関する現状分析は、議会上院に設けられた「石油資源調査特別委員会」によっても戦時中から戦後にかけて継続的に討議され続けていた。11名の上院議員[50]からなるこの委員会は、アメリカ石油政策に関して、きめ細かな検証を行っており、当時の石油政策を分析する必須資料となっている[51]。国内産石油の通商において州際通商条項の適用で名を上げたテキサス州のトーマス・コネリー（Thomas Connelly）上院議員、さらには、ハリー・トルーマン（Harry Truman）政権のもとで、ギリシア・トルコ援助の決定、マーシャル・プラン、NATO成立に重要な役割を果たしたアーサー・ヴァンデンバーグ（Arthur Vandenberg）も入っていることは、極めて注目されるところである[52]。

1945年6月19日から25日にかけておこなわれた公聴会では、36名に上る石油業界のトップ、石油政策にかかわる政府関係者が証言を行っている。その内容は、国内石油枯渇問題、石油政策に関する分析、天然ガス[53]、油母頁岩（ゆぼけつがん：オイル・シェール）[54]などの埋蔵量について、新しい技術を用いた二次採掘など、国内石油産業にかかわる広範な問題に関して報告ならびに質疑応答が行われた[55]。

当時は未だ戦時体制にあり、イキーズ内務長官のもと、内務省が石油の配給制を行っていた。それは戦時における軍事用石油の供給を優先するためであったが、一般のアメリカ人にとっては、石油が枯渇するのではないか、という虞へと容易に結びついていた。そのような虞は、戦争が長引くにつれて、ますます大きくなっていった。石油資源調査特別委員会において最初に討議されたことは、このアメリカ国内原油の枯渇に関してであった。サン石油会社のエドガー・ピュー（Edger Pew）副社長は、ジョセフ・オマホニー（Joseph O'Mahony）議長の石油資源枯渇問題に対する質問に、以下のように、細かく報告している。

米国の最初の埋蔵原油に関する報告は1908年に行われていた。米国内の埋蔵原油量は約100億バレルと考えていたデイビット・T・ディ（David T. Day）博士は、アメリカ国内原油は1935年から1943年ごろに枯渇するであろうという予測を発表していた。さらに、第一次世界大戦中の1915年、著名な地質学者ラルフ・アーノルド（Ralph Arnold）は、国内原油の埋蔵量を約58億バレルと

計算した[56]。翌年、1916年には、政府の公式な地質調査が行われ、アーノルドの示した数字を訂正し約76億バレルとした。同年の政府レポートにおいて、米国燃料局長は「20年後の米国は海外の油田からの輸入に依存をし、燃料価格は上昇し続けるであろう」と発表した。ピュー氏の報告は、さらに続くが、その全容をまとめたものが、以下の表である。

確認埋蔵量をグラフ化し、近似曲線[58]と外挿推定[59]を行なったのが次の図6-3である。

1936年以降は、API（American Petroleum Institute）により年次報告がなされるようになっていた。サン石油会社副社長のピューは、1935年以前の報告にある枯渇に関する議論はすべて間違っていた、と強調している[60]。また、1922年のアメリカ地質調査局（U.S. Geological Survey）が行った確認埋蔵量と推定埋蔵量を分けたことは非常に重要と述べているが、その理由は原油の枯渇問題を「推定埋蔵量」に関してのみに限定しようとしたところにあるという[61]。既存の技術で採掘可能な埋蔵量は確認された「確実」なものであり、議論をするべきは技術の進歩により既存の油田の二次採掘や新規油田の採掘可能な原油であるという考え方であったことである[62]。1922年の段階で、早くも、既存の採掘可能量ではなく将来的な採掘量に関して議論を限定しようとしたことは、いたずらに枯渇問題を論ずるのではなく、現状を確認し技術的な可能性をも含めた議論のたたき台を提示するという意味で画期的な概念の導入といわなければならない。表6-3に示されたた確認埋蔵量のグラフを見ると、1908年から1935年にかけて確認埋蔵量は減少から20年代に増加に転じている。アメリカ国内石油産業の採掘技術の進歩とともに、油田の二次採掘が可能になったことにより、急激な伸びを示している。近似曲線には多項式曲線を用いたが、その他の近似曲線でもほぼ同じ結果が得られている。

ピューは、1934年、東テキサスで発見されたそれまで予想も出来なかったような巨大油田の発見、さらに技術の発達により既存油田をさらに深く広く掘削できるようになったことにより推定埋蔵量がさらに増加していると指摘している。図6-3の右上がりの破線はこのことを示している。たとえば、1943年12月31日現在の埋蔵量は、API（American Petroleum Institute）により約

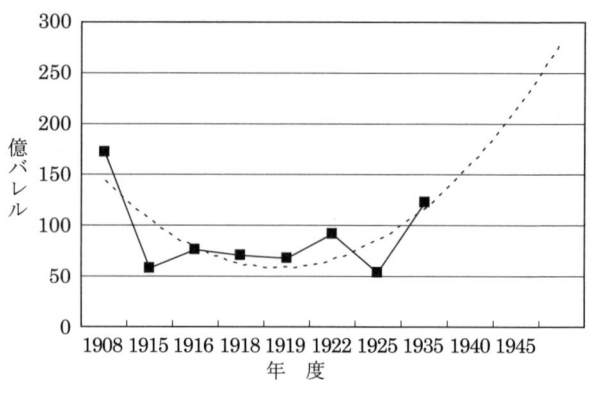

図6-3　国内原油枯渇推定年代の近似曲線と外挿推定

表6-3　アメリカ国内原油枯渇の推定年数

年度	調査実施者	調査実施者の所属機関	埋蔵量 (億バレル)	枯渇・その他
1908	David T. Day	Chief Geologist of the U.S. Survey	100～245	1935-1943
1915	Ralph Arnold	Geologist, close to the gov.	57.63	
1916	U.S. Survey	U.S. Geological Survey	76.29	
1916	Mark L. Requa	Engineer o the Bureau of Mines and later General Director of the Oil Division of the U.S. Fuel Administration		海外原油への依存の必要
1918	Chester G. Gilbert Joseph E. Pogue	Division of Mineral Technology of the Smithsonian Institution	70.0	
1919	David White	Chief Geologist of the U.S. Survey	67.4	17年間で枯渇の虞。1925年までに海外依存量を約40%に。
1922	U.S. Geological Survey	Cooperation with the American Association of Petroleum Geologists	91.5	20年。確認埋蔵量と推定埋蔵量を初めて分けた[57]。
1925	API	American Petroleum Institute	確認53 推定264	技術の進歩が、既存の油田の埋蔵量増加
1935	API		122	

出典：1945年6月上院石油資源調査特別委員会議事録

第6章　大戦期アメリカの対イラン外交政策 ―― 緩衝的役割から枠組み設定としての外交へ ――　189

200億バレルと発表されているが、そのうち70％は既存油田の拡大によるものという[63]。次に、ピューの報告した1937年からの埋蔵総量、新規発見量、生産総量を表にしたものをあげておく。

　確かに、埋蔵総量の伸びは鈍化しており国内原油の枯渇が議論されていたとしても、それなりの理由があると考えられる。しかし、ピューを始め、委員会の報告者は、一様にアメリカ国内原油の枯渇に対しては、否定的見解を述べている。つまり、石油産業側では1945年の時点でアメリカ国内産原油が近い将来に枯渇するという予測はなく、そのことは公聴会議事録の資料からも読み取ることができる。新規油田の発掘方法にしても、地質の表層的観察に留まっていた初期の発掘調査からダイナマイトの爆破による地中を伝わる振動波の伝達の相違を観察する方法に替わり、規模も費用も莫大なものとなったがより精度が高まっていったのである。セカンダリーな採掘技術も驚くほど進歩し、油井の油圧がいったん下がってしまうと噴出が望めなくなっていた初期の採掘方法とは異なり、人工的な加圧によりまた採掘速度を適宜変えることによってさらに多量の原油採掘が可能となっていった。したがって、戦時配給体制ではあったものの石油業界の専門家での間では、もはや、アメリカ国内原油の枯渇に対しての危惧はなかったと結論付けることができる[64]。

　国内原油枯渇の問題はないことが確認されるとともに、議会は中東原油の埋蔵量に関する公式報告書を待つこととなったが、それがデゴライヤー報告であった。

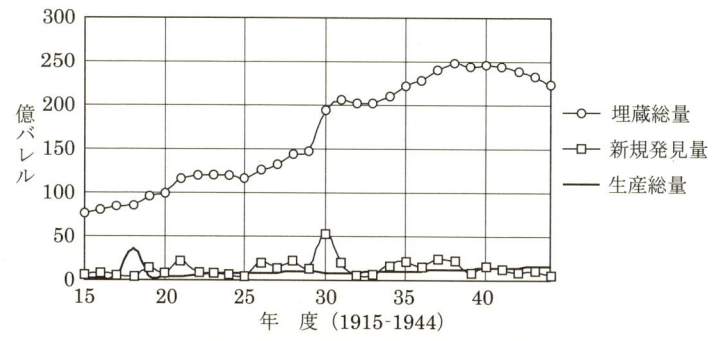

図6-4　アメリカ国内原油：埋蔵量、新規発見量、総生産量の経年変化
出典：上院石油資源調査特別委員会公聴会議事録（1946. 3. 19-26）p.236

5. デゴライヤー報告

1943年12月、アメリカ政府は、中東における原油埋蔵量の調査のため、地質学者エベレット・リー・デゴライヤー（Everett Lee DeGolyer）を政府特使として派遣した[65]。彼は、1944年1月にワシントンに戻るとイラン・イラク・サウジアラビア・クウェート・バーレーン・カタールの確認・推定埋蔵量は260億バレル以上であることを報告したが非公式推定埋蔵量として3000億バレルという数字もあげている[66]。日本石油連盟が2006年に発表した世界の原油確認埋蔵量は約1兆3174億バレル、可採年数は約50年となっている[67]。しかし、1944年当時の世界の石油生産の65％を生産していたアメリカにおいてさえ、国内の原油埋蔵量は200億バレル程度であり[68]、デゴライヤーが上げた中東の原油埋蔵量が3000億バレルを非公式ながら示したことは、世界の石油産業の方向性が根本的に変化する原動力となった。中東地域の公式原油埋蔵推定量が、世界のどの地域よりはるかに大量の原油が埋蔵されていることが公式に認められた意義は、船舶・航空機・戦車の燃料として戦争遂行における石油の決定的な役割を考えれば、第二次世界大戦以降の通常戦力は、中東石油を中心として動いてゆくことが予測できた[69]。

中東における原油は、ペルシアにおいては、「拝火教」の儀式で見られるように、原油の地表への染み出しが確認されていた。エジプトなどでも少量ながら採掘されたが、商業レベルの大規模油田[70]が最も早く発見されたのは、イランにおいてであった。1908年に初めて大規模油田がマスジット・イ・スレイマン（Masjid-i-Suleiman）で発見されているが、当時、各石油会社は、砂漠地帯での試掘には消極的であった。当時の地質学者にしてみれば、砂漠地帯から大規模油田が発見されることなどは、論外であった。19世紀の中東は、名目上はオスマン・トルコの統治下にあったが、植民地経営に対する地政学的重要性から、西洋列強の支配を徐々に受けるようになってきた。特に、オスマン・トルコの影響が少なかったペルシアにおいては、ロシアの不凍港を求める動き、また、イギリスのインドへの陸路の確保などの理由により、絶えず、両国の干渉下に

あった。近代産業の育成が行なわれていない状態では、採掘権を安価に売り渡すことしかできなかった。一部の投機家たちは、英・独・仏・蘭などの銀行から融資をとりつけ、ペルシアから採掘権を買い取ることにより、原油開発を進めていったのであった。最終的には、イギリス人ウィリアム・ノックス・ダーシーが、自らのシンジケートを率いて、1908年にマスジット・イ・スレイマンにおいて大規模油田の発見に成功した。

その後、中東における原油埋蔵に関しては、多くの好ましい報告が相次ぎ、ドイツ銀行を中心に原油試掘が活発になってゆく。ドイツ・グループに対抗して、イギリス政府も積極的に開発に乗り出し、ここにトルコ石油会社が英・独・トルコの共同出資により設立され、1927年にイラクにおいて中東で2番目の大規模油田が発見されることになる。

1940年代まで、中東で原油産出が本格的におこなわれたのは、イラン・イラク・エジプト・バーレーン・クウェートであり、その上位4か国の産出額の経年変化を図6-5に示した。

データとグラフからわかる事は、エジプトにおいて商業原油の産出が最も早いが、イランの産出量は、エジプトを含めて、他の中東地域の原油をすべて合計したものより、2倍以上の量を産出していることである。1944年までの中東においては、イランがその原油産出量において突出していたということであり、イギリス一国が、植民地経営的な体質を残しながら、アングロ・イライニアン・オイル・カンパニーを通じてその原油生産を独占していた、ということで

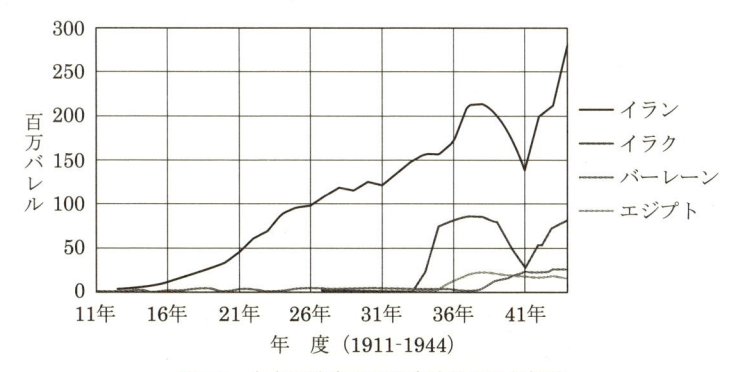

図6-5 中東原油産出国の産油量の経年推移

ある。さらに、ロシアのペルシア湾へのアクセス確保、イラン北部の油田確保、さらには、ソビエトとなってからは、北部イランに社会主義地方政権の樹立のための関与と、絶えずアゼルバイジャン地方から南下し、北部イランには、ソビエト軍が、ほとんど常駐していた。このような英・ソ軍の常駐状態が、イランの国際関係を複雑、かつ、不安定にしていたのである。

1930年代にはメキシコ、ベネズエラ、イランにおいて石油国有化問題が起こったことにも触れておかなければならない。1932年には、イランにおいてレザー・シャーが石油利権の国有化を一方的に宣言したものの、アングロ・ペルシアは、利権区域の縮小と共に、固定利権料をペルシア側に支払うことによって1933年4月に同意に至った。メキシコに始まった「国有化問題」は、産油国の経済ナショナリズムを促しつつ、世界の石油産業界における最大懸案となっていった[71]。

おわりに

中東の原油生産は、1900年代に入ってから本格的に始まった事を述べたが、最も重要なことは、アメリカ石油産業界は当初はその動きからはずされていたことである[72]。イランにおける原油生産は、イギリス政府の強力な関与により、アングロ・ペルシア・オイル・カンパニーという半官半民の石油会社の設立へと至っており、アメリカのメジャーズの参入はまったくなかった[73]。トルコ石油の結成においては、イギリスのアングロ・ペルシアが50％、ドイツ銀行、シェルがそれぞれ25％の出資比率で構成されていたが、第一次世界大戦後、1920年のサンレモ条約によりドイツ資産は没収されるとともにドイツ銀行株はフランス石油が受け継ぐことになった。中東における利権はイギリスとフランスにより独占されたのであるが、その理由をつきつめてゆくと、第一次世界大戦へのアメリカの参戦が遅れたこと、またトルコへの宣戦布告を正式に出さなかったことが指摘されている[74]。さらにはイギリスが国際連盟の委任統治という名目で「国籍条項」を適用することにより、中東地域における諸外国の産業活動

を極力抑えようとしていた事もアメリカの進出が果たせなかった原因ともなっていた。

　第二次世界大戦までの中東において、アメリカ石油産業界はイギリス、フランスに大きく立ち遅れていた。1944年2月のデゴライヤー報告がサウジアラビアにおけるアメリカを凌駕する世界最大の埋蔵量の報告が議会に行なわれたことは、それまでのアメリカの中東における原油政策を大きく転換させることとなった。このことはデゴライヤー報告の1年後に行なわれたヤルタ会談直後に、ローズベルト大統領が非公式でサウジアラビアのイブン・サウド国王と個別に会談を行ったことに示されている。この会談の内容については明らかにされていないが、それまでのイランが中心であった中東の大規模原油の生産が、サウジアラビアの巨大油田群の採掘という新たな展開をするにあたって、アメリカ政府の大戦後の中東原油の権益確保とともに、ヨーロッパの戦後復興に中東原油を投入するというアメリカの石油産業界の中東油田コンセッション獲得のための決定的地位を確立することとなった。そこでは国際連合、世界銀行など旧植民地諸国への戦後再建への枠組みも整えられていた。テヘラン会談の戦略的な意義に加えて、イランへの戦後補償の確約はヨーロッパ諸国による旧植民地体制に代わり、石油国有化問題に現れた資源に対する領域的な独立国家を国連と戦後復興の経済支援体制に組み込みながら、アメリカの指導によるまったく新しい世界的な国家主権体制への道を拓くものであった。

　英米石油協定は戦時中の原油供給体制を確保することから、将来、国際的な原油供給・運搬・消費を求めようとしたことは重大な意義と認めなくてはならない。ローズベルトは戦後の石油資源への公正なアクセスを、ブレトン・ウッズ体制構築のような国際的な協定へと発展させる意思がありつつも、アメリカ国内の石油業者の反対により条約は批准されることはなかった。

　油脈は陸地にあろうと海底にあろうと、領土・領海をまたいで存在することがしばしば起こる。このことが国際的な紛争の原因の1つとして論じられており、この意味では国際公共財的な位置づけがなされる必要がある。1941年の「大西洋憲章」で宣言された「自由貿易体制」と「機会均等」の枠組みは、国連やブレトンウッズ体制によって具体化されてゆくが、それらの国際公共財の供

給に成功しつつ、石油は産業の動力源としての位置にあった。マーシャル・プランにおいて援助資金に見合うだけの各国通貨の積み立ては、各国の産業復興を達成させたのであるが、その際に消費された莫大な石油はほとんどが中東から賄われたものであった。イランにおけるアメリカ外交政策は、テヘラン会談以降イランの主権を最大限に尊重するという宣言が行なわれ、戦後イランの復興はアメリカを中心にしてしか行なうことができないことが次第に明らかになってゆく。ARAMCOの成功によりアメリカの中東石油政策は、サウジアラビアを軸として行われるようになるが、その基本的な変容は、アメリカ国務省を中心とするアメリカ政府による全面的な支援により、イギリスに対抗する石油利権におけるアメリカ側の参入であったのであり、イラン北部のソビエト駐留軍の撤退が国連の第一号決議であったこと、イギリスのアングロ・イレイニアンは大戦後もイランでそのまま操業を続けたことを考えれば、イランにおけるアメリカ外交政策がその後の冷戦構造のひな型を形成した。

　トルーマン政権においては、ローズベルトのような石油に関する国際協議機関の構想はなかった。このことはトルーマン政権の動きがとれなかったのではなく、すでに冷戦構造の形成が進んでいたことが大きな要因と言わなければならない。ロシア革命後のバクー油田の接収問題は実に1930年代まで続いたのであり、西側諸国にしてみれば東側諸国との国際的な石油産業の取り決めは、政府間レベルでは積極的に行なうだけのインセンティブは失われてしまっていた。1947年7月にマーシャル・プランが打ち出されたが、ソビエトはそれを受け入れることなく、東側諸国はソビエトを中心とする石油供給体制が確立されることとなる。西側諸国は中東の潤沢な埋蔵原油のもと戦後経済復興が成し遂げられてゆくが、1947年12月、英米石油協定は政府間の署名がなされたまま、上院において審議されることなく廃棄に至ったのである。

注
1) 従来パーレビ朝と表記されてきたが、現在では外務省もパフラヴィ朝とペルシア語の原音を尊重して表記されている。
2) スタンダード石油は1911年に38の会社に分割されたが、そのうちの一つのカリフォ

第6章　大戦期アメリカの対イラン外交政策 ── 緩衝的役割から枠組み設定としての外交へ ──　195

ルニア・スタンダードのフレッド・ディビーズ（Fred A. Davies）はバーレーンにおいて1932年に原油を掘り当てた。これにより Casoc（California Arabian Standard Oil Company）が結成されたが、ディビーズが Casoc の社長に就任するとともに社名を Arabian American Oil Company としたことが ARAMCO の始まりである。参照：Anthony Brown. *Oil, God, and Gold: The Story of ARAMCO and the Saudi Kings.* (New York: Houghton Mifflin Company, 1999), p. 57.

3) Stephe McFarland. "The Iranian Crisis of 1946 and the Onset of the Cold War." *Origin of the Cold War: An International History.* Ed. Melvyn P. Leffler and David S. Painter. New York: Routledge, 1994), pp. 239-256.

4) James Bill. *The Eagle and the Lion: The Tragedy of American-Iranian Relations.* (New Haven: Yale Univ. Press, 1988).

5) Bruce R. Kuniholm. *The Origins of the Cold War in the Near East: Great Power Conflict and Diplomacy in Iran, Turkey, and Greece.* (Princeton: Princeton Univ. Press, 1980).

6) John Kent. *British Imperial Strategy and the Origin of the Cold War 1944-1949.* London: Leicester Univ. Press. 1993.

7) 1939年11月4日成立した中立法の一部だが、1935年、1937年中立法においてアメリカは孤立主義を維持していたが、国内のいわゆる宥和派に対して、ローズベルト大統領が交戦国のうち侵略国側への武器禁輸と英・仏への武器支援の最善策として打ち出された。参照：安藤次男「第2次大戦前とアメリカ孤立主義と宥和主義」（『立命館国際研究』第14号，2001年）。

8) 1941年3月11日成立。38カ国に対して適用されたが、その6割はイギリスとイギリス連邦に対するものであった。

9) Foreign Relations of the United State. *The Conferences at Cairo and Teheran.* (Washington D.C.: Government Printing Office, 1943), p. 567 によると、スターリンは、チャーチルが「カイロ会談の共同コミュニケをどのようにお考えですか」という質問に対して、「同じ考えだが、極東においてソビエトが活動的になるのには、まだ時間がかかる」と応えている。つまり、スターリンは、日本への参戦こそ口には出さなかったが、（第一次）カイロ会談における日本軍撃滅の決意には同意を表明している（実は、チャーチルの質問には、戦後の極東をどの国が管理するのか、という意図も含まれていたと考えられる）。したがって、ヤルタ会談におけるソビエトの参戦のように日時が決まったものでもなんでもないが、一般論として、ソビエトの対日戦線への参加の確認とした。

10) Foreign Relations of the United States. *The Conferences at Cairo and Teheran.* (Washington, D.C.: Government Printing Office, 1943), pp. 634-641

11) U.S. Congressional Records (Washington, D.C.: Government Printing Office, 1943), p.10927

12) Foreign Relations of the United States. *The Conferences at Cairo and Teheran.* (Washington, D.C.: Government Printing Office,1943) においては、カイロ・テヘラン会談に関しては、その準備段階からの政府通信文、チャーチル・ローズベルトなどの宣言文の草稿などを1冊にまとめ、分冊の形で発表されている。

13) U.S. Congressional Records (Washington, D.C.: Government Printing Office, 1943) p.7171 においては、ローズベルト秘書官ミラー氏より、1943年12月7日の上院本会議に提出されたことが記録されている。大西洋会談の際の宣言文に関して、それが上院に伝えられたときは、「秘密会談」であったことから、議員から議会軽視の意見が出されているが、テヘラン宣言に関しては、「一般コミュニケ」に対して、全員一致で同意が出されている。

14) Foreign Relations of the United States. *The Conferences at Cairo and Teheran.* (Washington D.C.: Government Printing Office, 1943), pp. 634-641. においては、第1番目に作成されたドラフトは、この後に、以下の文章が続いて、宣言文が終了していた。And we shall meet again as the war --- and the peace --- progress!（そして、我々は、戦争と平和が進行する時、再び集うものである！）しかし、この部分は、最後の第3番目に作成されたドラフトにおいて削除されている。

15) Freedom of speech and expression, freedom of worship, Freedom from want, freedom from fear.（言論の自由、信仰の自由、欠乏からの自由、恐怖からの自由）

16) U.S. Congressional Records (Washington, D.C.: Government Printing Office, 1941) p.7217 に掲載されている「大西洋憲章」における8項目は、まとめると、以下のようになる。

　1　領土拡張を行わない
　2　領土変更を行わない
　3　国民が、政府の政体を選択する自由、奪われた主権の回復
　4　世界経済の発展のための、貿易と資源へのアクセスに対する機会均等
　5　労働条件の改善、経済的進歩、社会保障に対する世界的な協力
　6　ナチス・ドイツ崩壊のあと、欠乏と恐怖から免れ、安全に生活する平和
　7　平和は、公海の自由を可能にする
　8　武力行使の放棄のために広範かつ恒久的な安全保障制度の確立

17) 1949年の年頭一般教書の第4項目で、トルーマンにより打ち出された、「ポイント・フォー」と呼ばれる発展途上国への援助姿勢と比べると、ローズベルトが打ち出したものは、国家主権を最大限に尊重しながらの経済援助姿勢である[17]。トルーマン政権で具体化されてゆく政策と、ローズベルト構想が、実質的には、どのように異なってい

たのかは、今後の研究課題であると言わなければならない。
18) Foreign Relations of the United States. *Conferences at Cairo and Teheran*. (Washington, D.C.: Government Printing Office 1943) pp. 415-416
19) Foreign Relations of the United States. *Conferences at Cairo and Teheran* (Washington, D.C.: Government Printing Office 1943) においては、ローズベルトは、カイロ・テヘラン会談の直前に、国連の機構制度に関する構想を打ち出しているが、その草稿には、3機関によるものであった。
20) Daniel Yergin. *The Prize: The Epic Quest for Oil, Money, and Power*. New York: Simon & Schuster, 1992), pp. 159-160 においては、戦時における石油の利用を国策として採用したのは、20世紀に入ってからであったことが指摘されている。それまでは、あらゆる燃料には石炭が使われていたのであるが、海軍の燃料として、石油は、効率、操作性など、あらゆる意味において石炭に勝っていた。チャーチルとローズベルトは、いずれも海軍出身であり、特に、チャーチルは、イランにおいて1908年に大規模油田が発見されたとき、イギリス国有会社の設立を提言したのであり、その目的は、海軍におけるすべての船舶の燃料を石炭から石油に変換することで、その戦力の増大を図ったと言われている。
21) 日米開戦が、石油獲得のために始まったとされている。1939年以降、日米関係が悪化する中で、アメリカ側の最後通告は、1941年11月のハル・ノートとされているが、実際には、前年に出された石油製品の品目別輸出規制、また、41年7月に出されたアメリカにおける日本の資産凍結と考えて不自然なことではない。石油製品の品目別輸出規制では、航空機の燃料はオクタン価が高くてはならず、それに的を絞って禁輸政策を行い、また、資産凍結は、アメリカ政府の許可なしには貿易代金を支払うことが出来ないのであって、実質的な禁輸措置であったのである。したがって、石油の枯渇が日本の大陸経営を困難たらしめ、当時、フランス領インドシナまで進んでいた日本軍が、原油産出地であった蘭領インドを攻めることは、時間の問題であった事は、アメリカ政府が最もよく承知していることであった
22) *Ibid.*, p 336.
23) バーレーンのガルフ、サウジアラビアのアラムコがあったが、産出量は多くは無かった。
24) トルコ石油の構成は、以下のようになっていた。アングロ・ペルシア、ロイヤル・ダッチ、フランス石油、近東開発会社、グルベンキアン。このうち、アメリカの近東開発会社は、1928年2月に結成され、次の5社からなっていた。スタンダード・ニュージャージー、ソコニー、ガルフ、アトランティック、メキシカン・ペトロリアム。また、シンクレアとテキサコは、2月結成時には参加したが、赤線協定締結時には脱退していた。ガルフとメキシカン・ペトロリアムも数年後、引き上げてしまう。(Hamilton p. 93)

25) Daniel Yergin. *The Prize: The Epic Quest for Oil, Money, and Power.* (New York: Simon & Schuster, 1992)
26) アメリカは国内産原油埋蔵量が莫大であったことから、その海外販路の開拓において、アングロ・イラニアン、ロイヤル・ダッチ・シェルと対抗しなければならなかったが、英・蘭は、海外における植民地経営の歴史があり、アメリカの進出は、非常に困難を極めていたのである。
27) 山田恒彦・廿日出芳郎・竹内一樹 『メジャーズと米国の戦後政策』東京：木鐸社 1977年
28) Anthony Brown. *Oil, God, and Gold: The Story of ARAMCO and the Saudi Kings.* (New York: Houghton Mifflin Company, 1999), p. 10. においては、1921年、当時の商務省長官ハーバート・フーバー（Herbert Hoover）と国務省長官チャールズ・エヴァンス（Charles Evans）は、ニュージャージー・スタンダードをはじめ7つのアメリカの石油会社による連合を中東石油租借権獲得のため結成させたことが述べられている。
29) 第3パラグラフとは、「かかる供給は、入手可能な埋蔵や健全な技術敢行や、関連する経済的諸要素や、産油国と消費国の利益についての正当な考慮を伴いつつ、かつ拡大する需要を完全に満足させるために世界中のさまざまな産油地域から得られるべきであること」というものである。
30) 油井大三郎『戦後世界秩序の形成：アメリカ資本主義と東地中海地域1944－1947』東京：東京大学出版会 1985年
31) *Ibid.*, p.38
32) 産業の新旧は、非常に重要な外交政策の要因となると言われている。すなわち、新しい産業は、利潤を求めることに性急であり、そのため、外交政策に対しても、強硬な姿勢をもとめる、というものである。アメリカ航空機産業は、その顕著な例とされている。
33) 石油の湧出は、世界各地で見られていた。たとえば、ルーマニアにおいては、石油を灯油に使う歴史は古くからあった。また、北アメリカ大陸のアメリカ・インディアンは、原油を医療に用いる習慣があり、ドレイク大佐が油井を掘り当てた1859年当時も、その最大の利用方法は、「医薬品」としてであった。イランにおいては、紀元前から「拝火教」にみられるように石油の地表への湧出が認められていた。
34) Daniel Yergin. *The Prize: The Epic Quest for Oil, Money, and Power.* (New York: Simon & Schuster, 1992), p. 58 においては、事業家であったイマニュエル・ノーベルは、1837年にスウェーデンからロシアへ移住し企業経営を行ったが、彼の2人の息子、ロバートとルードビッヒが、バクー油田の採掘に成功した。また、彼らの弟が、ノーベル賞を遺言したアルフレッド・ノーベル。

35) ロスチャイルド家は一般にはイギリス系が著名であるが、ロスチャイルド家はヨーロッパに広くその家系を伸ばしていた（広瀬　隆『アメリカを支配する人たち』（東京：集英社　1999年）。
36) 石油業界にとって、原油掘削のための投資は、銀行からの莫大な資金を必要とした。銀行業界からも石油産業に転身する場合もあったが、アメリカのメロン財閥はその1つである。
37) 第二次世界大戦中の1943年から1946年にかけて、上院石油資源調査特別委員会は、アメリカ石油産業のみならず、世界の石油産業の実態を、公聴会を開いて報告させている。その統計資料は、石油産業の歴史・政策・問題点を語る上に、必須のものである。
38) 20世紀のアメリカの石油消費の実態については、ダニエル・ヤーギン著『石油の世紀』東京：日本放送出版協会、1991年に詳しく述べられている。
39) アメリカにおける莫大な石油の消費こそが、20世紀におけるアメリカ国力の最大の源泉となっていったわけである。
40) 50％を切ったのは、1897年から1901年までの5年間であり、1901年の41.4％が最低である。第一次世界大戦後の1920年代からでも、アメリカの国内原油生産量は、世界の60％以上を維持している。
41) リグレッション・モデルにおいては、Yである目的変数を、X_1、X_2、…などの説明変数によって近似的に誤差を最小にするように定数項$β_0$、各説明変数の係数$βi$（i = 1, 2,…）を決定する。計量経済学の分野において盛んに使われているが、現在では社会学、政治学など社会科学系の分野においてもデータ分析の方法論として盛んに使われている。
42) 95％有意ということは、100回程度同じ試行を繰り返せば95回は同様な値が得られることを示している。99％有意が使われることもあるが、一般には95％を統計学的に有意な値として使われることが多い。
43) アメリカ国内の原油枯渇問題は、内務省長官イキーズが石油産業を連邦政府の管轄の下に置く有力な理由となっていたが、イキーズは公聴会においてもかなり大胆に発言を行なっている。第二次大戦期において配給制度が行なわれていたこともイキーズの強気の姿勢の背景にあった。
44) 統計資料は、上院特別委員会公聴会記録を用い、統計処理はSTATAを用いた。
45) 相関係数とは−1から＋1までの数値で示される。−1に近付けば近付くほど一方の値が大きくなれば他方は小さくなるという関係が強く見られるようになる。＋1に近付けば、一方の値が大きくなれば他方の値も大きくなるという関係がある。相関係数が0に近い場合には、2つのデータにはそのような関係が見られないことを示している。
46) 相関係数におけるp-値というのは、2つのデータの間の関係を統計学的に有意な関係があるかどうかを示す値として使われる。P-値が0.05以下であれば、「二つのデータ

の間には相関関係がない」とする帰無仮説が棄却され、両者には相関関係が存在していることを示す。なお、このp-値は、t-分布を仮定したものとしてサンプル・サイズに影響を受ける値であり、0から1までの値をとる。

47) 価格変動に関する計量分析では、1年遅らしたタイム・ラグを設定することも珍しくはない。さらに、各品目の価格の地域的な差を経年的に追ったパネル・データも有力な分析の方法論である。しかし、ここでは8品目について1933年を100とした物価変動を23年間にわたって相関分析を行なった割と簡単な方法論を取った。結果は、かなり明瞭に石油製品は他の品目と異なる独自の価格変動をしていることを示した。

48) Ickesの発音については、イキーズ、イッケス、イッキーズなどが使われているが、1994年にクリントン政権のホワイトウォーター事件においてクリントン大統領のスタッフの1人がハルロド・イキーズであり、本章に出てくる商務長官ハロルド・イキーズの孫にあたる。アメリカの放送局が使用するイキーズという発音に本章は従った。

49) 当時、石油配給制がとられており、戦時における石油供給の確保は、内務省の最も危惧するところであったが、戦時石油管理局局長として、アメリカ石油産業の国有化を目指していたイキーズにしてみれば、石油の枯渇問題は、そのための大きな理由となったことも理解しなければならない。この後の部分でに述べるが、実は、アメリカは石油枯渇の心配はまったくなかったのである。

50) 11名の上院議員の姓と出身州。

オマホニー	（ワイオミング）	コナリー	（テキサス）
ジョンソン	（コロラド）	オバートン	（ルイジアナ）
ルーカス	（イリノイ）	メイバンク	（サウス・カロナイナ）
ヴァンデンバーグ	（ミシガン）	モーア	（オクラホマ）
ブルースター	（メイン）	ガーニー	（サウス・ダコタ）
フォレット	（ウィスコンシン）		

51) 本論文においては、1945.6月、1946年3月に行われた本委員会公聴会レポートを参照。

52) ヴァンデンバーグは、国際連盟の批准を他の38名の共和党上院議員と共に認めなかったことで、「反譲歩派（The Irreconcilable）」と呼ばれていたが、FDRが亡くなると、彼はトルーマン政権における国際的関与政策の議会勢力結集の中心的人物となっていった。

53) 石油に関連する天然ガスは油田ガスと構造性ガスであり、前者は油田の上層部にガスとして溜まっているか、原油中に溶解しているガスのことであり、後者は油田とは別に油田と同じ成分のガスが埋蔵されていることを示している。固体、液体、気体のどの状態で存在するかは、各成分について温度だけではなく圧力も関係しているためにこのような液体と気体成分が存在するようになる。

54) オイルシェールとは原油成分を固体として含む堆積岩のことである。精製には非常に

手間がかかるため、オイルショック時に期待されたような掘削や精製は進んでいない。主な産出国はエストニア、ブラジル、中国。
55) 石油業界からは、メィジャーズと独立業者の双方からの出席があった。
56) 埋蔵量についてはもともとは一つの概念のみであったが、その後、二次採掘において圧力をさらにかけると原油がもはや湧出しなくなった油井においてもさらに採掘が可能になったことなど、技術が発達したため、確認埋蔵量と推定埋蔵量が使われるようになった。
57) 確認埋蔵量は、現時点での技術において採取できる量とし、推定埋蔵量に関して議論を限定するために、このように分けられた。
58) データから近似曲線を求めるには、様々な方法が開発されている。直線回帰もその1つであるが、2次曲線・3次曲線、多項式曲線などがあるが、一般の社会現象においてはジグモイド曲線をロジスティック回帰により与えることがしばしば行なわれる。ここでは多項式曲線による近似を行なっているが、他の曲線近似でも同様な結果になった。
59) 実際のデータとしては値がないにもかかわらず、構築したモデルにおいて当てはめた近似曲線により数年後先の値を求めることを外挿（エクストラポレーション）と呼んでいる。これに対し、データの間の値を求めることを内挿（イントラポレーション）と呼んでいるが、ここでは外挿を行なっている。
60) U.S. Congress Senate. (1945) *Hearings before a Special Committee investigating Petroleum Resources, New Sources in the U.S., June, 1945. 79th Congress, First Session*. (Washington, D.C.: Government Printing Office, 1945), p.7
61) 確認埋蔵量と推定埋蔵量は、これ以降、石油資源の枯渇において必ず使われるようになってゆくが、枯渇に対する論点を明確化するためである。
62) U.S. Congress Senate. *Hearings before a Special Committee investigating Peroleum Resources, New Sources in the U.S., June, 1945. 79th Congress, First Session*. (Washington, D.C.: Government Printing Office, 1945), p. 9
63) *Ibid.*, p. 11
64) 一部の政府関係者、軍関係者などが、依然として、石油供給体制への危機感を募らせていた。その例として、アメリカ船籍のタンカーによるソ連への石油供給に対する、軍からの強い抗議があった。
65) Daniel Yergin. *The Prize: The Epic Quest for Oil, Money, and Power*. New York: Simon & Schuster, 1992), p. 391.
66) United States Congress Senate. *Hearings before Special Committee Investigating Petroleum Resources 79th Cong., 1st Session June 27 and 28*. (Washington, D.C.: Government Printing Office, 1946), p. 52.
67) 日本石油連盟『今日の石油産業2007』2007年4月

http://www.paj.gr.jp/statis/data/2007/2007_all.pdf

68) United States Congress Senate. *Hearings before Special Committee Investigating Petroleum Resources 79th Cong., 1st Session 1945. June 19, 20, 21, 22, and 25.* 1945 (Washington, D.C.: Government Printing Office, 1946), p. 11.

69) それまでにも、中東においては、イラン・イラクにおいて大規模油田が開発されていたが、アメリカ石油産業の利権は、イラクにおいて5社連合で23.75％を獲得していたに過ぎなかった。したがって、アメリカ企業のみが採掘権を書くとしていたサウジアラビアにおける巨大な埋蔵量は、それ以降の、中東における石油産業地図を塗り替えるに十分なものであったわけである。

70) 油田の規模は、現在では確認埋蔵量が5億バレル以上であれば巨大油田、50億バレル以上であれば超巨大油田と呼んでいる。

71) ベネズエラにおいても、国有化問題は深刻であったが、1946年には、アメリカ政府の仲介のもと、利益折半方式が採用され、以降の経済ナショナリズムの1つの模範となった。

72) アメリカ国務省は「地球の歴史のなかで最も価値ある商業品目（commercial prize）である」とアラビア半島の原油について述べたことがアンソニー・ブラウンにより紹介されている。参照：Anthony Brown. *Oil, God, and Gold: The Story of ARAMCO and the Saudi Kings.* (New York: Houghton Mifflin Company, 1999)

73) Daniel Yergin. *The Prize: The Epic Quest for Oil, Money, and Power.* (New York: Simon & Schuster, 1992), pp. 160-164 においては、当時の海軍省長官であったチャーチルが、すべての軍事用船舶の燃料を石炭油から石油に変更するために、イギリス政府の関与を進言し、アングロ・ペルシアが成立したとしている。

74) 中東は、国際連盟の委任統治下になり、レバノンとシリアはフランス、イラク、パレスチナ、ヨルダンは、イギリスが受任国となった。

第7章

「忘却された戦争」をめぐる未解決な歴史的課題
—— 朝鮮戦争に向けた韓国とアメリカの準備 ——

はじめに —— 朝鮮戦争をめぐる未解決な歴史的課題

　冷戦が終結した結果、(旧ソ連など) かつて閉鎖的であった共産主義政権の公文書館の門戸がこじ開けられ、(これまで隠蔽されてきた) 一次資料が急速に公開された。それは、ソ連と大韓民国 (以下、韓国と略称) との外交関係の改善が背景の1つにあった。一連の一次資料が公開されたことによって、歴史家たちは新たな資料で、古くからの歴史的な課題に対する理解を深めることができるようになった。こうした歴史的課題には、朝鮮戦争 (1950-53年) の起源をめぐる問題がある。こうして公文書館から新たに公開された一次資料によって、北東アジア地域をめぐって、ヨシフ・スターリン (Josef Stalin)、毛沢東、金日成の3人の共産主義政権の指導者たちが予想以上に積極的な外交のやりとりを交わしていたことが明らかになりつつある。彼らは、南北朝鮮とアメリカ、そして中国が直接に戦った朝鮮戦争の軍事計画と編成に関して密接に協議を重ねていたのである[1]。こうした新たな歴史的資料のおかげで、研究者たちは、朝鮮戦争に対する基本的な見方を、特により大きな「冷戦史」の文脈の中に位置づけ、再検討することが可能となった。

　こうして新たな一次資料が公開されたタイミングは、まさにソ連の脅威が大きく後退し、代わりに冷戦後の、朝鮮民主主義人民共和国 (以下、北朝鮮と略称) のような「ならず者国家」の脅威がクローズアップされていった歴史の転換点と重なったため、研究者の好奇心をそそることとなった。新しい一次資料が公開されて以来、北朝鮮の権威主義的な政治体制に批判的な研究者たちは、

金日成が朝鮮戦争の攻撃計画で果たした役割を指摘し、この歴史の証明を現在にそのまま援用して、北朝鮮が韓国に対して「第二次朝鮮戦争」を先制的に仕掛けてくるのではないか、という強い警戒心を喚起している。これに対して本稿では、朝鮮戦争当時のアメリカと韓国、日本の外交行動について多数の未解決な歴史的課題が明らかにならない限り、こうした北朝鮮の「脅威イメージ」は単純な形では、現在の北東アジア情勢に妥当性を持ちえないことを明らかにする。朝鮮戦争が勃発した当時、北朝鮮による攻撃へといたるまでのさまざまな動きが戦争の原因となったが、朝鮮戦争の当事国をめぐる歴史は依然として、1950年6月25日の北朝鮮による南進を「突然の出来事」として描いている。アメリカと韓国が北朝鮮の攻撃準備についてどこまで情報を把握していたのかという問題に加えて、なぜ2つの超大国、アメリカとソ連が戦争終結のための平和条約を締結するために、双方ともほとんど外交的な努力を見せなかったのかを問うことも同じく公正かつ重要な問題提起となるはずである。朝鮮戦争の当事国が1950年代に先延ばしにした課題を未解決なまま残したことによって、それはある意味で現在まで当事国すべてにとっての共同責任となっている。こうして、同じ当事国の6か国が現在、北朝鮮を非核化し、最終的には北東アジア地域に平和をもたらすために朝鮮戦争の時期から残存する課題を解決すべく6カ国協議を重ねている。

1. 朝鮮戦争への道程 ── 北朝鮮とソ連の攻撃準備

　新しい一次資料の公開がもたらした最も重要な影響は、アメリカと韓国が朝鮮戦争勃発の日と位置づけている1950年6月25日早朝の攻撃にいたるまでの諸事件に対するわれわれの理解を大きく変えたことである。共産主義圏の指導たちの間で取り交わされた外交文書が公開されるまで、歴史家たちはこの問題について相対立する2つの説明をめぐって自らの意見を形成してきた。つまり、南北国境の38度線を越えて、相手側がまず攻撃を仕掛けてきた、という南北朝鮮の主張である。だが実は、不幸にも、アメリカとソ連の2つの超大国は、6月

第7章 「忘却された戦争」をめぐる未解決な歴史的課題——朝鮮戦争に向けた韓国とアメリカの準備—— 205

25日のまさに数日前に、南北朝鮮の国境線周辺から軍事顧問団を計画的に撤収し、38度線付近には朝鮮人の部隊だけが残されることとなった。

　旧共産主義圏の公文書館から新たに公開された一次資料によって、歴史家たちは以下の諸問題をめぐって指導者たちが交わした内証の議論についての記録を読むことができるようになった。たとえば、北朝鮮の軍事力の長所と短所、韓国の軍事力の評価、そして何よりもとりわけ、いかなる反撃を南側が加えてくるのかをめぐる計画と懸念である。これら新たな一次資料によって、北朝鮮の韓国への攻撃計画はたしかに断固としたものであったが、必ずしも用意周到ではなかったこと、またソ連は最終的に北朝鮮の軍事作戦の決行に承認を与えはしたが、「自らは参戦しない」という慎重な姿勢に終始したことが明らかとなった。歴史家のキャサリン・ウェザスビー（Kathryn Weathersby）は、これら旧共産主義圏からの新しい一次資料の英語訳に自ら携わった人物だが、こうした発見は「朝鮮戦争を推し進めたのは、モスクワではなく平壌であるという議論の正しさを裏づけている」と結論づけた。だがそれは、この北朝鮮による攻撃が「韓国による挑発への防衛的な反応」であったという意見を支持するものでないという[2]。

　こうした新たな歴史の証明が答えることのできない重要な疑問の1つに、タイミングの問題がある。いつ、どの時点で、スターリンは金日成に朝鮮戦争を開始してもよいという「青信号」を出したのであろうか。おそらく金日成は、ソ連の指導者と会談するために1か月をかけてモスクワを訪問した1949年3月に、スターリンに韓国への軍事行動の計画をはじめて伝えたのではないか、とウェザビーは論じている[3]。この仮説を裏づけるために必要とされる一次資料は、ロシアの高官によって残された会談の要約を除き、現在のところ見つかっていない[4]。この時点で、スターリンは北朝鮮に自制するよう助言している。なぜなら、おそらく韓国が先に攻撃し、北朝鮮は反撃で朝鮮統一の野心を実現する機会を手に入れることができるであろう、と彼は予測していたからである[5]。われわれは、1949年8月半ばの金日成と在北朝鮮のソ連大使T・シトゥイコフ（Terenti Shtykov）との平壌での会談の記録を読むことができる。この会談で、北朝鮮の指導者はたしかに、ソ連の高官に韓国を攻撃する計画を伝えている。

金日成はこの時点で、北朝鮮軍が東方へ進撃する前に、西方の拠点の甕津半島(オンジン)をまず占領するという比較的に保守的なシナリオの攻撃計画を提案している。この最初の軍事行動が成功すれば、北朝鮮は韓国との38度線沿いの国境線を120キロメートル短縮でき、国家安全保障の負担を軽減することができると想定されていた[6]（訳者注：1953年7月の休戦協定で南北の軍事分界線は実際に120キロメートル短縮され、4キロの幅を持つ「非武装地帯（DMZ）」と位置づけられた）。金日成は後日になって、朝鮮半島全体を事実上、支配下に治める前にソウルまで攻略する形で、この攻撃計画の適用範囲を拡大している。こうして、北朝鮮の攻撃計画が変更された背景には、いくつかの要因が存在した。第一に南朝鮮に潜むパルチザンの集団からの支持を期待したこと、第二にアメリカを戦争に巻き込まないだけの迅速な勝利の見込み、第三に軍備供給や北朝鮮軍の訓練などソ連からの支援があった。こうした分析に欠けている視点は、韓国への侵攻を開始する金日成の決断を強化した当時の情勢はいかなるものであったのかをめぐるより詳細な議論である。

　新しい一次資料が公開された後に朝鮮戦争の起源を再検討する歴史研究の中で、和田春樹の業績が最も詳細に、南北朝鮮の指導者たちの野心を分析している。なぜなら、朝鮮戦争の起源についてはブルース・カミングス（Bruce Cumings）の2巻の歴史書がすでに詳しく描写しているが[7]、他の研究は概して、朝鮮半島を武力で統一したいという韓国側の野心を詳細に実証することを無視してしまっているからである。1949年初頭の外交文書からは、北朝鮮が38度線を越えた韓国側からの襲撃に日常的に直面していた状況をモスクワに理解してもらうため、金日成が躍起になっていた様子がうかがえる。彼の最初の攻撃計画は、北朝鮮の安全保障を強化する試みであった。なぜなら、甕津半島で韓国から多数の襲撃が繰り返されていたからである。1949年後半から1950年までの情勢の進展によって、金日成は、韓国への侵攻が成功するだけではなく、もし北朝鮮がそうしたとしても、アメリカが介入してこないはずである、という間違った確信を深めていくこととなった[8]。

　この当時、ソ連側は依然として、（武力での朝鮮半島統一に対して）懐疑的なままであった。1949年8月27日に、ソ連大使のシトゥイコフは、金日成の攻撃

計画に反対する意見書をモスクワに提出した。なぜなら、第1にアメリカはおそらく武器と弾薬を供給するなど韓国を支援するであろう。第2にアメリカはおそらくソ連に対して敵意に満ちたプロパガンダを浴びせてくるであろう。第3に北朝鮮は当時、戦争の勝利を実現するだけの決定的な軍事的優位を韓国に対して確立できずにいたからである[9]。こうした懸念は、9月11日にスターリンが大使館を通じて北朝鮮の指導層に送った質問状のリストの内容に影響を及ぼしたと思われる。この時点で、ソ連の指導者は金日成に対し、以下の点を再検討するよう要請している。第1に韓国の軍事力をどう評価しているのか、第2に韓国で北朝鮮の軍事行動を支持するパルチザン活動からどのような現実的支援を期待しているのか、第3に北朝鮮が侵攻した場合に韓国の世論と人民はいかなる態度をとるか、第4に韓国に駐留するアメリカ軍はいかなる反応を見せるのか、第5に北朝鮮軍の状態とその充足率、そして戦闘能力にどのような自己評価を下しているのか、第6に金日成の攻撃計画はどれだけ現実的で適切であるのか、状況についての自らの評価を示すべし、という内容であった[10]。

アメリカがたとえ軍を投入する形で韓国を支援しなかったとしても、アメリカは韓国を間接的に支援するであろう、とソ連の指導層は信じていた。なぜなら、アメリカはおそらく、韓国軍に膨大な武器や弾薬を供与できるだけではなく、戦闘に参加するように同盟国に協力を求めることができるからである。しかも、戦争経験が豊富にある日本人の残存者が軍事的な協力を要請される可能性が少なからずあると思われた。1949年5月には、中国共産党中央委員会でのソ連共産党中央委員会代表のI・V・コワリョフ（I. V. Kovalev）が、以下に引用する毛沢東の警告をモスクワに伝えている。

　朝鮮の同志たちは、おそらく近いうちに米軍が南朝鮮から撤退すると考えている。しかし、朝鮮の同志たちが恐れているのは、米軍部隊と入れ替わりに日本軍がやって来て、南側が北朝鮮に侵攻するのではないかということだ。われわれはこれらの部隊に反撃するように助言を与えた。しかし、その場合には、南朝鮮軍の中に、日本軍がいるかいないかを必ず考慮しなければならない、とした。もし、日本人が加わっているならば、慎重さを見せること。

そして、敵戦力が優勢な場合には、自らの部隊を保護するという観点から、侵略した敵部隊をよりよい状況を作って包囲し撃破するため、領土の一部を犠牲にした方がよい、と述べた。…もし、アメリカ人が撤退し、日本人が来ない場合、このような状況下でも、（すぐに）南進を実行せず、より適切な状況を待つよう注意を促した。なぜなら、この南進の過程で、マッカーサー（Douglas MacArthur）がすばやく日本の部隊と武器を朝鮮に移動させる可能性があるからである[11]。

アメリカがかつての敵国である日本の武装解除を図ってからわずか5年しか経過していないにもかかわらず、なぜソ連の指導者たちは、朝鮮戦争への日本の参戦を危惧したのであろうか。第1に、日本の豊富な戦争経験があった。第2に、中国人が北朝鮮軍に紛れ込んで戦うことができたように、もし日本人が韓国軍に紛れ込むならば、韓国人か日本人かほとんど見分けがつかないということがあった[12]。また日本人はおそらく、1940年代後半に日本を再軍備するアメリカの占領政策の転換に内々にかかわっていた。そしてソ連は、韓国大統領の李承晩（イスンマン）が1948年10月と1950年2月に日本を訪問した意図を理解していた。李承晩は当時すでに、これらかつての植民地支配の宗主国である日本への訪問を、共産主義の脅威に対抗するために強力な韓日関係を形成することを目的としたものであると説明していた。

1949年8月にシトゥイコフ大使は、アメリカと韓国との同盟を勘案するならば、朝鮮半島で戦争が勃発した場合には、アメリカは韓国に武器と弾薬を供給するであろう、と警告した。また彼は、韓国を援助するために日本軍部隊を派遣するといった介入をしてくるだろう、とも付け加えた[13]。9月14日には平壌へのソ連外交代表団代表のG・I・トゥンキン（G.I.Tonkin）が、「中国の喪失」に苦悩するアメリカは、再び共産主義に対して「朝鮮を喪失する」ことを防ぐためならば、「李承晩を保護するために、すべての力を注ぐであろうことは十分に考えられる」とモスクワに電報を送っている[14]。こうした可能性を金日成は心配してはいなかったようである。1950年5月に金日成は、朝鮮戦争に日本が参戦してくる可能性について毛沢東から質問された時に、その可能性は少ない

と述べている。「このような事態の進展はまずないだろうが、この場合、戦争の結末に深刻な影響を与える。なぜなら朝鮮人は日本人とは激しく戦うからである」と金日成は返答したという[15]。

朝鮮戦争が勃発した直後に、ソ連政府は明らかに、アメリカが戦闘に日本人を投入しているはずだと信じていた。1950年10月25日に全連邦共産党（訳者注、1952年に「ソ連邦共産党」と改称）中央委員会政治局は、ニューヨークの国連にいたA・ヴィシンスキー（Andrei Vyshinsky）に、朝鮮戦争でアメリカが日本軍人を従軍させているという北朝鮮外相の朴憲永の告発を支持するように指令を送った。さらに、アメリカ駐在のソ連大使に対し、以下の内容を伝えている。

　　日本軍人がソウル地区の戦闘にアメリカ軍とともに参加していること、鉄原地区では日本人1個中隊が参加していること、韓国軍第7、第8師団に多数の日本人が参加していること[16]（は確かである）。

これらの事実は、日本の非軍事化を要求した「ポツダム宣言の無視できない違反」に他ならず、また「1947年6月19日付の極東委員会の降伏後における対日基本政策の決議の第3項」にも違反する行為である、とソ連政府は考えていた[17]。

ソ連が金日成の攻撃計画を支持することを躊躇した主要な理由は何か。それはまず、北朝鮮軍の脆弱さにあった。短期戦でさえ、北朝鮮軍が戦争で韓国に勝利するには、ソ連が北朝鮮に必要な武器を供与する必要があった。38度線周辺で襲撃してくる小規模な韓国部隊に反撃するために北朝鮮が使用していた軍備でさえ、まったく不十分であった。1949年2月3日にシトゥイコフ大使はモスクワに対して、北朝鮮軍が当時、国境線をめぐる韓国との度重なる小競り合いで相手に反撃するために、いかに四苦八苦していたかを伝えている。

　　38度線の情勢は不穏である。南朝鮮警察隊と軍部隊は、毎日のように38度線を侵犯し、北朝鮮の警護哨所を攻撃している。38度線を北朝鮮警護隊2個

旅団が守っている。これらの旅団は、日本製の小銃で武装しているだけである。しかも、それぞれの小銃には3発から10発の弾丸しか装填されていない。自動化された武器は存在しない。北朝鮮警護隊がこのような状態であるため、南朝鮮警察隊からの攻撃に際して、北朝鮮は反撃できず、後退を余儀なくされ、弾丸を撃ち尽くし、時には南朝鮮警察隊の手に落ちるのである[18]。

1949年4月20日に、シトゥイコフ大使はモスクワに、北朝鮮軍が特に脆弱な分野についてのリストを報告している。たとえば、パイロットは不十分な訓練しか受けておらず、経験豊富で有能な将軍の任命がまだ行われていない上に、武器製造を支援するソ連の決定は実現されていないばかりか、朝鮮における兵器および弾薬の製造は立ち上がっていない、と指摘された[19]。

1950年6月までにソ連は北朝鮮に大量の武器を供与したが、朝鮮戦争が勃発した後でさえ、北朝鮮はソ連からの武器供与が不十分であると不満をもらしていた。7月3日にシトゥイコフ大使は、自動拳銃からトラックまで北朝鮮が必要とする武器のリストをモスクワに送っている[20]。その後ソ連は、多数の北朝鮮人にパイロットの訓練を行うことも約束した。アメリカからの軍事支援を無償で享受できた韓国とは違って、ソ連は北朝鮮が受け取った武器すべての支払いを要求した[21]。ソ連は同様の条件で、中国への武器供与も行った。1950年に朝鮮戦争を戦うためにソ連が中国に供与した武器の支払いは、近い将来（1951-52年）の返済という条件が中国側に課されたのである。

朝鮮戦争が勃発する1週間前まで、ソ連は北朝鮮に対して、朝鮮半島の平和的な統一を求めることを主張していた。朝鮮戦争が勃発する直前の段階で韓国との合意を実現しようとするこの試みは、プロパガンダの観点からまず解釈できるかもしれない。朝鮮戦争勃発の1か月前に、金日成は、戦争準備と戦争開始の間の中間段階と位置づけられていた計画を発表し、朝鮮半島の対立の平和的な解決を要求した[22]。北朝鮮は実際に、1950年6月7日に「祖国統一実現のための民主前線」計画を発表して、8月5日から選挙を実施し、8月15日の祖国解放の記念日に「統一最高立法機関」の第1会期を開催することを要求した。北朝鮮の提案は、こうした動きに引き続き、南北朝鮮の指導者の間で対話を行

うことを要求していた。アメリカの韓国大使ジョン・ムチオ（John Muccio）は、この出来事をアメリカの国務長官に電報で伝え、この提案を「単なるプロパガンダに過ぎない」[23]と断定的に退けた。しかし南北朝鮮はこの提案を受けて、何ら実質的な成果はなかったものの、38度線で会談を実施した。

2. なぜ中国は朝鮮戦争に参戦したのか —— 第2の歴史的な課題

　新たに公開された一次資料を検証した歴史家たちが強調した第2の問題は、朝鮮戦争での中国の役割であった。朝鮮戦争への中国の参戦に関する決定的な業績と長い間評価されてきたアレン・S・ホワイティング（Allen S. Whiting）の『鴨緑江を渡った中国 —— 朝鮮戦争介入の決断（China Crosses the Yalu: The Decision to Enter the Korean War）』は、朝鮮戦争の攻撃計画における中国の役割について決定的でない歴史の評価を下している。それは、ソ連がそもそも担うべき負担であったというものである。当時の中国は、朝鮮半島ではなく、チベットと台湾に第一義的な関心を持っていた。朝鮮戦争での中国の主要な利害関心は、北朝鮮の勝利がもたらす結果にあった。毛沢東の主張によればそれは、いずれ国際社会に復帰するであろう日本をアジア大陸から締め出したままにし、おそらく北東アジア地域でアメリカの影響力を低下させることさえできる、ということであった[24]。

　ジアン・チェン（Jian Chen）の『朝鮮戦争への中国の道 —— 米中対立の形成（China's Road to the Korean War: The Making of the Sino-American Confrontation）』は、ホワイティングの業績から30年以上経ってから出版されたが、朝鮮戦争の攻撃計画での中国の役割は、従来考えられてきたよりも死活的に重要なものであったかもしれないと指摘している。歴史の転換点は、1949年10月に中国の内戦で共産党が国民党政権に勝利した時点にまでさかのぼることができる。なぜなら、毛沢東は共産主義国の北朝鮮を支援する上でより一層の柔軟さを発揮できるようになったからである、というのである。金日成も同様に、この情勢の変化をソ連との交渉で巧みに利用した。モスクワが北朝鮮の

韓国への攻撃計画を受け入れないならば、北京に支援を求めに行く、と恐喝したからである。1950年1月19日にソ連大使は、金日成との会談内容について、興奮した北朝鮮の指導者が、「もし今、同志スターリンに会うことが不可能ならば、毛沢東がモスクワから帰り次第、毛と会うように努力する」と語った、とモスクワに伝えた[25]。それから2週間も経たない1月30日に、スターリンはシトゥイコフ大使を通じて、統一計画について「金日成を支援する用意はできている」と北朝鮮に伝えた。毛沢東をはじめとした中国の指導者たちも同じく、ソ連の高官との会談で朝鮮戦争の可能性について議論していた。チェンは、中国人は「北朝鮮の侵略にはまったく驚かなかったはずだが、迅速かつ断固としたアメリカの参戦には衝撃を受けたはずである」と指摘している[26]。

またソ連は中国に対し、朝鮮半島での戦闘に派兵することによって、南朝鮮を解放する北朝鮮の努力への支持を明らかにするよう要請した。スターリンは、ソ連軍が朝鮮戦争に参戦すれば、ソ連のイメージが世界で失墜することを第1に恐れて、ソ連が朝鮮戦争にかかわることを望まなかった。北朝鮮軍が朝鮮戦争で勝利できるようにソ連が軍事支援で手助けしただけでも、アメリカとのイデオロギーの対立の上では、ソ連にとってマイナスとなりかねなかった。スターリンは、甕津半島をまず攻撃し、開城に向けて東に進撃するという金日成の最初の攻撃計画の利点について、「甕津半島に沿って攻撃を加えるという発想はよい。これは最初に誰が軍事行動を始めたのかという事実を隠蔽するのに役立つからだ」と指摘している[27]。中国もまた、朝鮮戦争にソ連はかかわるべきではないという点に合意し、スターリンを苦境から救い出した。スターリンはこのおかげで、朝鮮戦争勃発後にアメリカからのプロパガンダをそれほど心配せずに、軍事的な助言と武器を与えることによって、北朝鮮の軍事行動を支持することができた[28]。モスクワはまた、38度線の国境線をめぐってワシントンと署名した合意にも縛られていた。ソ連は、朝鮮半島でこの合意に違反したという非難をアメリカから受けたくはなかった。こうしてスターリンは、あらゆる観点から、もし朝鮮戦争にソ連が直接に関与した場合のアメリカの反応を極度に心配していた。なぜなら彼は、ただソ連に対するプロパガンダだけではなく、朝鮮戦争に参戦する口実をアメリカに与えてしまうのではないかということを

懸念したからである。

　これに対し中国は、こうした国際的合意を結んでいなかったので、いざとなれば（ソ連のような心配はせずに）、朝鮮戦争に参戦することができた[29]。中国の指導者たちは、アメリカが朝鮮戦争に参戦してくる可能性はごくわずかである、と考えていた。なぜなら、アメリカは韓国の支援に駆けつけることで、第三次世界大戦の引き金を引くような危険を冒すはずがない、と中国は考えていたからである[30]。スターリンが金日成から毛沢東に支援を求めるという弱者の恐喝を受けた翌日の1950年1月20日に周恩来がモスクワに到着し、ソ連と中国は、中国がソ連から3億ドルの借款で大規模な武器購入を可能とする中ソ同盟条約の交渉が始まり、22日に行われた正式会談で基本方向が合意された（2月14日に中ソ友好同盟相互援助条約に調印）[31]。

　だが当初は、アメリカが朝鮮戦争に参戦してこない限り、中国は南北朝鮮の内戦に参戦することはないと了解されていた。したがって、もしアメリカが韓国を支援するために参戦しなければ、朝鮮戦争は内戦のまま、本当の意味で「朝鮮戦争」にとどまっていたのである。1950年3月にスターリンは、ソ連を訪問した金日成とこの問題を協議している。この会談で北朝鮮の指導者は、朝鮮戦争はわずか3日間で勝利できるので、中国の参戦は必要ないであろう、と返答したと伝えられている[32]。1950年5月に毛沢東もまた、北京を訪問した金日成と朴憲永と会談し、同じ問題を協議した。毛沢東はこの時点で、万が一の事態に備えて、中国軍を北朝鮮との国境に配備しておく必要があるかと北朝鮮側に尋ねたが、金日成はこの申し出を「ありがたいが、必要ない」と丁重に断った[33]。

　朝鮮戦争に中国が参戦したタイミングから理解できることは、中国の参戦目的は北朝鮮を支援するためではなく、むしろ自国の国家安全保障のためであったということである。中国は1950年の10月19日まで、北朝鮮の領土に足を踏み入れようとはしなかった。この時点ですでに、1950年7月にアメリカが朝鮮戦争に参戦してから3か月が経過していた。またそれは、アメリカが8月27日に北朝鮮との国境線沿いの中国の領土をはじめて爆撃してからほぼ2か月も経っていた[34]。10月7日にアメリカが38度線を越えて北進してからほぼ2週間が

経過していたことも看過してはならない。韓国軍が中国と北朝鮮との国境線の30マイルまで、国連軍が60マイルまで迫ってきた後、中国は10月25日まで、敵軍との戦闘に関与していない。こうして、朝鮮戦争の時に中国と北朝鮮が形成した「歴史的に密接な関係」という両国が後に公言したレトリックにもかかわらず、中国は実際には、同じ共産主義国の北朝鮮が敗北し、その結果、アメリカの巻き返しが自国の主権を脅かした時点になってはじめて、朝鮮戦争に参戦する決断を下したのである[36]。

朝鮮戦争の勃発直前の6月21日にスターリンは、平壌から最後の公式書簡を受け取った。この書簡で北朝鮮の指導者は半狂乱気味に、以下のように述べている。

　　　南側は来るべき朝鮮人民軍による進攻に関して詳細な情報を握っている。その結果、南側は軍隊の戦闘能力強化のため対策を講じている。防衛線が強化され、甕津半島方面には追加部隊が集結している[37]。

このため金日成は、当初の甕津半島を中心に地域を限定した攻撃計画を変更し、南北の国境線全域から今すぐ総攻撃すると申し出て、スターリンはこの提案を直ちに受諾した[38]。朝鮮戦争が勃発する直前の数日間の朝鮮半島には、過去数年間、小競り合いが繰り返されてきた国境線付近で、自国の立場を強化しようと互いに競い合う2つの敵対的な政府が対峙していた。北朝鮮の金日成も、韓国の李承晩も、朝鮮半島を統一するために武力を行使する意図を心に抱いていた。しかも両者とも、お互いの意図を鋭敏に感じとっていた。こうした状況下では、どちらの側も、6月後半の攻撃を「突然の」出来事として状況説明することは不可能に近い。また、最初に攻撃を開始した責任をどちらか一方に、断定的に負わせることも困難であると言わざるを得ない。他方で、お互いに何を知っていたのか、またお互いに何を意図していたのか、そしてお互いに自らの目標をいかに成し遂げようとしたのか、という決定的に重要な課題は、歴史家にとって未解決なまま残されている。

3. 米韓関係の次元 —— 朝鮮戦争に向けた韓国とアメリカの準備

　1997年にジョン・ルイス・ギャディス（John Lewis Gaddis）は『われわれは今やわかっている —— 冷戦史の再考（*We Now Know: Rethinking Cold War History*)』の中で、「トルーマン政権の高官たち、あるいはマッカーサー元帥が李承晩と共謀して、彼に北朝鮮を攻撃させようとけしかけていたことを証明する文書は見つかっていない」ため、北朝鮮とソ連、中国が韓国を攻撃するようアメリカにいわば「巧みに操られた（manipulated）」と主張する歴史解釈を支持することは困難であると書いている[39]。ギャディスが、冷戦とは何かを再検討するために近年公開されたソ連と中国の一次資料を検証した歴史家たちと同様に、こうした結論を下すことは実際に正しいかもしれない。だが他方で、一次資料が欠如しているからと言って、アメリカと韓国が朝鮮戦争の勃発にまったく何の役割も果たしていなかったということを必ずしも意味するわけではない。この問題はおそらく、1950年6月25日までにアメリカと日本、韓国との間で開かれた重要な会談に焦点をあてることで明らかになるかもしれない[40]。だが、これらの会談で協議された内容についての情報が欠如しているため、38度線をめぐる南北朝鮮の行動が（朝鮮戦争を開始する）北朝鮮の決断にいかなる影響を及ぼしたのかを歴史家たちはまだ結論づけることができない。不幸なことに、これまで議論してきた朝鮮戦争に関する最新の歴史研究でも、北朝鮮とソ連、中国の朝鮮戦争直前の戦略を分析する上で、この可能性を再検討することを無視してしまっている。

　こうした日米韓の3か国の主要な指導者たちの間の協議から手がかりとなる資料が「見つかってない」ということは本当に不幸なことである。おそらく最も重要な会談は、1950年2月に東京で開催された李承晩とダグラス・マッカーサー元帥の会談であると思われる[41]。また利用できる一次資料としては、韓国大統領とジョン・ムチオ韓国大使やケネス・C・ロイヤル（Kenneth C. Royall）陸軍長官などアメリカ政府高官との白熱した1949年2月8日の会談の記録が残っている。この会談では、アメリカが朝鮮半島からアメリカ軍を撤退させるタ

イミングと、アメリカが韓国軍に残していく武器に関して話し合われた。この会談で李承晩とムチオたちは、韓国が北朝鮮を侵略する可能性についても協議している。この当時、アメリカが韓国に全面的な支援の形で韓国に武器を供与することを躊躇したのは、好戦的な李承晩が北朝鮮に侵略する結果をもたらしてしまうのではないかという懸念があったからである。おそらくこれとまったく同じ懸念から、多数のアメリカ政府高官たちは、韓国はアメリカの「防衛線」の外にあると発言したのではないかと思われる[42]。

李承晩は明らかに、「アメリカが韓国を見捨てるのではないか」という懸念で頭がいっぱいであった。上述した1949年2月8日のムチオとロイヤルとの会談で、韓国大統領は、もし韓国が北朝鮮を侵略した場合に、自国が持つ優位について言及している。つまり、日本や（国民党政権の）中国と近年戦った経験を持つ15万から20万人の朝鮮人を召集すれば、韓国軍は10万人規模まで容易に増強できるというわけである。また彼は、韓国軍の士気は北朝鮮軍よりも高いとも指摘した。さらに、朝鮮戦争が勃発したならば、北朝鮮から多数の逃亡者が出るはずである、と主張した。そして、国際連合（国連）の承認で、韓国の朝鮮半島全体の統治は正当化されるであろう、とも述べた。こうして彼は、「時機を待つことで得られるものは何もない」と結論づけた。ムチオは李承晩に対し、「アメリカ軍が朝鮮半島にとどまっている間は、北朝鮮への侵略はいずれにしても起こりえない」という警告で返答した[43]。

朝鮮戦争が勃発した場合に、アメリカがどれだけ韓国の防衛にかかわる意思があるのかをめぐる問題は、1949年5月のムチオと李承晩との会談で特に表面化した。韓国大統領は、アメリカが中国の国民党政権を決して見捨てないと朝鮮民族は考えていたが、実際にはアメリカは国民党の中国を見捨てたと指摘した。彼は交渉相手に米韓関係を講釈し、過去の45年間にアメリカは2度も「朝鮮を見捨てた」と指摘した。

セオドア・ローズヴェルト（Theodore Roosevelt）大統領が最初に、朝鮮を見捨てた。フランクリン・D・ローズヴェルト（Franklin D. Roosevelt）大統領がヤルタ会談で、再び朝鮮を見捨てた。これら歴史の出来事を朝鮮人

は決して忘れていない。たしかにアメリカは朝鮮を解放し、われわれに支援を与えてくれた。だが、もしアメリカが朝鮮を救うための戦争にかかわる必要が生じた場合に、朝鮮はアメリカをどれだけ信頼できるのであろうか[44]。

朝鮮半島で戦争になった場合にアメリカからの支援を確実にするために、李承晩は、（成功はしなかったが）米韓防衛条約の締結に向けて交渉しようと幾度となくアメリカに働きかけた。こうした彼の努力は、1949年7月に米韓間の相互防衛支援協定の締結という形でかろうじて結実した[45]（訳者注：朝鮮戦争の休戦後の1953年10月に米韓相互防衛条約が締結された）。

韓国大統領はまた、武力で朝鮮半島を統一するという野心へのアメリカからの支持を確保するために、親交のあるアメリカ人に働きかけていた。1949年9月30日に李承晩は、自分の自伝を書いていた信頼の置ける人物で、助言者でもあったロバート・オリバー（Robert Oliver）に送った手紙で、トルーマン（Harry S Truman）大統領にその内容を伝えるように指示した上で、北朝鮮を侵略するために時機は熟した、と指摘した。李承晩は、ウィンストン・チャーチル（Winston Churchill）の言葉を引用し、「われわれに道具を与えよ。そうすれば仕事はすべてなされよう」とアメリカに支援を懇願した。彼はまた、韓国が「腕組み」をしたまま一歩も動けないままで放っておかないでほしい、とアメリカに繰り返し懇請した。われわれの共通の目的が「共産主義をきっぱりと葬り去ることならば、今こそ時機を逃すべきではない」とも指摘した[46]。

1949年7月2日に、陸軍省は、万が一、北朝鮮による侵略が起こった場合にアメリカがとるべき反応について検討し、緊急計画をとりまとめた。統合参謀本部によって実際的ではないとして部分的に却下されたけれども、この緊急計画はアメリカが同盟国として韓国を支援する決意を明確に打ち出していた。またそのシナリオは、1950年6月25日の朝鮮戦争勃発後にアメリカが実際にたどることとなる連鎖的な事態の変遷をほぼ的確に描いていた。そのシナリオによれば、朝鮮半島からアメリカ人を避難させた後に、まずアメリカは国連の安全保障理事会に、北朝鮮の侵略を「世界の平和への脅威」として問題提起することになる。それからアメリカは、「不可侵な38度線の国境の法と秩序と平和の

回復」を取り戻すために、アメリカが主導し国連の加盟国によって構成される国際的な軍事機動部隊を形成する国連の承認を獲得することを目指す。これらの措置を成功裏に実施した上で、アメリカは、「緊急事態の観点から」韓国に何らかの形で統合軍を形成し派遣する。最終的に、アメリカは朝鮮半島に「トルーマン・ドクトリン」を適応することになるであろう。こうしてアメリカは、「権利が侵害され、共産主義の侵略に積極的に対抗し、専制の脅威にさらされている国民と政府」を支持すること、つまり「共産主義の封じ込め」を実施することになる、と指摘された[47]。こうした緊急計画を策定した背景には、1949年3月17日に締結されたソ連と北朝鮮の間の軍事協定に関する情報がもたらされたことが1つある、と陸軍省の緊急計画は説明している。この合意によって、ソ連は北朝鮮に「6つの歩兵師団と機甲『部隊』に必要な武器と装備」と「8つの『機動力のある』国境警備隊に必要とされる十分な武器と装備」を支援することを約束した。この合意はまた、十分な人員が訓練された段階で、ソ連が北朝鮮に戦闘機を供与する約束が盛り込まれていた[48]。こうした事実だけでは、アメリカが韓国に戦争の準備をさせていたことの証左とはならない。だが、アメリカは少なくとも、戦争が勃発する可能性については鋭敏に感知していたと言うことはできる。

　北朝鮮の高官たちと協議したソ連と同じように、アメリカは韓国に対して、平和的手段での統一を奨励することによって、プロパガンダをめぐる戦争で優位に立つことを提案した。陸軍省の緊急計画は、こうした奨励策の必要性を付け加えている。韓国にとって、こうした提案は、「疑わしい大国間の政治よりも上位に国益、独立、主権を位置づけ、彼らの真のナショナリストの切望（朝鮮半島の統一）に対する信頼を高める心理的な手段」として役立つはずであると指摘された。またそれは、「平和的手段で紛争の解決を図る努力を示す」ことになる。予測ではおそらく、北朝鮮が協力を拒絶するであろうが（提案のメリットと認識されていた）、この場合には、「北朝鮮の非妥協的な姿勢とソ連への隷属がさらに明らかになるであろう」と指摘された。また万が一、北朝鮮がこの提案を受け入れたならば（提案のデメリットと認識されていた）、「統一された」朝鮮政府に共産主義の勢力を取り込むことになり、結果として、政治的手段に

よる政権転覆につながるかもしれない」と指摘された。

　こうした後者の懸念は、朝鮮半島の南半分を占領した当初からアメリカが重視してきた点を改めて強調した形となった。朝鮮に真の民主主義を実現させるいかなる試みも、「連立」を受け入れるか（北朝鮮の共産主義勢力が多数党の政権となってしまう可能性が十分にあった）、それとも民主的な手段でもたらされた結果を反故にする何らかの方策を模索するかの二者択一を朝鮮に迫る可能性があった。どちらの選択肢も、歴史的に最近ようやく植民地から解放された領土に民主主義をもたらすと約束された国家にとっては魅力的な道ではなかった[49]。第3の選択肢として、南朝鮮に分離した政権を樹立させる道が、たとえ北朝鮮がこの先例にならって同じく独自の政権を樹立し、朝鮮半島の分断を固定化してしまうとしても、より現実的な選択肢であることが実際に明らかとなった[50]。この選択肢は少なくとも、共産主義の政党と連立した「朝鮮国家」の出現を食い止めることができた。こうした事態の進展は、「アメリカの国益にとってきわめて不利益」[51]になりうると考えられたのである。だが、もしも2つの超大国が朝鮮半島の政治統合の政策をとっていたならば、たとえ朝鮮政治がさらに極端に左か右かに傾斜してしまったとしても、壊滅的なダメージを残した朝鮮戦争の勃発よりは、朝鮮民族の利益にとってプラスに働いたのではないかと思われる。なぜなら、朝鮮戦争は、現在まで続く形で朝鮮の国家と民族を分断しただけでなく、残酷で抑圧的な政権を正当化するために、真正面から互いに敵国の脅威を利用する権威主義的な政権を南北に残す歴史的な結果を招いたからである。

　陸軍省がとりまとめた長文の報告書は、朝鮮半島で戦争が発生した事態に備えて立案された緊急計画の1つであった。こうした緊急計画は、（北朝鮮からの侵略を食い止めるなど）地域レベルでのアメリカの行動を検討すると同時に、朝鮮半島で断固とした行動をとることが世界的な規模で展開される共産主義の「封じ込め」にもたらしうる利点についても考察を加えている。たとえば、朝鮮半島で強硬な姿勢を見せることによって、ヨーロッパの共産党にアメリカの封じ込め政策をより説得力のある形で見せつけることができた。またいかなる戦争も、ソ連を世界の平和に強制的にかかわらせることが期待されていた。朝鮮

戦争の場合、はたしてソ連は、攻撃を仕掛けた同盟国を擁護するのであろうか、それとも北朝鮮の韓国への奇襲を非難する国連の動きに同調するのであろうか。

1949年6月という早い時点で、アメリカは朝鮮半島で戦争が勃発することを予測していたが、そのこと自体は驚くべきことではない。いずれにせよ、南北間で38度線をめぐり小競り合いが絶え間なく続いていたような時期に、朝鮮戦争が勃発する蓋然性を予測するには、金日成の攻撃の動機（とスターリンの冷淡な反応）についてアメリカが内々に知っている必要は特になかった。しかし、陸軍省の緊急計画がとりまとめられたタイミングは特に興味深い。なぜなら、アメリカ軍が朝鮮半島から撤退した時期と一致するからである。1949年6月30日には、アメリカ軍の撤退は完了した。こうしたアメリカ軍の撤退は、国境線の南北のいずれか一方からの攻撃をむしろ誘発する可能性があった。実際に、陸軍G-2研究によれば、韓国は「アメリカ軍の撤退の機会を捉えて、より好戦的になった」[52]のである。しかし陸軍省の緊急計画は、韓国が朝鮮戦争を開始した場合のアメリカの反応については考察していなかった。

したがって、北朝鮮の侵略計画についてアメリカがどれだけ知っていたのか、またその情報が韓国とその好戦的な指導者を取り扱う上でいかなる影響を及ぼしたのかを検討する必要が生じる。近年公開されたスターリン、毛沢東、金日成の間で交わされた往復書簡によれば、北朝鮮は侵略計画を立案する上で、韓国の秘密情報員からの情報に依拠していたことが明らかとなった。韓国も同じく、北朝鮮に同様のネットワークを構築していたことが容易に想定できる[53]。アメリカの特に重要な公文書をとりまとめた『アメリカ合衆国の対外関係（The Foreign Relations of the United States：脚注ではFRUSと略称）』に収められた資料は、アメリカが北朝鮮の国内で起こった出来事だけでなく、ソ連と北朝鮮との間の外交のやりとりについても把握していたことを明らかにうかがわせる。たとえば、陸軍省の緊急計画は当時、金日成がモスクワを訪問した時に、ソ連と北朝鮮が署名した1950年3月17日の合意について、ソ連が北朝鮮に約束した軍事支援の内容を誇張していたが、詳細に記述している[54]。ただし、北朝鮮と韓国の意図をより詳細に検討したアメリカ側の記録はまだ公開されていない。

ワシントン（と東京）のアメリカの高官が北朝鮮の意図について内々に知っ

ていたとすれば、北朝鮮に軍事行動を開始したいという李承晩の欲求を抑え込む上でより優位な立場にいたと思われる。なぜなら、北朝鮮軍が最初に動き出すまで待てばよい、と李承晩に警告するだけで十分だからである[55]。ソ連と同じく、アメリカも北朝鮮とともに朝鮮戦争の開始にかかわった当事国としてみなされたくはなかった。また中国との関係を抱えたソ連とは違って、アメリカは韓国の関心を引きつけようとして、建国間もない準超大国と競い合う必要がなかった。そのためアメリカは、韓国が抱く戦争の野心に同意することを拒絶しても、韓国が別の大国に支援を求めて二股外交を行うことを心配する必要はなかった。ソ連は早い段階から、たとえ北朝鮮か韓国から侵略されたとしても、軍備の支援は行うが、ソ連軍の支援は期待しないでほしい、と金日成に伝えていた。このため、北朝鮮の指導者が、韓国が北朝鮮を攻撃する前に、韓国に対して先制攻撃を行う必要があると感じてしまった可能性は十分にあった。李承晩がソウルや東京でアメリカの高官たちといくつか会談を重ねていたが、アメリカが韓国に何を約束したのかは、歴史的にまだ明らかになっていない。しかし、朝鮮半島を統一するために韓国が全面攻撃を行うことをアメリカは支持していなかったであろうと思われる。また、韓国が北朝鮮に攻撃された場合に、アメリカは李承晩にいかなる支援を約束していたのかという問題は、歴史家もまだ明確な答えを持っていない。

　朝鮮戦争が勃発する直前の数日前にソ連と北朝鮮が取り交わした往復書簡からは、北朝鮮の侵略計画を韓国が察知していた可能性があることが明らかとなっている。6月14日の時点で、米国中央情報局（CIA）が北朝鮮の侵略が差し迫っていると警告を発していた、とブルース・カミングスは指摘している[56]。韓国はこの警告を明らかに深刻に受け止め、甕津半島の防衛を強化し始めた。1950年6月21日に、前述した通り、金日成はソ連大使のシトゥイコフに対し、韓国が北朝鮮の侵略計画について詳細な情報を握っており、この地域の国境線沿いに防衛を強化している、と興奮して報告している。この理由から、北朝鮮の指導者は、攻撃計画を南北の国境線全体に拡張する形で変更する必要性が生じたと伝えた[57]。

　アメリカは韓国との間で、北朝鮮について蓄積した情報に基づき、いかなる

戦略をとるのかを議論する十二分の機会を持っていた。ソウル、ワシントン、東京で取り交わされたであろう公式文書に加えて、日米韓の3か国は、韓国と日本の首都で、李承晩とダグラス・マッカーサー元帥を含むアメリカ軍部高官たちが同じ会議室で幾度となく会合を重ねている。李承晩は、朝鮮戦争が勃発する前に、東京を二度公式に訪問し、アメリカの軍部高官と日本の吉田茂首相（訳者注：第二次吉田内閣が1948年10月15日から1949年2月16日まで発足）と会談した[58]。最初の会談は、1948年10月半ばに実現し、李承晩はこの時に連合国最高司令官総司令部（GHQ/ SCAP）の指導者と少なくとも2度接触している。彼の2度目の訪日は、1950年2月半ばに実現し、これはスターリンが金日成の韓国侵略計画を承認した数週間後で、金日成がモスクワでスターリンと会談したちょうど数日前というタイミングであった。李承晩とマッカーサーがこれらの会談で話し合った議論については、いかなる記録も公開されていない。韓国大統領が卓越した英語を話す能力を身につけていたため、そもそも通訳を必要としなかった。そのため、少なくともこれらの会談で話し合われた議論を記録できたはずの通訳者の証言が得られない状況である。これらの会談では、おそらく当時の重要な他の争点が、いくつか議論されたはずである。だが、朝鮮半島で戦争が発生する可能性がもし議論されていなかったとするならば、それこそ驚くべきことである。

　李承晩は、マッカーサーとの会談の背後に隠された目的に関して、いくつかの手がかりをメディアに提供している。1950年2月17日付の『スターズ・アンド・ストライプ』紙は、韓国大統領がアメリカのマッカーサー元帥と「主に民主主義国家が共産主義と戦う上で何ができるのか」を議論したことを裏づけている。またこれに付け加えて、会談の声明は一切なされず、「今後もなされない」と指摘された。李承晩の東京訪問に同行した申興雨（シンフンウ）は、李訪問の目的は、「共産主義の敵国に囲まれた状況下での友好」[59]を形成するために韓日関係を強化することにあったと述べている。『ニッポン・タイムス』紙に掲載された李承晩のコメントは、朝鮮半島で戦争が勃発した場合には、アメリカは日本の支援を軍事的に求めるかもしれないという中国と北朝鮮の懸念を増幅させる内容であった。たしかに韓国大統領は、自らの訪問が何らかの軍事的な意味合いを持

つのではないかという考えを退けている。だが、彼は代わりに、東京訪問の目的として韓国と日本の関係強化を強調した。

　経済的にも軍事的にも、いかなる特別な問題も今回の私の訪問とは密接な関係はない。だが、私が念頭に置いていた問題の1つは、いかに韓国と日本の関係を改善するかということであった。マッカーサー元帥だけでなく、数名の日本政府の高官たちと議論できたことを嬉しく思う。
　これまで朝鮮民族が日本人に対して友好的でない感情を抱いてきたことはよく知られている。当の私自身が、日本の友人として知られてきたわけではない。だが、日本人がわれわれと同じように直面する危険を乗り越えようとするならば、不幸な過去について言い争いをするのではなく、私と同じような見解を持つであろう日本政府の高官たちと意見交換をしてみたい[60]。

　しかし、李承晩は韓国に帰国した後、朝鮮半島を統一したいという自らの欲求と、アメリカ側がそれに承認を与えることを躊躇していることについて誤解の余地を残さなかった、『スターズ・アンド・ストライプ』紙は、「たとえ外国の友人たちが、北朝鮮でわれわれの民族の自由を抑圧する外国の傀儡政権を攻撃しようとするような考えを抱くべきではないとわれわれに助言したとしても、北朝鮮を取り戻す約束」を実現したい、という李承晩の発言を引用している[61]。

おわりに ──「突然さ」をめぐる政治学

　ケネディ政権で大統領のスピーチ・ライターを務めたセオドア・ソレンセン(Theodore Sorensen)は1987年に、1962年10月のキューバ・ミサイル危機の間にアメリカ国民への大統領演説をまとめた時に、ソ連のミサイルがキューバに「*突然で、相手をだますような形で配備されたこと*」(注、傍点は著者による)を強調することが特に重要であったと回想した。この点を強調した隠された目的は、「世界が対称の問題に焦点を絞っていないことを確かめる」ことにあった

と彼は続けて指摘している。彼が言う「対称」の問題とは、アメリカとソ連の2つの超大国が、互いに核ミサイルを配備し合い、かつその核ミサイルを互いの国境線に隣り合わせで配備していた当時の現状を意味した[62]。

朝鮮戦争の起源をめぐる最新の研究業績と同時に、ソ連と中国の公文書館から近年公開された一次資料を検証することによって、キューバ・ミサイル危機の事例と同じように核心部分から関心を逸らす目的のために、「突然さ (suddenness)」と「相手をだますこと (deception)」に特に注意を喚起してきた、これまでの試みが明らかとなりつつある。つまり、朝鮮戦争の起源にはどちらの側も責任があるという現実から関心を逸らす意図である。旧共産主義圏から新たに公開された一次資料によって、朝鮮戦争は「突然に」勃発したわけではないことが明らかとなった。なぜなら、アメリカと韓国は、北朝鮮の攻撃が差し迫っていることを事前に感知していた。北朝鮮の侵略はまた、「相手をだます」形でなされたわけでもなかった。どちらの側も、朝鮮半島を武力で統一する意思をかなり率直に語っていたからである。またどちらの側も、38度線を挟んで互いにこうした共通の目的を共有していたことを十分に知っていた。1950年6月25日にいたるまでの数か月間の38度線をめぐる当時の状況をかんがみるならば、どちらか一方が警戒を緩めたとも考えにくい。当時アメリカの国務長官だったディーン・アチソン (Dean Acheson) が後に1950年のリラックスした真夏の日を描いたように、「何か重大な紛争をわれわれに警告するような予感がまったくないまま」、週末をのんびりと過ごせると期待できるような状況では決してなかった[63]。

こうして、「突然さ」と「相手をだますこと」が朝鮮戦争の起源を歴史的に定義するようになったばかりではなく、こうしたイメージが現在まで、政治とメディアが北朝鮮の国家を認識する上で重要な構成要素として生き残ってしまっている。北朝鮮の「予測不能な」性質のおかげで、北朝鮮が朝鮮半島を武力で統一する究極の目的を実現することを再び試みる場合に備えて、アメリカは北東アジア地域に10万人規模の軍事プレゼンスを維持してきた。また北朝鮮の「相手をだます」性質は、非武装地帯 (DMZ) の地下に掘られた秘密のトンネルや極秘の武器開発、そしてかつて署名した国際合意を遵守しない彼らの意向

などによって、そのイメージが容易に増幅されてしまっている。こうした結果、この「ならず者国家」との交渉に関与することは無益な努力に終わり、軍事的な関与が唯一の選択肢として残る、ということになりがちである[64]。

　北朝鮮からこうしたイメージを払拭することによって、北朝鮮という国家を合理的なアクターとみなすイメージを再検討することが1つ可能である。経済成長を目指しつつ、国家安全保障を強化する選択肢を模索する国家という視点である。これは、政治的にリスクをともなう核開発プログラムが1980年代に着手されたが、なぜ北朝鮮がこれに関与したのかを説明する上で1つの考え方であった。1994年6月のジミー・カーター（Jimmy Carter）元大統領の平壌への訪問後の交渉は、アメリカと北朝鮮との関係の歴史ではじめて北朝鮮の核開発の問題に取り組んだ「枠組み合意」を1994年10月にとりまとめた。しかし、この枠組み合意に対する批判は、すでに述べた（北朝鮮に対する）伝統的なイメージからその取り決め内容を攻撃した。1950年6月に北朝鮮が「突然に」攻撃したということが、今日でさえ、この国家を信用できない存在にしてしまっていると言ってよい。また北朝鮮の「相手をだます」性質は、国際的に合意された約束が破られるであろうという疑いを高めることになる。「枠組み合意」が査察メカニズムの受け入れを除外していたことは、北朝鮮をそれだけ一層不可解な存在として際立たせることとなった。さらに、北朝鮮が潜在的に持つ軍事力は、「関与」政策の限界によって強化された形で、北東アジアの同盟国だけでなくアメリカの領土まで脅かすまでになった、と指摘される[65]。

　こうしたレトリックは、朝鮮戦争とキューバ・ミサイル危機で使われたレトリックと同じく、北朝鮮側の事情からは目を背け、アメリカの国益への北朝鮮の脅威に議論の焦点を絞ることに成功している。また、北朝鮮が保有しているかもしれないわずか1、2発の核弾頭への懸念に焦点を絞ることによって、2つの国家がアメリカと60年間もまだ戦争状態にある（つまり1953年7月の休戦協定後、戦争を最終的に終結させる平和条約は締結されていない）という現実から関心を逸らしてしまうことになる。アメリカが韓国と日本に持ち込む核兵器だけでなく、現在でもアメリカが両国に差し伸べる「核の傘」によって、北朝鮮が大量破壊兵器（WMD）を保有することを国家安全保障の優先課題と位置

づけることとなっているという現実からも目を背けてはならないであろう。また北朝鮮をめぐる単純なレトリックは、経済と安全の保証の見返りにアメリカの要求を受け入れるという北朝鮮からの申し出をプロパガンダとして退けてしまう結果をもたらすことになる。その結果、1950年7月まで内戦だった朝鮮戦争にアメリカが介入し、戦争を国際化して以来、アメリカは、2つの陣営を巻き込んできた紛争の解決のために有益かつ前向きな提案をほとんどしてこなかったという事実からも関心を逸らしてしまう。世界規模で影響力を持った2つの超大国の指導者たちが自ら創設した2つの朝鮮国家との間で取り交わした議論は、1950年6月に朝鮮戦争が勃発したことに一定の責任を負っていることを物語っている。また、朝鮮戦争を最終的に終結させるための平和条約を締結する交渉に積極的に取り組む必要があるのである。

注

1) この問題について最も重要な業績は、Sergei N. Goncharov, John W. Lewis, and Xue Litai, *Uncertain Partners: Stalin, Mao, and the Korean War* (Stanford: Stanford University Press, 1993); Jian Chen, *China's Road to the Korean War: The Making of the Sino-American Confrontation* (New York: Columbia University Press, 1994); and Kathryn Weathersby, *Soviet Aims in Korea and the Origins of the Korean War, 1945-1950: New Evidence from the Russian Archives* (Washington, D. C.: Woodrow Wilson International Center for Scholars, 1993)である。またウェザスビーの最新の業績も参照した。Kathryn Weathersby, 'Should We Fear This?': Stalin and the Danger of War with America," Working Paper #39, *Cold War International History Project* [hereafter *CWIHP*] (July 2002). さらに以下の邦語文献も手がかりとなる。A. V. トルクノフ（下斗米伸夫・金成浩訳）『朝鮮戦争の謎と真実 — 金日成、スターリン、毛沢東の機密電報による』（草思社、2002年）；和田春樹『朝鮮戦争全史』（岩波書店、2003年）。以下は訳者注だが、トルクノフの著作は、1994年にロシアのボリス・エリツィン（Boris N. Yeltsin）大統領が朝鮮戦争に関するソ連共産党政治局（現大統領府文書館）の資料を韓国や中国政府などに手渡し、その重要部分をとりまとめたものである。訳者の一人である下斗米伸夫の『アジア冷戦史』（中央公論新社、2004年）、74頁を参照。

2) Kathryn Weathersby, "New Findings on the Korean War," *CWIHP Bulletin* #3 (Fall

1993), pp. 1, 14-18.
3) Kathryn Weathersby, "To Attack, or Not to Attack? Stalin, Kim Il Sung, and the Prelude to War," *CWIHP Bulletin* #5 (Spring 1995), pp. 1, 2-9.
4) 1949年3月7日の金日成とスターリンとの会談で武力統一の提案がなされた、と和田春樹は指摘している。和田『朝鮮戦争全史』、82頁の（注）36。
5) Weathersby, "Should We Fear This?," p. 4.
6) トルクノフ『朝鮮戦争の謎と真実』、61頁。金日成は8月12日と14日に、ソ連大使のシトゥイコフと会談した。シトゥイコフ大使がモスクワに送った会談内容の報告によれば、金日成と朴憲永は「現在、明らかなのは、平和的な再統一に関して …ソウルは提案を拒否しているということである。したがって北側には、南側への進攻準備を開始する以外の選択はないのである」と表明した。同上、58頁。
7) 朝鮮戦争の起源についてのブルース・カミングスの2巻に及ぶ歴史書は、Bruce Cumings, *The Origins of the Korean War*, Vol. I: *Liberation and the Emergence of Separate Regimes, 1945-1947* (Princeton: Princeton University Press, 1981), and *The Origins of the Korean War*, Vol. II: *The Roaring of the Cataract, 1947-1950* (Princeton: Princeton University Press, 1990)である。以下の引用は、特に第2巻を参照した。
8) こうした事態の進展には、第1にソ連が核実験に成功したこと、第2に中国の内戦で共産党が国民党軍に勝利したこと、第3にソ連と中国が最終的に北朝鮮の攻撃計画に前向きな反応を示したことなどがある。
9) トルクノフ『朝鮮戦争の謎と真実』、61頁。
10) 同上、63-64頁。Weathersby, "To Attack, or Not to Attack?"も参照した。金日成は9月12日と13日に、平壌に派遣されたソ連外交代表団代表のG. I. トゥンキンとの会談で、スターリンの懸念に返答している。同上、64-70頁。
11) トルクノフ『朝鮮戦争の謎と真実』、104-105頁。
12) シトゥイコフ大使はモスクワに金日成の言葉を報告し、毛沢東が金日成に「必要ならばわれわれは中国兵をこっそりあなた方のところへ派遣することができる。みな髪が黒いから、見分けがつかない」と発言した、と指摘している。和田『朝鮮戦争全史』、47頁を参照。
13) トルクノフ『朝鮮戦争の謎と真実』、61-62頁。8月27日に、シトゥイコフ大使は南進に反対する意見書をスターリンに提出した。
14) 同上、69頁。
15) 同上、112頁。
16) 和田『朝鮮戦争全史』、246頁。
17) Kathryn Weathersby, "New Russian Documents on the Korean War," *CWIHP Bulletin #6 and 7* (Winter 1995/6).

18) トルクノフ『朝鮮戦争の謎と真実』、30頁。
19) 同上、35-36頁。
20) 同上、124頁。
21) 和田『朝鮮戦争全史』、98-99頁。
22) スターリンの提案に基づき、金日成は三段階の計画を作成した。第1段階は兵力を準備、集結し、第2段階では平和的統一提案を提示し、それが韓国側で拒絶された後、第3段階で軍事行動を開始する、というものであった。金日成はスターリンと自分たちが合意した案として毛沢東にこれを説明し、毛沢東はこの計画に全面的に賛意を表した。同上、113頁。
23) Ambassador Muccio to the Secretary of State, June 9, 1950 in *The Foreign Relations of the United States* [hereafter *FRUS*]: *1950*, Vol. VII, pp. 98-99.
24) Allen S. Whiting, *China Crosses the Yalu: The Decision to Enter the Korean War* (Stanford: Stanford University Press, 1960), pp. 45-46.
25) 1950年1月17日に朴憲永が主催したソ連・中国代表との夕食会の席上の金日成の発言について、シトゥイコフ大使は1月19日にモスクワに報告した。「金日成が強調するのは、毛沢東が、中国での戦争が終了したら、朝鮮へ支援すると約束したということだ」と付け加えている。トルクノフ『朝鮮戦争の謎と真実』、88-89頁を参照。スターリンは1月30日にシトゥイコフ大使に、統一計画について金正日を支援する用意ができていることを彼に伝えるよう指示したが、同時に「同志金正日の不満はわかるが、彼が実行を望んでいるような、南朝鮮に対するこのような大事業には、大がかりな準備が必要だということを理解しなければならない。リスクが大きすぎることのないよう、事を行わなければならない。もしも金日成がこの件に関して私との会談を望んでいるならば、私は金日成を迎え入れ、会談の準備を整える」旨を金正日に報告させた。同上、92頁。毛沢東はこの時に、モスクワに滞在中であった。彼がスターリンと朝鮮情勢について協議したことが容易に想像される。
26) Chen, *China's Road to the Korean War*, p. 126.
27) トルクノフ『朝鮮戦争の謎と真実』、98頁。
28) ある歴史家は、朝鮮戦争勃発時の国連の安全保障理事会をボイコットした理由の一つとして、韓国を支援する決議にソ連が拒否権を行使した場合のアメリカからの批判を恐れたことを指摘している。呉忠根「韓国戦争과ソ連의国連安保理事会欠席：虚事끝せスターリン의失利外交」『韓国政治学会報』第35巻、第1号（2001年春）、105-123頁。
29) この意見は、1950年5月15日に議論された。朴憲永もその後、同じ主張を繰り返している。トルクノフ『朝鮮戦争の謎と真実』、113頁を参照。
30) 1950年5月12日にシトゥイコフ大使はこの内容をモスクワに報告した。同上、109頁

第7章 「忘却された戦争」をめぐる未解決な歴史的課題——朝鮮戦争に向けた韓国とアメリカの準備—— 229

を参照。
31) ソ連が国民党政府と結んだ同盟友好条約を「改変したら、ヤルタ会談の決定に反することになるのではないか」と毛沢東が述べたのに対して、スターリンは「その通りだ。反することになる。…たしかに、これはわれわれにとって若干の不都合を伴う。われわれは米国人と闘争しなければならなくなる。だが、われわれはすでにこのことを受け入れている」と述べた。和田『朝鮮戦争全史』、97-98頁。この毛沢東のモスクワ訪問時に、金日成はモスクワに金光俠（キムグァンヒョップ）を派遣し、毛沢東と会談させ、中国の内戦で戦った朝鮮人兵士を解放することを要請した。
32) 同上、111頁。韓国も同じように、アメリカが北朝鮮への攻撃に「青信号」を出してくれるならば、自分たちは平壌を占領できるはずだと予測していた。
33) 同上、114頁。
34) たとえば1950年8月27日に、アメリカの空軍は安東を猛爆撃している。Stone, *The Hidden History of the Korean War*, pp.90-92を参照。ストーンは、最初の5000人規模の中国人民志願軍部隊は鴨緑江沿いのダムをアメリカの攻撃から防衛することを主たる任務としていたと主張している。Ibid., pp. 154-155を参照。
35) Ibid., p. 154.
36) 1950年10月13日の時点でも、中国が朝鮮戦争に介入することを拒絶していたことを新しい一次資料は示唆している。Weathersby, "Should We Fear This?," p. 19.
37) トルクノフ『朝鮮戦争の謎と真実』、119頁。
38) Weathersby, "Should We Fear This?," p. 15. この当時から利用できた他の唯一の文書は、6月26日にシトゥイコフからM. V. ザハロフ（M. V. Zakharov）元帥に打電されたと伝えられている前向きな報告がある。ザハロフ元帥は、ソ連軍の参謀本部代理の地位にあり、朝鮮戦争中には平壌への特別ミッションの代表も務めた。このシトゥイコフによる報告は、「敵を完全に奇襲した」と述べ、上述の報告と矛盾した内容となっている。Weathersby, "New Russian Documents on the Korea War," pp.27-28. 韓国の東海岸の海上に言及したが、朝鮮語の「東海（tonghe）」ではなく、「日本海」についての報告と題された文書にも、疑問を抱く歴史家がいるかもしれない。ウェザスビーは、この文書はボリス・エリツィンが韓国に手渡した外交文書の中には含まれていなかったが、朝鮮戦争の特別番組のための調査を行う過程でBBCが発見した資料であると指摘している。Kathryn Weathersby, "The Soviet Role in the Early Phase of the Korean War: New Documentary Evidence," *The Journal of American-East Asian Relations*, Vol. 2, No. 4 (Winter 2007), p. 3を参照。
39) John Lewis Gaddis, *We Now Know: Rethinking Cold War History* (Oxford: Oxford University Press, 1997), p. 77. 以下は訳者注だが、このギャディスの著作の邦訳は、ルイス・ハレー（Louis J. Halle）の古典的な著作を意識し、『歴史としての冷戦——力と

『平和の追求』と題された（赤木完爾・斎藤祐介訳で慶応大学出版会から2004年に出版）。副題は、米ソ冷戦が「力の対立」だけではなく、「イデオロギーの対立」でもあったことを意識したものとなっている。また、ギャディスの近著、The Cold War: A New History (London: Penguin Books, 2005) が河合秀和・鈴木健人訳で『冷戦――その歴史と問題点』（彩流社、2007年）として翻訳されている。

40) たとえば、1950年6月19日にジョン・フォスター・ダレス（John Foster Dulles）は、韓国（と南北国境）を訪問している。この訪問時に行った演説で、近い将来に国務長官となる彼は韓国の聴衆に向けて、アメリカは必要となれば韓国を支援するために駆けつけるので、韓国の国民は「孤独ではない」と力強く語りかけた。Cumings, *The Origins of the Korean War*, Vol. II, p. 503 を参照。

41) 李承晩に関する陸軍の対情報部隊（CIC）のファイルは、韓国大統領が東京に3度訪問したと報告している。最初の訪問は1948年10月、2度目の訪問は1950年2月、3度目の訪問は1953年1月である。李承晩がマッカーサー元帥とマーク・クラーク（Mark W. Clark）、あるいは日本の吉田茂首相と会談した内容は、彼が彼らと実際に会談したという事実以外には、詳細は一切明らかになっていない。

42) これまで最も広く議論されてきた意思表明は、周知のとおり、1950年1月の悪名高いアチソン国務長官によるナショナル・プレスクラブでの演説である（訳者注：「不後退防衛線（defensive perimeter）」から朝鮮半島と台湾が除外されていた）。Cumings, *The Origins of the Korean War*, Vol. II の13章を参照。

43) "Memorandum of Conversation by the Secretary of the Army (Royall)" (February 8, 1949), *FRUS: 1949*, Vol. VII, pp. 956-958. 北朝鮮側は、アメリカが軍を撤収した直後に、韓国が攻撃を仕掛けてくるのではないかと予測していた。特に朝鮮が日本の植民地統治から解放された4周年にあたる1949年8月15日か、その前後の日程で開戦日が決定されているのではないかと想定された。北朝鮮は韓国からの攻撃の可能性を6月半ばまでに強く確信するようになり、南北国境線に沿って地下トンネルを掘り始めた。Cumings, *The Origins of the Korean War*, Vol. II, p. 392 を参照。

44) "Memorandum of Conversation by the Ambassador in Korea (Muccio)" (May 2, 1949), *FRUS: 1949*, VII, pp. 1003-1005. セオドア・ローズヴェルトについて李承晩が言及したのは、（日露戦争後に）日本が朝鮮半島を事実上の植民地として保護国化する時にアメリカ大統領がまったく行動しなかったこと（とおそらくその動きを奨励したこと）を意味している。またフランクリン・ローズヴェルト大統領は、（第二次世界大戦末期の）1945年2月ヤルタ会談でソ連に対し、朝鮮半島の信託統治を提案している。

45) たとえば、"The Ambassador in Korea (Muccio) to the Secretary of State" (May 17, 1949), ibid., p. 1029 を参照。アメリカは韓国に、最新の友好と通商の条約を交渉することを提案した。当時、金日成も同様に、ソ連と同じく防衛条約を締結しようと試みた

が、成功しなかった。トルクノフ『朝鮮戦争の謎と真実』の27-28頁には、1949年1月17日のシトゥイコフソ連大使と金日成、朴憲永との会談の様子が描かれている。

46) 李承晩のこの手紙の邦訳は、トルクノフ『朝鮮戦争の謎と真実』の53-56頁で参照できる。

47) "Memorandum by the Department of the Army to the Department of State" (June 27, 1949), *FRUS: 1949*, VII, pp. 1047-1048. 統合参謀本部は、陸軍省の緊急計画が想定したシナリオの第3段階と第4段階を実際的ではないと判断した。Ibid., pp. 1055-1057 を参照。

48) Ibid., p. 1049.

49) 多数の研究が、朝鮮半島で選挙が実施されたならば、左翼の政治家の説得が功を奏し、共産主義勢力が勝利したであろうと示唆している。またソ連大使は、以下の北朝鮮の発言を引用している。つまり、韓国が侵略の準備をしている理由は、総選挙になれば、「左派および社会主義組織は、北側では80％の支持を、そして南側においては65-70％の支持を獲得する」ため、彼らが平和的統一の道を選択できないからである、という内容であった。トルクノフ『朝鮮戦争の謎と真実』、40頁。こうした北朝鮮側の想定は誇張されたものであったように思われるが、アメリカでさえ、南朝鮮は統一選挙で敗北するであろうと認識していたと一般に理解されている。朝鮮戦争が発生した後に南朝鮮で期待されるような支持を、当時の南朝鮮は獲得できていたわけではなかった。

50) 南朝鮮は1948年5月10日に選挙を実施し、同年8月15日に「大韓民国（韓国）」の樹立を発表した。北朝鮮側はこれに対し、1948年9月9日に「朝鮮民主主義人民共和国（北朝鮮）」の樹立を発表した。

51) "Memorandum (UNCOK and U.S. Policy at the Fourth General [UN] Assembly)," *FRUS: 1949*, VII, p. 1073.

52) Cumings, *The Origins of the Korean War*, Vol. II, p. 388 に引用された。カミングスはさらに、韓国政府は挑発的な怒りを「煽っただけでなく、おそらくすでに顕わにしている」と陸軍省の緊急計画が控えめに表現した結論を引用している。カミングスは、こうした韓国の行動と、これに対し比較的に無反応な北朝鮮側の姿勢は、朝鮮半島に駐留するアメリカ軍への南北朝鮮の姿勢の違いを反映したものであると結論づけた。「1949年の夏に、北朝鮮はアメリカ軍が撤収することを望み、韓国のような攻撃的な姿勢は見せなかった。これに対し韓国は、アメリカ軍の駐留を必要とするような対立を煽ることを望んでいた」と彼は書いている。Ibid., p. 390.

53) 和田春樹は、韓国の秘密情報員は北朝鮮のあらゆる地域で組織されていたと指摘している。和田『朝鮮戦争全史』、49頁。またG-2報告書は、情報源として北朝鮮からの逃亡者や北朝鮮での匿名の情報提供者の存在を指摘している。こうした情報には、軍事基地に掲示された日程表、食料の配給、兵士の給与、北朝鮮軍人の勲章など詳細な

情報が含まれていた。

54) 陸軍省の緊急計画は、ソ連が北朝鮮に対し、8つの大隊と6つの歩兵師団に必要な装備に加えて、20の偵察機、100の戦闘機、30の爆撃機など比較的に軽武装の武器供与を約束したと指摘している。"Memorandum by the Department of the Army to the Department of State," *FRUS: 1949*, VII, p. 1049.

55) 北朝鮮は、韓国からの軍事侵略が1949年8月15日か、あるいは1950年初頭に実施されるのではないかと予測していた。ソ連と中国の両国は北朝鮮に対して、韓国が攻撃してこないことが明らかになる時点まで、北朝鮮は単独で攻撃を開始するのではなく、韓国からの攻撃を待つべきである、と警告を発していた。

56) Cumings, *The Origins of the Korean War*, Vol. II, p. 566.

57) 1950年6月21日に、シトゥイコフ大使はこの内容をスターリンに報告している。トルクノフ『朝鮮戦争の謎と真実』、119頁を参照。また、アメリカの高官たちが北朝鮮の攻撃に気がついた当時を振り返ると、こうした北朝鮮の攻撃計画の性急な変更が、このニュースを知った時に、多数の人物が攻撃を最初に開始したのは韓国側であると報告した混乱を生じさせたのではないかと想定できる。

58) 李承晩の3度目の訪日は、1953年1月に実現した。この当時、日本国内の朝鮮人の間で噂になったことは、韓国大統領の訪日の意図は、韓国軍に日系朝鮮人を徴兵させるために彼らを本国へ送還させることだというものであった。

59) "Rhee Has Talk with MacArthur," *Stars and Stripes* (February 17, 1950).

60) "Rhee Calls on Japanese to Join Anti-Red Battle," *Nippon Times* (February 17, 1950).

61) "Rhee Vows to Recover North Korea," *Stars and Stripes* (March 1, 1950).

62) アメリカは当時、同盟国のトルコに核ミサイルを配備していた。ソレンセンの発言は、キューバ・ミサイル危機当時に一定の役割を果たしたソ連、キューバ、アメリカの政府高官とこの問題に精通した研究者たちが1987年10月に一同に会した国際会議でなされた。James G. Blight and David A. Welch, *On the Brink: Americans and Soviets Reexamine the Cuban Missile Crisis* (New York: The Noonday Press, 1990), p. 246を参照。

63) Dean Acheson, *The Korean War* (New York: W. W. Norton & Company, 1971), p. 15.

64) このような批判は、学術的な研究や雑誌の論文から、議会の委員会での公聴会（ヒアリング）、大衆紙までさまざまな情報源で観察できる。

65) アメリカと北朝鮮との「枠組み合意」の経緯については、以下の拙稿を参照。Mark E. Caprio, "U.S.-DPRK Diplomatic Relations under the Clinton Administration: Cycles of Conflict and Resolution," *American-Asia Review*, Vol.21, No.1 (Spring 2003).

第 8 章

池田政権の「ビルマ重視路線」と日米関係
―― 戦後日本外交と東南アジアの冷戦 1960 – 1963 ――

はじめに

　本章は、池田政権期の日本外交の展開を、アジア冷戦をめぐる日米関係の相互作用のなかで解明しようとするものである。日米「イコール・パートナーシップ」を通して、冷戦における日本の地位と役割、そして日本と冷戦の関わりを浮かび上がらせることが目的である。

　池田政権期に焦点を当てて、日本がいかに冷戦に関わったのかを論じた研究は極めて少ない。なぜなら、①従来の研究では、一般的に、日米安保の庇護の下、戦後日本外交は冷戦と距離をとり、経済発展に邁進したと理解され、②とくに、「吉田路線」が定着したとされる池田政権期は、「経済中心主義」の戦後日本外交を象徴するものと捉えられているからである[1]。

　本章で明らかにするように、池田政権期の日本は、①日米関係を強化し、アジアの反共政策で大きな役割を果たすことで、「自由主義陣営の有力な一員」としての地位と役割を確立させ、かつ②アジアでの共産主義の拡大を食い止めるうえでアメリカと十分に協力することを目指していた。では、池田政権はなぜこうした方針を構想・実施したのか。またそれは、どのような結果をもたらしたのであろうか。

　本章はまず、日米が「イコール・パートナーシップ」を謳いあげた理由について考察を加える。その際には、「イコール・パートナーシップ」論が、日米関係だけでなく、冷戦における日本の地位と役割と密接に連動していた点が重視される。なぜなら、「イコール・パートナーシップ」は、アジアにおける役割拡

大に向けた日本の決意と、それに対するアメリカの期待が重なり合ったものだったからである。

　それでは、日本はアジア冷戦でいかなる役割を果たし、アメリカはそれをどう評価したのか。アジア冷戦をめぐって日米は十分に協力することができたのか。本章は、日米がともに強い関心を寄せていた東南アジアに焦点を当てて、これらの点を明らかにする。

　日本政府の東南アジア政策について論じるに当たり、まず議論すべきは、日本の脅威認識であろう。次いで、日本がどの国を東南アジア戦略上の重点地域と定め、限られた手段と資源をいかに用いて共産主義に対抗したのかを解明する必要がある。結論から言えば、池田政権は「ビルマ重視路線」を展開するが、それはどのようなものだったのであろうか。

　さらに、日本の東南アジア政策が、アメリカとのいかなる相互作用のなかで構想・実行されたのかが考究されねばならない。つまり本章では、東南アジアの冷戦への対処、即ち脅威認識や重点地域、対抗手段などをめぐる日米の協調と対立を明らかにする。

　アメリカは、中国の脅威を重大視しその孤立化を追求した。中ソ対立の激化、中国の核開発、中印国境紛争は、アメリカの中国に対する警戒感を一層募らせるものであった。またアメリカは、東南アジア反共戦略上インドとベトナムを重視し、とくにベトナムでは経済問題の重要性を認識しつつも軍事的手段に傾斜した。他方、日本政府は、ビルマを重視する一方で、南ベトナムへの支援には必ずしも積極的ではなかった。このような東南アジア政策をめぐる日米の違いは、どう説明され、位置付けられるべきであろうか。

1.「イコール・パートナーシップ」——日米関係と東南アジア政策

(1) 池田政権の成立
1) 池田政権の対米協調路線

　1960年7月、池田勇人政権は「安保闘争」が巻き起こした強い逆風の中で出発した。国内では、岸信介政権への激しい反発で、自由民主党（自民党）支配が危機に直面していた。

　対外的には、ドワイト・D・アイゼンハワー（Dwight D. Eisenhower）大統領の訪日中止で、自由主義陣営の日本に対する信用は失墜し、「自由主義陣営の一員」という日本の国際的地位が揺らいでいた。それは、1960年6月にフランスのシャルル・ド・ゴール（Charles De Gaulle）大統領が、「安保闘争」への懸念を表明したうえで、「次に来る日本政府はまず国内は治安を回復し、外は西欧陣営の重要な一員としてのわれわれの信頼に応えていただきたい」と古垣鉄郎駐仏大使に求めたことに端的に現れている[2]。自民党や外務省も、日本の国際的信用の失墜を深刻な問題として捉えていた[3]。

　池田は、何よりもまず来るべき総選挙で勝利を収めねばならなかった。それと並んで、安保改定の混乱でささくれだったアメリカとの関係を修復し、自由主義陣営の信用を回復しなければならなかった。小坂善太郎外相が振り返っているように、「安保騒動の余韻が残り、日米関係は複雑」となっており、池田政権にとって「日米関係の修復が最大の懸案」であった[4]。

　発足直後から池田政権は、日本が「自由主義陣営の一員」であり続けるべきことを強調した。池田は、10月の施政方針演説で「自由民主主義国としてのわが国の基本的立場を堅持」すると断言した[5]。

　自民党も、「あくまでも自由世界の一員として、米国をはじめひろく自由主義諸国との提携協力をますます増進する」との方針を堅持した。「自由主義体制こそが、わが国の成長発展を遂げる唯一のもの」であり、自由主義諸国との協調は、日本の経済発展だけでなく、「独立と平和と安全」を守るうえで必須であった[6]。

自由主義陣営のなかで最も重視すべきはやはりアメリカであり、池田は施政方針演説で「日米両国の友好関係がますます深められることを堅く信じて疑わない」と日米関係の重要性を指摘した[7]。小坂も外交方針演説で、「安全保障の分野においてのみならず、その基礎をなす政治、経済、文化、科学等、あらゆる分野におきまして日米両国の協力関係をますます緊密ならしめて参る所存であります」と述べた[8]。

　さらに政府・自民党は、社会党が掲げる中立主義を激しく排撃した。中立主義の否定は、来るべき総選挙で社会党に対抗するためのものであると同時に、アメリカをはじめとする自由主義陣営に向けたメッセージであった。

　自民党は、社会党の非武装中立論は「国際共産主義の戦略に呼応して掲げられたものであり、日本国民を迷わし、混乱におとしいれる」ものだと、痛烈に批判した。自民党によれば、非武装中立論は、日本経済を破綻させ、日本を共産主義の脅威に曝す「危険きわまりなき空論」なのであった[9]。

　10月の施政方針演説において、池田は中立論を激しく攻撃した。中立論は①国際情勢についての具体的検討を怠り、②日本が東西のパワー・バランスに多大の影響を与える事実を看過し、③日本の経済成長が自由主義陣営との協力によるものであることを無視する「幻想」だと、池田は断じたのであった[10]。

2）小坂訪米

　池田政権による度重なる対米協調路線の表明や、中立主義の否定は、ワシントンでも歓迎された。だが、「安保闘争」の傷は深かった。朝海浩一郎駐米大使とアメリカ政府幹部との会談は、そのことを雄弁に物語っていた。

　朝海は、8月25日と31日にグラハム・パーソンズ（J. Graham Parsons）国務次官補と会談し、池田政権の対米協調姿勢を伝えた。しかし、パーソンズの言葉は厳しかった。25日、彼は、「日本に対し勿論強い不満を不愉快さを感じている。……米国内においても日本に対し微妙な空気が出て来ていることは否定し得べくもな」いと述べた[11]。さらに31日、パーソンズは、「日本に対する米国の現在の感じはなんとなく信頼し難いという言葉につきる」と語り、アメリカの議員らが「日本政府の信頼性と能力について不安を持ち始めている」との見方を示したのであった[12]。

1960年9月、対米関係の修復を進めるべく、池田の親書を携えて小坂が訪米した。12日に開催されたクリスチャン・ハーター（Christian A. Herter）国務長官との会談で、小坂は「『ソ連からおだてられて騒いだ連中もいるが、日米はこれからも仲良く手を携えていきたい』と、率直素朴に関係修復を訴えた」[13]。

　さらに小坂はアイゼンハワー訪日中止に「遺憾」の意を表明すると同時に、日本国民に「自由陣営との協力の必要性を認識せしめる」ことを約束した。そして「現政府は安保条約については確固たる態度を維持する所存であり、今後の両国間の協力関係を増進していきたく、この点は池田総理自身も積極的に努力している」と、池田政権の親米姿勢を強調した[14]。この小坂訪米で、日米は関係修復に向けた第一歩を踏み出したのであった。

(2) 池田訪米 ──「イコール・パートナーシップ」とアジア問題
1) ケネディ政権の対日政策

　1961年11月の総選挙で、自民党は三百議席の大台を確保し、勝利を収めた。それは、「安保闘争」が反安保、反自民というよりも、反岸であったことを示していた[15]。総選挙の勝利で政権基盤を整えた池田は、第二次内閣を発足させた。

　ほぼ時を同じくして、アメリカでは新たな大統領が誕生した。1961年1月、ジョン・F・ケネディ（John F. Kennedy）が大統領に就任したのである。ケネディ政権の対日基本政策は、1961年10月に国務省が決定した「政策とオペレーションに関するガイドライン──日本」に表れている。その内容は多岐に渡るが、重要なことは、日米安保条約や在日米軍基地を維持し、貿易などで自由主義陣営諸国と日本のつながりを強化する必要性が指摘されていることである[16]。「安保闘争」を経験したアメリカにとって、日本中立化を阻止し、日本を自由主義陣営につなぎとめておくことは最も基本的な目標であったといえる。

　さらにケネディ政権は、政治的、経済的、あるいは軍事的に中国に対する「カウンターウェイト」となりつつある日本を「アジアにおける主要なパワー・センター」として再建し、日本が開発援助など経済面における役割を拡大させ、自衛隊を増強することを目指した[17]。

　日本への期待は、中国の脅威と東南アジア情勢の不安定化、さらには国際収

支の悪化というケネディ政権が当時直面していた諸問題に関連していた。これらに対処する上で、ケネディ政権は、同盟国に「負担分担」を求める。とりわけ日本の分担のあり方にアメリカは不満をもっていた。エドウィン・O・ライシャワー（Edwin O. Reischauer）駐日大使によれば、アメリカ人にとって日本は「防衛ではアメリカの出費に『ただ乗り』し、国際政治では責任を分担したがらない」国であった[18]。ケネディ政権は、日本が冷戦を戦ううえでさらに大きな「負担」を分担することを期待していた。

日本中立化を阻止し、かつ日本の「負担分担」を促すべく、ケネディ政権は「イコール・パートナーシップ」を掲げた。ケネディ政権は日本を「シニア・パートナー」と扱うことで日米関係を強化しようと考えた[19]。ジョン・K・エマーソン（John K. Emmerson）駐日公使によれば、「パートナーシップ」という言葉は、「占領心理を払拭し、日本人に対等者としての意識を持たせ、自由世界でより重要な役割を果たすよう促す」ためのものであった[20]。

2）日本側の狙い

ケネディ政権発足後、池田は訪米を計画する。ケネディとの信頼関係を築き、「安保闘争」で動揺した日米関係を修復し、日本が「自由主義陣営の一員」であることを鮮明にするためである。

だが、池田政権にとって、日本は単なる「自由主義陣営の一員」に止まっていてはならなかった。日本は自由主義陣営に与する「大国」でなければならなかったのである。

こうした意識は、池田政権発足直後から見られていた。自民党は、日本は敗戦時の予想よりも著しく早く国際社会の「有力な一員」となることができたと述べ、目覚しい経済の発展と民生の向上で、「わが国の国際的地位も重きを加えた」ことを国民にアピールした[21]。また池田も、日本は「大国」であると声高に主張した。社会党の江田三郎らとのテレビ討論会で、池田は「お考えねがいたいのは、日本という国は大国だということだ。世界において堂々たる地位を占めている」と喝破したのであった[22]。

社会党は、池田の「大国意識」に対して、「日本帝国主義の復活」などと批判した。メディアのなかにも、「むなしい大国意識」と揶揄するものがあった。だ

が、池田は「日本をどうして大国といって悪いのか、日本人は劣等感を捨てるべきであり、日本の本当の国力は他の大国に比べて優るとも、劣っていない」と反駁したのだった[23]。

「自由主義陣営の一員」と「大国」意識は、「自由主義陣営の有力な一員」という国家像に結実した。訪米直前のインタビューで、池田は「自由諸国の重要なまた"強力"なメンバーとして、わが政府の政策は、いつも友好同盟諸国と協力」することだと語っている[24]。また、13日にジェームス・C・ハガチー（James C. Hagerty）元米大統領報道官と会談した際にも、池田は「私は〔日本を〕自由陣営の有力な一員と自分で考えている」と述べたのであった[25]。

だがアメリカをはじめ各国が、日本のことを自由主義陣営の「大国」と認識していたとは言い難かった。日本が「自由主義陣営の有力な一員」となるためには、諸外国、特にアメリカにそれを認めさせる必要があった。そのためには、経済力を向上させるだけでなく、アジア政策への意欲を示さねばならなかった。

3）池田訪米

1961年6月20日、ワシントンで開催された最初の池田とケネディ会談の冒頭で、ケネディは「米国にとって南方は南米、東方は欧州、西方は日本がそれぞれの安全保障の基調となっている」と、日本の重要性を指摘した[26]。日米関係の修復という点では、このケネディの発言は極めて重要なものであった。

翌21日には、池田とケネディは、ケネディが所有するヨット「ハニー・フィッツ号」上で会談を行い、沖縄問題などで意見を交わした。ここでケネディは、祝日に沖縄で日の丸を掲揚することを認めたが、それもケネディによる日本への配慮であった。

また、今次の池田訪米では、日米貿易経済合同委員会の設置も決まった。この委員会は、経済問題を中心として日米の閣僚が定期的に意見を交わすことを目的とする、日米の「パートナーシップ」を象徴するものであった。これについて池田は、「米国の閣僚六人がそろって日本にくるというようなことは大変なことで、大いに日米間の理解を深めるのに役立つと思う」と、その意義を強調した[27]。

他方、池田はアメリカ滞在中、アジア問題で相応の役割を果たすとの強い決

意を明らかにした。池田は、22日、アメリカ議会で、今回は援助を求めるために訪米したのではないと喝破し、「わが国の経済成長に伴い、ようやくわが国も、今日世界の平和と安定の問題のカギをにぎる低開発諸国の経済建設と民生向上を助けるための自由世界の共同の事業において、たとえ、わずかであっても、より多くの貢献を果しうるようになったことを確信をもって申上げうることを喜ぶ」と演説した[28]。

また池田は、同じ日のナショナル・プレス・クラブの演説では、強い反共意識を滲ませつつ、一層強い調子でアジア開発援助への意欲を示した。池田はまず、アジアは共産主義勢力の標的とされており、「民族革命の流れを、共産世界の湖に導き入れようとの企図に対して、自由世界の諸国が約束し協力し合って対抗する必要がある」と訴えた。そして、「アジアの一員であり、またアジアにおける唯一の工業先進国であるわが国として、物心両面にわたって他のアジア諸国に対してその安定と発展のため協力することは、わが国の責務である」との強い覚悟を示したのであった[29]。

さらに、かねてよりアメリカの東南アジア政策は「必ずしも成功していない」と考えていた池田は[30]、アメリカのアジア政策を批判し、アメリカは日本の意見を聞くべきだと主張した。20日のラスクとの会談で、池田は「米国は東南アジアに多額の援助をしている割合にその効果が挙がっていないというのも、米国人が本当に東洋人の心理状態をつかんでいないことから来ると思われるのでこの辺をよく弁えている日本人とよく協力してやるべき」であると述べた[31]。池田は、アメリカが日本をアジア問題での「パートナー」と認め、かつ日米がアジア問題で十分に協力すべきことを訴えたのであった。

日本側からみれば、池田訪米の成果は十分に満足できるものであった。単に日米関係が大きく好転しただけでなく、「イコール・パートナーシップ」という言葉に象徴される如く、アメリカが日本を「自由主義陣営の有力な一員」として扱ったからである。

池田は、日米会談が対等な立場で行われたことを繰り返し強調し、この訪米の成果に自信を示した[32]。メディアの目には、この訪米で、池田が「アジアにおける自由陣営の"大国"という地位がはっきりしたという自負」を持つに至

ったと映った[33]。

2.「ビルマ重視路線」の形成と日米関係

(1) 池田政権の対東南アジア基本姿勢 —— 脅威認識と対抗手段

　「自由主義陣営の有力な一員」としてアジア外交への意欲を強めた日本は、いかなる政策を構想したのであろうか。まずは、その脅威認識から見ておきたい。外務省は中国の動きを強く警戒していた[34]。「強大な中共の存在とその周辺にある新興諸国の基礎軟弱」ゆえ、アジア情勢は著しく不安定だと思われたのである[35]。

　日本政府が、中国が東南アジアに武力で侵入してくると考えていたわけではない。「大躍進」政策の失敗で経済的に窮地に陥っている中国は、言葉では「極めて活発」だが、行動においては慎重であり、間接侵略に重点を置くだろうというのが、外務省の見方であった[36]。

　また外務省は、東南アジアにおける親中感情の醸成という観点からも、中国の武力による東南アジア侵略はないと観察していた。この点について別府節弥駐ラオス大使は、「中共が直接国境を越えて侵略して来る、浸透は別として、武力で侵入して来る、こういうことは何ら中共にとって特に利益はない、のみならず、そういう侵略が東南アジア民族に及ぼす心理的悪影響ということを考えるとき、中共が敢てそれをするということは考えられない」と述べている[37]。

　中国の間接的脅威への対処策として、外務省は、東南アジア条約機構(SEATO)などの集団安全保障体制を維持すると同時に、東南アジアへの経済援助が重要だと考えた。そして、日本が担うべき役割は、当然、後者であった[38]。

　池田政権が、アジアの反共戦略で経済的手段を重視した最も基本的な要因は、憲法上、軍事的手段を使うことができないからであった。

　だが、より積極的な理由が存在した。池田ら政府・与党関係者は、アジアで共産主義に対抗する上で、経済援助が効果的だと考えていたのである。池田は「共産主義は生活水準の低い地域にはいり込み勢力をふるうものだ。生活水準向

上で進歩があれば、共産主義は自然に弱まる」と語っている[39]。菅英輝が指摘しているように、経済発展が共産主義の浸透を食い止めるという考えについては、池田政権期、政府与党内で共通理解があったと見てよい[40]。

そして池田政権期の日本は、東南アジアへの経済援助を積極化させうる経済的外交資源を手にしつつあった。外務省が『わが外交の近況』で述べたように、池田政権期、日本の経済力が増したことで、漸くより長期的な対外経済政策をとることが可能になったのであった[41]。

さらに注目すべきは、池田が、日本の高度経済成長という「成功物語」が、アジアで共産主義に対抗するための、"心理的"な武器たりうると考えていたことである。池田は、1961年の訪米時、日本は「自由企業制度のもとにおいて健全な経済発展が可能なことを実証し、これによって共産主義が経済発展と生活水準向上の近道であるという共産主義者の主張が誤りであることを示そうとしている」と述べている[42]。こうした認識は、自民党内でも共有されていた[43]。日本政府・与党は、資本主義の下で日本が経済的繁栄を手にすることができた事実が、第三世界の国々を自由主義陣営に惹きつけると見ていたのである。

経済的手段を重視する日本の東南アジア反共政策は、アメリカがともすると軍事的手段に傾斜しがちであることへの批判と表裏一体であった。外務省内には、アメリカの援助は「ややもすれば軍事面に重点がおかれていたため必ずしも十分な効果を発揮していない」のであり、この地域の経済建設が遅々として進まないことは「中ソの拡張政策の好餌となっている」との、アメリカのアジア政策への批判が存在していた[44]。

(2)「ビルマ重視路線」の萌芽

1) 矢口大使の進言

①アウン・ジーを味方にせよ

東南アジア反共政策において、池田政権がとくに重視したのは、ビルマであった。池田政権の「ビルマ重視路線」を決定付けたのは、1961年9月のアウン・ジー（Aun Gyi）准将の来日であった。

ビルマ軍部の最高実力者の1人であり、ウ・ヌー（U Nu）政権の経済政策に

大きな影響力を持ち、かつ親日的なアウン・ジーの来日は、矢口麓蔵駐緬大使のイニシアティブから始まった。そもそも矢口は、本省のビルマ政策に強い不満をもっていた。矢口の不満は、6月に開催されたアジア・太平洋地域公館長会議で爆発していた。矢口は「外務省のビルマに対する認識が非常に不足である」と、本省の幹部を前に言い切った。そして、日緬関係について「ビルマ人がビック・ブラザーと称するところの日本に頼ろうとしたけれども、日本はビルマをディスクリミネートしている。……日本はわれわれを欺してなめている、という、そういう関係」であると厳しく指摘したのであった。ビルマが「日本の生命線にはふれず、殊に市場としては……奥行きがない」のは確かだが、本省はもっとビルマに関心を払うべきだと矢口は主張した[45]。

　矢口は、日緬関係強化のためにはアウン・ジーの訪日が望ましいと考え、本省にその実現を強く求めた。この頃の日緬関係は、賠償再検討問題をめぐって冷却化していたのである。ビルマはサンフランシスコ講和条約には調印しなかったが、1954年11月に日本と平和条約、賠償協定及び経済協力協定を締結した。賠償の総額は2億ドルとされたが、当時未決着だったフィリピンやインドネシアの賠償額と不均衡が生じることを恐れたビルマは、再検討条項を平和条約に盛り込んだ。そしてビルマは、フィリピンの賠償額が5億5000万ドルとなったことを受けて、岸政権期の1959年に賠償の再検討を日本に求めてきた。2億ドルの無償供与を求めるビルマに対して、日本側がそれに難色を示し、交渉は難航していた[46]。岸政権が、市場規模が大きく、天然資源に恵まれたインドネシアを重視し、賠償交渉を妥結させたことはよく知られる[47]。だが、岸政権期の日緬関係は大きな軋轢を抱え、行き詰っていた。これが、矢口の憤懣の背景にあった。

　矢口は、6月30日、アウン・ジーは「過去において常に最高の実績を示しかつそれこそ『清廉潔白』の士である」とその実力を高く評価した上で、池田や小坂が彼と会談することで「賠償のみならず日緬間諸懸案の解決の基礎を確定するものと確信する」と本省に打電した[48]。さらに矢口は7月29日、アウン・ジーを「わが方味方につけ置くことは、軍、特に同将の政治経済上における実力にも鑑み将来にわたる両国関係進展の最も有力な手である」と、再度本省に

アウン・ジー招待を求めた。賠償についても、矢口は、「同将の訪日により賠償額……が更に増加するやの懸念は全くなく、かえってわが方が一定額以上支払得ない事情を十分納得せしめる」ことができるとの考えを示した[49]。

矢口の具申をうけた外務省は、賠償再検討とは直接関係しないとの建前で、アウン・ジーを招待することを決定した[50]。

② 「東西両陣営対決の場」――ビルマ情勢への危機感

矢口がアウン・ジー訪日の必要性を熱心に説いたのは、単に日緬関係上の考慮からだけではなかった。8月19日の矢口の電報によれば、ビルマは「東西両陣営対決の場」であり、「特に最近は国内情勢の緊迫化と現国際情勢の反映によりますますその感を深くするものあり、しこうして右は賠償問題にも影響しおりその間の機微なる事情は筆紙に尽くし難い」状況であった[51]。つまり矢口は、冷戦戦略上の観点から、賠償再検討交渉の早期妥結を本省に求めたのである。

戦後のビルマは一貫して中立主義を標榜していたが、外務省は、中国がビルマへの浸透をはかっていると考えていた[52]。1960年、中緬の国境問題が解決し、中緬友好不可侵条約が締結された。1961年には周恩来がビルマを訪問し、84億2000万ドルにのぼる経済技術協力協定が結ばれたのであった。中国のビルマに対する影響力が急速に拡大したわけではなかったが[53]、日本は中国の動きを強く警戒していた。

矢口が見るところによれば、中国とビルマを結び付けている一人がアウン・ジーであった。アウン・ジーが「次期最高司令官を約束されおる人物だけに中共も彼を味方につけんと努力し、現に3000万ポンドのクレジットは同将訪中のみやげ」だと言われていたのである[54]。アウン・ジーを味方につけるべきとの矢口の主張が、中国に対抗するためであったことは、ほぼ間違いない。

2) アウン・ジー来日

① ビルマの真意

来日を前にして、アウン・ジーは「ビルマとしては外国からの援助に関し東西両陣営のバランスをとらねばなら」ず、「賠償増額問題について多大の関心を示しているのもこの理由からである」との談話を発表した[55]。またアウン・ジーは、矢口に「池田総理と会見の際はビルマは反共であるから中共の3,000万ポ

ンドは使用したくないが日本からの支援を受けられなければ已むを得ず中共の借款に頼らざるを得なくなり、かくては日本初め自由陣営に不利となるとの趣旨を説明したい」と語った[56]。アウン・ジーは、東西両陣営の援助競争を利用して、日本からできるだけ多くの援助を引き出そうとしたのである。

このようなアウン・ジーの姿勢について、矢口は本省に次のように報告した。ビルマからの援助要請は、「『中共からのクレジットを梃子とした』自由陣営側からの資金繰りには相違ない」。しかし、「対中共接近を極力避けんとのビルマ側意向をも力強く反映している」のであり、「従来の軍の動向並びに当国最近の政情より推して、あながち冷戦より生ずる援助競争を利用し、単に両陣営のバランスを求めんとする行動のみとは受け取り難い」[57]。

つまり矢口は、（ⅰ）ビルマ側の姿勢に、東西両陣営の援助競争を利用してより多くの援助を引き出そうとする側面があることを認めつつも、（ⅱ）その真意は、中立を保つために東西両陣営からの援助のバランスをとろうとするだけでなく、アウン・ジーらビルマ軍部の反共姿勢の現れである、と捉えていたのである。

②池田＝アウン・ジー会談

9月6日、アウン・ジーは日本を訪れた。そして8日、池田とアウン・ジーの会談が行われた。そこではアウン・ジーが、ビルマは中国との経済関係を深めてはいるが、日本とも緊密な関係を持ちたいとの意向を示した。彼によれば、「われわれは永いこと国内の共産主義と戦って来た」が、中国のビルマに対する態度が公正であり、経済援助も提供しているため、共産主義がビルマに浸透しつつあった。それゆえ、「中共の進出と均衡を保つためにも日本とビルマとの間にもっと緊密な関係が樹立されねばならぬ」とアウン・ジーは訴えた。これに対して池田は、「ビルマは仏教国であるから根本的には共産主義とは相容れないと思われるので、日緬関係は益々緊密化さるべき」と応じた[58]。仏教信仰にあついビルマの一般国民が、マルクス主義の宗教否定に反感を示していたことを[59]、池田は指摘したのであろう。そして池田は、経済協力についてアウン・ジーと意見を交わし、会談を終えた。

池田との会談を終えたアウン・ジーは、すぐに小坂との協議に臨んだ。アウ

ン・ジーは、「中共とビルマの関係は政治的にも経済的にも緊密化されているが、自分としてはビルマだけの利益でなく、自由世界の利益のためにも日本とビルマとの関係がもっと緊密化されねばならないと考えている」と、東西対立の文脈から日緬経済協力の必要性を説いた。そして、「ビルマは共産主義を受け容れたことはない」とその反共姿勢を示したのであった[60]。

　ビルマの行方は自由主義陣営にも大きな影響を与え、そして日本がビルマの共産化阻止のために重要な役割を果たすことができるというアウン・ジーの親日・反共姿勢は、池田の強い関心を引いた。アウン・ジーの言葉は、東南アジアにおける共産主義の拡大を憂慮し、かつアジアにおける「自由主義陣営の有力な一員」たらんとする日本に、絶好の舞台を提供するものであった。かくして、アウン・ジー来日以後、池田政権は援助を通してビルマの左傾化を食い止め、自由主義陣営に引き寄せることを東南アジア外交の1つの柱に据えるのである。

　池田政権がビルマを重視した背景として、旧日本軍の対ビルマ工作組織・南機関に象徴される戦前・戦中の「特殊」な関係、あるいは財界に存在した日緬貿易への期待があったことは間違いない[61]。米英の対緬政策の行き詰まりも、日本がビルマへの関与を深めた理由である。矢口の後任である小田部謙一駐緬大使の言葉を借りれば、「英米に対する依存を避けているビルマは、日本が独立のアジア外交を筋真する恰好の相手国」であった[62]。だが、インドネシアに比して経済的魅力が少ないビルマを池田政権が重点地域に位置付けたより重要な要因は、東南アジアで共産主義を食い止めるという反共意識と中緬接近への警戒感であった。

(3) 池田訪緬

　1961年11月、池田はパキスタン、インド、ビルマ、タイを訪問した。経済問題の協議だけでなく、アジアにおける共産主義の浸透を食い止めるためにビルマを自由主義陣営に引き寄せることが、重要な課題であった。

　池田は最初に訪れたパキスタンで、早速、ビルマに関する持論を展開した。11月18日、池田はアユブ・カーン（Mohammed Ayub Khan）大統領との会談

で、「SEATOにビルマを入れてその防衛を図るという考え方に賛成されるか」
と、ビルマをSEATOに加盟させる構想を披瀝したのである[63]。

　だが、アユブの回答は、「SEATOは全く頼りにならない」というものであった。また、アユブのビルマ情勢認識は、池田とは異なっていた。アユブは、ビルマの軍事力や反政府勢力の強さに鑑みれば「中共が欲すれば何時なりともビルマを征服し得る態勢にある」ことを認めつつも、「中共は現在ビルマ征服を考慮しておらず、……ビルマへの脅威を差控えつつ、国境問題を解決するとともに、ウ・ヌー首相（よい人物だが性格が弱い）が安穏に構えておるよう仕向けている。中共としてもそのほうが中共の利益になると考えているものと思われる」と述べた。アユブは、ビルマに対する中国の脅威を日本政府ほど重大視していなかったのである[64]。

　だが池田は、「ビルマは、中共の経済援助を受けることによって中共勢力圏に入る惧れがある。そうなるとタイが孤立するため、東南アジアの情勢は極めて憂慮すべき事態に陥る」と改めてビルマ情勢への危機感を表明し、さらに「SEATOは骨抜きになったといっても、ビルマがそれに加盟すれば力強く感ずるのではないだろうか」と述べ、ビルマのSEATO加盟を再び唱えたのであった[65]。

　パキスタンを離れた池田らは、インドを経て、ウ・ヌー政権下のビルマを訪れた。池田とウ・ヌー首相は2度にわたって会談を行った。24日に行われた第1回会談では、日緬経済協力やビルマ経済について意見が交わされた後、外交問題が議論された。インドシナ情勢への懸念を示した後、池田は本題に入った。

　まず池田は、ビルマに対する中ソの脅威を強調した。中国については、「ネール〔インド首相 ― 引用者注〕は『中共は今直ちにビルマ侵入の意図を有するのではないが、一度その気になれば、何時でもビルマに入れる』と言っていた」と述べた。さらに池田は「歴史的にみてもソ連や中共、特にソ連はインド洋への南下に大きな関心がある」のであり、「中共・ソ連はビルマの北部地帯にうんと力を入れているのではなかろうか」と、中ソへの警戒感を露にしたのであった[66]。

　池田は、ビルマを自由主義陣営へ誘うべく、まず、高度経済成長という日本

の「成功物語」を誇示した。彼は、経済発展を遂げるために日本が自由主義を採用していることを説明して自由主義陣営に帰属するメリットを示し、「ビルマとしては共産主義についてはっきりとした政策を執る時期に来ているのではあるまいか」と述べた[67]。

次いで池田は「一度共産主義の支配下に置かれると逃げる方法はない」のであり、国家防衛のために「集団防衛体制が必要なのではないか。国を守るためには、どこかの国と協力する必要があり、他国より真の協力を受けるためにはその国の外交方針が判っきりしており、信頼され、畏敬されることが必要がある」として、共産主義の脅威を説き、ビルマに自由主義陣営志向とSEATO加盟を促した[68]。

さらに、池田はビルマと自由主義諸国、特にアメリカとの協力を促進しようとした。池田は「ビルマはどうも米国に対し猜疑心があるように見える。米国の意図については決して心配しなくてよい。もしビルマが米国と協力する場合は、自分が米国に話しても良い」と、日本がビルマとアメリカの橋渡し役を果す用意があることを示した。さらに池田は、「日、米、英、独等が力を合わせてなにかお役に立ちたいと考えている」ので、「ビルマとしては……自由陣営を利用されてはいかがか」と述べたのであった[69]。

懸案の賠償問題については、池田とウ・ヌーは25日に意見を交わした。ビルマ訪問にあたり、池田は「ビルマにこれ以上の中共の進出を認めることは自由国家群、とくに極東の安定にヒビがはいるという考え方を基礎にして賠償問題を考えたい」との姿勢を見せていた[70]。だが両者の溝はなかなか埋まらず、結局、この会談で結論を得るには至らなかった。

日本国内の各紙は、池田が賠償で妥協しなかったことを概ね評価した[71]。だが、賠償問題が未解決のまま残ったことから、今回の訪問に対するビルマ各紙の評価は厳しかった[72]。池田のビルマ訪問で、日緬関係が大きく好転することはなかった。

また、ビルマを自由主義陣営に引き寄せるという池田の目論見も何ら進展しなかった。自由主義陣営との協力促進、あるいはSEATOへの加盟について、ウ・ヌーの反応は決して芳しいものではなかったのである。

だが、ビルマを自由主義陣営に引き寄せるという池田の意欲は、むしろこの訪問を機に高まった。池田は、実際にビルマを訪問して、「中共のビルマ進出は政治的、経済的に東京で考えていた以上に厳しいことを知った。このままビルマを放置しておくならば、現在ビルマがとっている中立外交が左寄りになることも十分ありうる」との危機感を募らせたのであった[73]。

(4) アメリカへの働きかけ
1) 低調な米緬関係
　ビルマとアメリカの「橋渡し」をする意思をウ・ヌーに示した池田は、アメリカにもビルマを支援する必要性を繰り返し説いた。アメリカにとってのビルマの価値は、政治的には、中国の国境沿いに「小さな、独立した、非共産国家」が存立しうることを証明していることであった。軍事的には、もしビルマが中国の手に落ちれば、中国はベンガル湾を影響下に置くことになり、その地域のバランスが崩れる危険があった。アメリカの基本政策は、ビルマを独立した非共産主義国家として維持することであった[74]。
　だが、この頃、アメリカのビルマに対する関心は決して高くなかった。言うまでもなく、ケネディ政権がベトナムの泥沼に足をとられていたからである。東南アジア戦略においてビルマへの経済援助を重視する日本と、南ベトナムへの軍事的支援に力を入れるアメリカとの間には、重点地域や対抗手段をめぐる齟齬があった。
　他方で、ビルマはアメリカに強い不信感を持っていた。その主因は、ビルマが国外に退去させようとしていた在ビルマ国民政府残存軍（KMT）に、アメリカが武器を提供していると報じられたことであった。1961年初頭の掃討作戦でKMTが米国製武器を使用していた旨が報道されると、ビルマには激しい反米感情が広がったのであった[75]。

2) 池田によるアメリカへの働きかけ
　池田がアメリカにビルマの重要性を初めて説いたのは、第1回日米貿易経済合同委員会であったと思われる。ディーン・ラスク（Dean Rusk）国務長官との会談で、池田は、アウン・ジーはビルマ軍部の反中国姿勢を明確に示してお

り、ビルマの真意は反共であることを強調した。そして、（ⅰ）中国は1億ドルにのぼる対緬援助を約束しているが、日本がそれ以上の援助を行えば中国の影響力を相殺できるのであり、（ⅱ）中国の援助を上回るために、日本は「アメリカから援助を受け、それを単にビルマに渡す必要さえある」と、アメリカに対緬支援の強化を要請した[76]。

だがラスクは、日本がアメリカの対外援助実施の「エージェント」になることに懸念を表明した。日本側は、ビルマは米ソ双方からの直接援助に消極的であるため、「アメリカは、その対外援助を効果的に行うために、日本を利用することを考慮すべきだ」と述べたが、ラスクが首を縦に振ることはなかった[77]。

ラスクが日本側の提案を却下した理由は、アメリカ政府の外交文書からは確認できない。しかし、岸政権が唱えた東南アジア開発基金構想に対するアメリカの反応を参考にして、推測することは不可能ではない。岸の東南アジア開発基金構想は、東南アジアの経済発展を図り、共産主義の拡大を阻止しようというものであったが、日本には十分な資金がなかった。そこで日本は、アメリカに依存しようとしたが、アメリカは資金の提供を拒んだ。アメリカ政府内には、日本政府がアメリカの資金を日本企業の発展に流用しようとしているのではないかとの不信感があったという[78]。同様の懸念が、ラスクの頭をよぎった可能性はあるだろう。

1962年2月にロバート・ケネディ（Robert F. Kennedy）司法長官が来日した際も、池田は「先般ビルマを訪問した際、オンジー准将と話す機会があったが、その話し合いより得た印象は、ビルマの本心は反共であること、ビルマに対し援助の手を差しのべれば、ビルマは自由陣営についてくるであろうから、もっと援助を与えてやるべきだ」と対緬支援の重要性について熱心に語った。これに対してケネディ長官は、「お話しはきわめて有益で、殊にビルマに対する見方は自分としても始めて伺った次第で、その内容は大統領並びにハミルトンAID長官にも伝えおくべし」と応じた[79]。大統領の実弟であるケネディ長官が池田との会談でビルマ問題に関心を示し、ケネディ大統領や、フォーラー・ハミルトン（Fowler Hamilton）国際援助庁長官に対緬支援の重要性を伝達すると述べたことは、池田にとって大いに歓迎すべきことであった。

池田によるアメリカ向けのアピールは、政府間協議の場での発言だけに止まらなかった。池田は1962年1月、『ワシントン・ポスト』の記者に、ビルマへの援助拡大によって、ビルマ国内の共産主義者に「決定的な一撃」を加えることができると述べたのである[80]。池田は、この発言が報道されることで、ビルマに対するアメリカの関心が高まることを期待したのであろう。

3.「ビルマ重視路線」の実施と日米関係

(1) 日緬関係強化の好機 ── ビルマの軍事クーデター

1962年3月2日、ウ・ヌー政権に不満を募らせたビルマ軍部がクーデターを決行した。そして直ちにネ・ウィン（Ne Win）を議長とする革命評議会を結成し、憲法を停止、立法・行政・司法権を掌握した。そして4月には「ビルマ式社会主義路線」を発表し、銀行の国有化や外資の排除などの急進的な社会主義路線を推し進めることになる。

日本政府は、すぐにビルマの新政権を承認した。クーデター発生後、懸案の賠償再検討交渉は一時中断されたが、日本政府内にはクーデターを日緬関係強化の好機と捉える見方が広がった。1962年3月にアメリカのアヴァレル・ハリマン（Averell Harriman）国務次官補が来日した際、伊関佑二郎アジア局長は、アウン・ジーが大きな影響力を持つ軍事政権のもとでビルマの政治的安定が見込まれ、賠償再検討問題が解決すれば日緬関係は大きく発展し、中国のビルマに対する影響力を相殺できると指摘した。また佐藤栄作通産相も、「軍事クーデターが日本の古い友人であるアウン・ジーに支えられているため、ビルマはとくに日本の援助を行ううえで魅力的になった」との考えをハリマンに伝えたのであった[81]。

だが、ネ・ウィン政権成立後も、ビルマ情勢はなかなか安定しなかった。外務省は、軍事政権の前途は必ずしも楽観を許さないと感じていた[82]。また、ビルマに対する中国の影響力拡大も懸念された。在緬日本大使館からは、ウ・ヌーに比べてネ・ウィンははるかに親中的であるとの報告が届いた[83]。外務省は、

クーデター後も、中国が「ビルマに相当強い好影響を及ぼしている」ことを憂慮していた[84]。

外務省は、引き続き、経済援助を通してビルマの左傾化を阻止する方針を維持した。1962年秋、アジア局は、ビルマ情勢の不安定化は「ビルマのアジアに占める地位から見ても自由陣営としては袖手傍観できないところ」であり、米英による対緬援助が期待できない中、日本の役割は極めて重要であると考えていた[85]。欧亜局も「親共的に見えるビルマも本心においては、対共脅威感が深いことと対米英不信感を理解し、これを共産側に追いやらぬよう経済・技術面で積極的援助を惜しむべきでない」との方針であった[86]。

池田も熱意を持ち続けた。池田は、1962年11月の訪英時、「ビルマとメコンの線で共産主義の拡大を食い止める」決意を力強く表明した。またイタリア政府首脳との会談でも、池田はビルマ情勢への危機感を示したうえで、「ビルマの本心は表面上は中共と仲良くしてその侵略を防ぎ、実際は日本から援助を求めるというにあることは自分の親しく承知しているところである」と述べたのであった[87]。

(2) 日緬経済技術協力協定の成立
1) 賠償再検討交渉の妥結

1963年の年明けから、日緬賠償再検討交渉が再開された。1963年1月、アウン・ジーが再び来日し、14日から25日まで九回にわたって協議が行われた。

1962年末以来、ビルマは無償・1億5000万ドル、有償・5000万ドルを主張していた。これに対して外務省アジア局は、無償・1億2500万ドル（12年）、有償・7500万ドルという案を基本にしていた[88]。他方、大蔵省は無償1億ドルが限度であり、有償部分についても最小限に留めるべきとの方針であった。日本政府内には、対ビルマ経済援助の貸与条件が良くなりすぎると、それがフィリピンやインドネシアに波及しかねないとの危惧があった[89]。

交渉は、順調に滑り出したかに見えた。14日の第一回全員会議で、アウン・ジーは日緬関係の発展に向けた強い熱意を示し、ビルマ側の交渉団は「家庭問題を兄に相談する弟のような立場から来日した」とその親日姿勢を強調し

た[90]。中立主義を掲げるビルマがこれほどまでの親日姿勢を表明したことは注目を集め、駐緬イギリス大使館参事官が「厳正中立主義のビルマとしては思い切った表現である」と語り、駐緬タイ大使は「日本が羨しい」と述べるほどであった[91]。

全員会議に続いて行われた大平との第1回非公式会談でアウン・ジーは、無償を10年間で1億3500万ドル、有償を6500万ドルとする提案を行った[92]。双方の間には総額を2億ドルとすることについては合意があったものの、その内容をめぐって議論は紛糾した。

18日の第4回非公式会談では、交渉決裂の危機が訪れた。ここで大平は、事態を打開すべく、無償1億3000万ドル、有償は後日検討するとの提案を行った。これに対してビルマ側は、総額を2億ドルとする合意から後退するものだと猛反発し、アウン・ジーは交渉を打ち切る構えを見せた。大平はビルマ側に再考を求めたが、アウン・ジーはビルマの戦争被害の大きさを強調し、強く反駁したのであった[93]。

何とか交渉は継続されることになったが、21日の第5回非公式交渉でもアウン・ジーの不満が冒頭から爆発した。彼は「私は表面的には微笑しているが、心はさびしく頭は痛んでいる。……ビルマを何故に公平に取扱ってもらえないのであろうか」と、日本側に譲歩を迫った。これに対して大平は、自分も「清水の舞台から飛びおりる気持」で提案を行っていると述べ、議論は一向に前進しなかった[94]。

そこで22日、事態を打開すべく大平とアウン・ジーは2人だけで協議を進め、ビルマ側が無償1億4000万ドルを12年、有償3000万ドルの最終提案を行った[95]。だが、日本側は無償14年を主張して譲らなかった。その結果、23日の非公式会談で、アウン・ジーが一旦帰国し、日本側提案についてネ・ウィンに諮ることになった。大平は「今度の交渉がうまくまとまらなくても、自分のビルマ国民に対する友情は変らない」と述べ、今回の交渉は不調に終わると思われた[96]。

しかし、その後も裏舞台での折衝が続けられた。一時帰国していた小田部大使が、ビルマ側の説得に努めたのである[97]。その結果、アウン・ジーは帰国を取りやめ、再度交渉のテーブルにつくことになった。

そして24日、事態が急変した。アウン・ジーと大平による2人だけでの協議を経て開催された第7回非公式会談で、大平がビルマ側提案に同意し、無償1億4000万ドルを12年、有償3000万ドルの提供を申し出たのである[98]。こうして、日緬賠償再検討交渉はついに妥結したのであった。

日本側が急転直下ビルマに譲歩した理由は、外交文書からは確認できない。だが、ビルマを重視する池田が交渉決裂を回避するために決断を下したと見てほぼ間違いない。在緬英大使館や在日英大使館は、交渉の早期妥結は池田の判断によると見ていた[99]。在緬日本大使館からは、自由主義諸国の外交官から円満解決を求められていること、そして「率直に申上げて当方としては万が一にも本件会談が不調に帰する如き場合のビルマ側の反動を危惧する」との電報が本省に届けられており、池田が是非ともこの交渉で問題に決着をつけようと考えた可能性は大きい[100]。

もし交渉がまとまらなければ、親日派であるアウン・ジーのビルマ政府内における地位が弱まる可能性があった。1962年9月、アジア局は、ビルマ政府内では容共派と親日・穏健なアウン・ジー派が対立しており、もし賠償再検討交渉が徒に遅延すれば、アウン・ジーの地位が弱まると思われるため、交渉の妥結を急ぐべきだと述べていた[101]。賠償再検討交渉時にも、外務省内には、同様の声があったという[102]。日本政府はビルマに譲歩し、交渉を妥結させることで、アウン・ジーを支えようとしたのであった。

2)　アウン・ジー解任の衝撃

アウン・ジーの帰国後、事務レベルで細部の調整を行い、協定の調印となる運びとなった。しかし、協定成立直前、衝撃的な出来事が発生した。1963年2月、アウン・ジーが貿易工業大臣や陸軍参謀次長といった政府の要職から突然解任されたのである。急進的な社会主義の建設を目指すネ・ウィンと、外資導入や民間産業の育成など穏健路線を主張するアウン・ジーの意見対立がその大きな原因であった[103]。日本政府が交渉妥結でアウン・ジーのビルマ政府内における地位を高めようと考えるなかで、交渉妥結直後にアウン・ジーが辞任に追い込まれたことは、歴史の皮肉というほかない。

アウン・ジーの下野は、日緬関係に大きな影響を与えると思われた。池田政

権が、ビルマとの太いパイプを失ったことを意味していたからである。小田部大使はこの点について率直に「日緬間にはアウンヂー准将辞任後ハイレベルの人的つながりがなくなった」と語っている[104]。また、在緬日本大使館はビルマ外務省に「ア准将は日本政府要路者及び日本人の間に多くの知己を持っていたのでその辞職は相当なショックを与えるであろう」との懸念を表明したのであった[105]。

さらに外務省は、アウン・ジーの下野でビルマの内政が不安定化し、ネ・ウィン政権が左傾化することを危惧した。アジア局は、国民からの人望が厚く、穏健派であるアウン・ジーの下野は、「革命政府に対する一般の信頼が減退し、従ってその安定度も減じたことを意味するものと認められる。革命政府の前途はその意味で注目する必要がある。革命政府はさしあたり内政面でもっと左寄り、かつ、急進的となり、対外面ではどうしても従前に比し親中、親ソの色彩を深める可能性を否み得ないであろう」と考えていた[106]。

3) 日緬経済技術協力協定の調印

アウン・ジー解任のショックが覚めやらぬ中、1963年3月、「日本とビルマの経済及び技術協力に関する協定」が調印された。日緬関係の強化を目指す日本政府にとって、両国間関係に横たわる最大の懸案事項が解決したことは、重要な成果であった。

他方、ビルマ側もこの協定を是としていた。ネ・ウィンはこの協定に十分に満足していたという[107]。ビルマ国内では、受け取る金額が当初の期待を下回ったことに対する批判が一部で見られたものの、概して好意的、あるいは、やむをえないという評価が大勢を占めた[108]。賠償再検討問題の決着が、日緬関係を大きく好転させたことは疑いない。

だが、池田政権の対緬政策が期待通りの結果を得たと結論付けることはできない。日緬経済技術協力協定成立後も、ネ・ウィン政権が自由主義陣営を志向することはなかったからである。むしろネ・ウィン政権は「ビルマ式社会主義路線」をひた走る。ビルマは中立主義を堅持し、中国に傾斜したわけではなかったが、1964年になっても外務省内には中緬接近への懸念が燻り続けたのであった[109]。

(3) ネ・ウィン政権成立後におけるビルマをめぐる日米関係

1) ネ・ウィン政権成立と米緬関係

1962年3月にビルマで軍事クーデターが発生した際、アメリカはビルマの新政権をすぐに承認した。だがアメリカ政府内には、ネ・ウィン政権の外交方針についての不安が広がっていた。中央情報局（CIA）の報告書は、ネ・ウィンが共産主義を採用することはないとしつつも、中国に傾斜していくことへの懸念を表明している[110]。

ビルマの中国への傾斜を食い止めるために、アメリカは何をすべきか。アメリカにできることはほとんどない、というのがアメリカ政府の判断であった。国務省がケネディに提出した文書は、CIAと同様の認識を示しつつ、ビルマの対米不信は強く、不幸にして今アメリカにできることは極めて限られている、と結論付けている[111]。ビルマ側がアメリカの関与を嫌っている以上、アメリカとしては、ネ・ウィン政権との関係を少しずつ改善するほかなかった[112]。

だが、ネ・ウィン政権成立後も、米緬関係が好転することはなかった。日本の外務省が見たところ、ビルマは、アメリカ国内に社会主義路線を批判する向きがあったことに加えて、1963年末にベトナムで発生した反ゴ・ジン・ジェム・クーデターへのアメリカの関与に疑念を抱き、対米不信を強めていたのであった[113]。

2) ネ・ウィン政権をめぐる日米関係

日本政府は、軍事クーデター発生後も、引き続き対緬援助の重要性をアメリカに説き続けた。だが、ケネディ政権の反応は、日本が期待したようなものではなかった。1962年3月にハリマンが来日した際、日本側はビルマ問題への熱意を示したが、ハリマンは日緬関係の好転を歓迎するに止まった[114]。

1962年12月の日米貿易経済合同委員会でも、日本政府はアメリカに対緬支援の重要性を説いた。武内龍二外務事務次官は、池田とビルマ指導部の「極めて緊密な関係」に基づく日緬の「特別に良好な関係」に言及する一方、ビルマは中国に脅されており、中国を信用していないと述べた。そして、ビルマがアメリカに冷淡であることに鑑みても、日本はビルマに対して「特別な責任がある」との考えを示したのであった[115]。

ラスクは、ビルマは国際的に孤立しており、どこかの国が緊密な関係を持つ必要があると述べ、日本のビルマ政策を肯定的に評価した。そして、日本がフィリピン、マラヤ、タイ、ビルマ、カンボジアなどから構成される地域機構の「パトロン」になることを提案した。アメリカ自身が大規模な対緬支援に乗り出す意思はなかったのである。武内は、その場でラスクの構想を否定した。中立主義をとるビルマは、フィリピンやタイといった自由主義陣営諸国を信用していない、というのがその理由であった[116]。ネ・ウィン政権の外交姿勢に鑑みれば、武内の判断は妥当なものであったといえる。

東京とワシントンDCでの協議に加えて、ビルマでも在緬日本大使館と在緬アメリカ大使館は定期的に意見を交わしていたという[117]。しかし、ビルマに関する日米の考えはなかなか一致しなかった。ビルマをめぐる日米協力は、池田政権の期待通りには進まなかったのであった。

しかし、ここで指摘すべきは、アメリカが日本の対緬政策を高く評価していたことである。アメリカが「お手上げ」のビルマは、日本が担うという「役割分担」が成立していたといってよい。小田部によれば、アメリカやイギリスは「当分の間日本にビルマが左へ行くのを止めて呉れないかとの願望」を持っていた[118]。特に、アウン・ジー下野後、アメリカの日本に対する期待は高まったものと思われる。なぜなら、アメリカ政府も経済事情に明るい穏健派のアウン・ジーを高く評価しており[119]、アウン・ジーの下野によってビルマ政府内で左派の影響力が拡大するのではいかとの不安を抱いていたからである[120]。

アメリカの日本への期待を裏付けるように、日緬経済技術協力協定の成立にあたり、在緬アメリカ大使館員は「賠償の関係で、日本が対緬経済協力上有利な地位を占めるに至ったことは慶賀にたえない。対緬経済援助行詰まり感のある米国としては今後特に日本に期待する」と述べた[121]。

また、1964年5月にラスクが出席して開催された米国務省の会議では、アメリカの行動の機会が限られているビルマで日本が果たしている「特別な役割」が評価された[122]。池田政権の「ビルマ重視路線」は、日本が「自由主義陣営の有力な一員」として東南アジアで応分の役割を果たしていることを、アメリカに認識させるものであった。

おわりに

　池田政権が誕生したとき、「安保闘争」で日米関係は傷つき、「自由主義陣営の一員」という日本の地位は揺らぎを見せていた。池田政権にとって、対米関係を修復し、「自由主義陣営の一員」との地位を再建することは、極めて重要な課題であった。さらに池田政権期の日本は、自由主義陣営の「大国」としての地位を手に入れようとした。即ち、池田政権は、「自由主義陣営の有力な一員」という新たな冷戦における地位と役割を定位しようとしたのであった。

　日本が「自由主義陣営の有力な一員」となるためには、アメリカにそれを認識させる必要があった。そして、そのために日本は、アジアにおいて一層大きな役割を果たす意思を示さねばならなかった。1961年の訪米で池田は、対米協調路線を確認し、アジアにおける日本の役割拡大の意思を鮮明にしたのであった。

　池田を迎えたケネディ政権は、日本を自由主義陣営に組み込み、かつアジア問題で日本に一層大きな「負担」を分担させるべく、日本を「イコール・パートナー」として扱った。「イコール・パートナーシップ」は、日米関係の強化はもとより、アメリカが日本を「自由主義陣営の有力な一員」として扱った点で、日本側を大いに満足させるものであった。

　かくして池田政権期の日本は、「自由主義陣営の有力な一員」として、アメリカと十分に協力しながら、東南アジアにおける反共政策で応分の役割を果たそうとした。東南アジア反共政策上、日本は経済援助による東南アジアの民生向上を重視した。それは、憲法第九条の制約だけでなく、経済発展が冷戦の行方を決するという日本政府の冷戦観、そして日本の経済的外交資源の拡充によるものであった。

　そして池田政権期の日本は、ビルマを重点地域に位置付ける東南アジア反共政策を主体的に構想・実行した。池田政権の「ビルマ重視路線」は、対緬関係に十分に意を用いたとは言い難い岸政権とも、インドと南ベトナムを重視し、ともすれば軍事的手段に傾斜するアメリカとも異なる、独自の外交構想であった。

池田政権期の日本がビルマを重視した理由としては、米英の対緬政策の行き詰まり、南機関以来の歴史的繋がり、アウン・ジーという太いパイプの存在などがあったが、特に重要だったのは、日本政府が中国のビルマへの浸透を懸念し、それを食い止めようとしたことであった。

　池田政権は、難航していた日緬賠償再検討交渉を妥結させ、1963年3月に日緬経済技術協力協定を成立させた。それは、日緬関係の発展だけでなく、ビルマにおける中国の影響力を相殺することを目的とするものであった。

　池田政権の「ビルマ重視路線」で、岸政権期には低調であった日緬関係が大きく好転したことは間違いない。池田政権は、戦後日緬関係史に重要な足跡を残したといえる。また、アメリカが日本の対緬政策を評価していたことに鑑みれば、「ビルマ重視路線」は日本が「自由主義陣営の有力な一員」としての地位と役割を定位するうえで大いに役立ったといえる。

　だが、池田政権の対緬政策がその狙い通りの成果を挙げたわけではなかったことも指摘されねばならない。第1に、池田政権は、ビルマを自由主義陣営に引き寄せることはできなかった。そもそもビルマが中立主義を放棄することは考えられず、中国の対緬政策も思うような成果を挙げていなかったことに鑑みれば、池田政権の対緬政策が国際情勢を東西対立の文脈で把握する「冷戦思考」に囚われていた点は否めない。

　第2に、池田政権はビルマ支援についてアメリカの十分な協力を引き出すことができなかった。アメリカにとってはベトナム問題がより重要なのであり、日本からの働きかけにもかかわらず、ビルマへの関与には終始消極的な態度を維持した。それは、東南アジアにおける冷戦の「戦い方」をめぐる日米の違いを反映していたのであった。

注
1) 例えば、高坂正堯『宰相吉田茂』（中央公論社、1968年）、同『一億の日本人』（文藝春秋、1969年）、五百旗頭真「国際環境と日本の選択」有賀貞ほか編『講座国際政治4 日本の外交』（東大出版会、1989年）、樋渡由美『戦後政治と日米関係』（東京大学出版会、1990年）、五百旗頭真編『戦後日本外交史　新版』（有斐閣、2006年）などが、

こうした一般的な理解を示している。池田政権が東南アジアで共産主義の拡大を防ごうとした旨を指摘するものとして、波多野澄雄・佐藤晋『現代日本の東南アジア政策』（早稲田大学出版部、2007年）、菅英輝「ベトナム戦争と日米安保体制」『国際政治』（115号、1997年）、佐藤晋「佐藤政権期のアジア政策」波多野澄雄編『池田・佐藤政権期の日本外交』（ミネルヴァ書房、2004年）。ただし、菅と佐藤の論考は、主に佐藤政権期を分析対象としたものである。

2) 古垣発藤山宛「国際情勢等に関するドゴール大統領見解の件」1960年6月29日、第324号、外交記録A'157。
3) 自由民主党政務調査会『自由民主党　新政策解説』自由民主党広報委員会、1960年10月（以下『新政策』）9-10頁。欧亜局西欧課「第9回在欧公館長会議　議事録」1960年8月17日、外務省情報公開2004-00390。
4) 小坂善太郎『議員外交四十年』（日本経済新聞社、1994年）、65-67頁。
5) 『朝日新聞』1960年10月21日。
6) 『新政策』33、45-46、229頁。
7) 『朝日新聞』1960年10月21日。
8) 第三六回国会衆議院会議録、1960年10月21日。
9) 『新政策』44-48頁。
10) 第三六回国会衆議院会議録、1960年10月21日。
11) 朝海発小坂宛「パーソンズ次官補との会談に関する件」1960年8月25日、外交記録A'0361。
12) 朝海発小坂宛「パーソンズ次官補との会談に関する件」1960年8月31日、外交記録A'0361。
13) 小坂、前掲書、67頁。
14) 朝海発池田宛「小坂外務大臣とハーター長官の会談の件」1960年9月12日、外交記録A'0361。
15) 冨森叡児『戦後保守党史』（社会思想社、1994年）、165頁。
16) JAPAN Department of State Guidelines for Policy and Operations, 1961.10., 細谷千博他編『日米関係資料集　1945-97』（東京大学出版会、1999年）、526-533頁。
17) 同前。
18) Edwin O. Reischauer, *My Life Between Japan and America* (New York:Harper & Row, . 1986), p.165.
19) Visit of Prime Minister Ikeda to Wahington, June 20-23, 1961, Scope Paper, 1961.6.16, National Security Files(hereafter NSF), box 125, John F. Kenney Library (hereafter JFKL), Boston, MA.
20) John K.Emmerson, *The Japanese Thread; A Life in the U.S. Foreign Service* (New

York:Holt, Rinehart and Winston, 1978), p.373.
21) 『新政策』20頁及び29頁。
22) 伊藤昌哉『池田勇人とその時代』(朝日新聞社、1985年)、133-136頁。
23) 『朝日新聞』1962年1月12日。
24) 『朝日新聞』1961年6月13日、夕刊。
25) 『朝日新聞』1961年6月19日、夕刊。
26) 朝海発小沢宛「総理訪米に関する件」第1648号、1961年6月20日、外交記録A'0361。Memorandum of Conversation, 1961.6.20, RG59, Lot Files, Records of the Executive Secretariat, Conference Files(hereafter ESCF),1949-63, Entry 3051B, box 256. National Archives(hereafter NA), College Park, MD.
27) 『朝日新聞』1961年6月23日、夕刊。
28) 『朝日新聞』1961年6月23日。
29) 「ナショナル・プレス・クラブにおける池田総理大臣演説」(1961年6月22日)、外務省『池田総理の米国及びカナダ訪問』1961年8月、外交記録A'0362。
30) 『朝日新聞』1961年6月19日、夕刊。
31) 朝海発小沢宛「池田総理とラスク長官の会談(経済問題)に関する件」1960年6月21日、外交記録A'0361。
32) 『朝日新聞』1961年6月23日、夕刊、7月1日、夕刊。
33) 『朝日新聞』1962年1月12日。
34) 外務省「総理訪米参考資料」1961年5月、外交記録A'0362。
35) 「池田総理訪米会談議題(案)」1961年4月14日、外交記録A'0361。
36) Japanese Talking Paper on the situation in the Far East, 1961.6.14,ESCF, 1949-63, Entry 3051B, box 256.NA.
37) アジア局総務参事官室「第10回アジア・太平洋地域公館長会議記録(上巻)」1961年7月、外務省情報公開2004-00391。
38) 「池田総理訪米会談議題(案)」1961年4月14日、外交記録A'0361。Japanese Talking Paper on the situation in the Far East, 1961.6.14, *op.cit*.
39) 『朝日新聞』1961年6月13日、夕刊。
40) 菅、前掲論文。
41) 『わが外交の近況』第5号、1962年、16頁。
42) 「ナショナル・プレス・クラブにおける池田総理大臣演説」(1961年6月22日)、外務省『池田総理の米国及びカナダ訪問』1961年8月、外交記録A'0362。池田のこうした考えは、アメリカ局北米課「池田総理、ラスク国務長官会談要旨」1964年1月28日、RG59, Lot Files, Bureau of East Asia Pacific, Office of East Asian Affairs, Central Files, 1947-64, Entry 5315, box 7.NA. Memorandum of Conversation, 1964.1.28『日

米関係資料集　1945-97』594-596頁、でも確認できる。
43) 自由民主党「一問一答集」1962年。
44) 欧亜局「大平大臣訪欧用会談要領案」1962年8月31日、外交記録A'0357。
45) 前掲「第10回アジア・太平洋地域公館長会議記録（上巻）」。
46) 『朝日年鑑』1962年度版、朝日新聞社、301頁。「東南アジア関係資料〔「ビルマ事情」ほか〕」1961年10月、外交記録A'0357。アジア局南西アジア課「ビルマ賠償再検討問題に関する最終交渉（於東京、昭和38年1月）経緯」外交記録B'0185。
47) 日本とインドネシアの関係を扱った最新の研究として、宮城大蔵『戦後アジア秩序の模索と日本』（創文社、2004年）。
48) 矢口発小坂宛「アウンジー准将訪日招待の件」1961年6月30日、外交記録A'429。
49) 矢口発小坂宛「アウン・ジー准将の訪日に関する件」1961年7月29日、外交記録A'429。
50) 小坂発矢口宛「オン・ジー准将の訪日招請に関する件」1961年8月2日、外交記録A'429。
51) 矢口発小坂宛「オンジー准将の訪日招請の件」1961年8月19日、外交記録A'429。
52) 前掲「東南アジア関係資料〔「ビルマ事情」ほか〕」、経済局アジア課「最近の中緬経済関係」1961年10月、外交記録B'0185。
53) Chi-shad Liang, *Burma's Foreign Relations: Neutralism in Theory and Practice* (New York: Praeger, 1990). chapter 5. 佐久間平喜『ビルマ（ミャンマー）現代政治史　増補版』（勁草書房、1984年）。
54) 矢口発小坂宛「オンジー准将の訪日招請の件」1961年8月19日、矢口発小坂宛「オンジー准将訪日に際し談話の件」1961年8月29日、外交記録A'429。
55) 前掲、矢口発小坂宛「オンジー准将訪日に際し談話の件」。
56) 矢口発小坂宛「オンジ准将の訪日に関する件」1961年9月1日、第244号、外交記録A'429。
57) 矢口発小坂宛「アウン・ジー准将の訪日に関する件」1961年9月2日、第568号、外交記録A'429。
58) ア西「池田総理、オン・ジィ准将会談要旨」1961年9月8日、外交記録A'429。
59) 佐久間、前掲書、54頁。
60) ア西「小坂大臣、オン・ジィ准将会談要旨」1961年9月8日、外交記録A'429。
61) 佐久間平喜元アンカレッジ総領事へのインタビュー、2007年12月2日。インタビューに応じて下さった佐久間氏に、記して謝意を表したい。
62) アジア局総務参事官室「第12回アジア・太平洋地域公館長会議議事要録」1963年8月、外務省情報公開2004-00480。
63) アジア局「池田総理アジア4カ国（パキスタン・インド・ビルマ及びタイ）訪問の際

の各国首脳との会談要旨」1962年4月、外交記録A'0357。「池田総理とパキスタン大統領との会談に関する件」1961年11月19日、外交記録A'0358。
64) 同前。
65) 同前。
66) 「池田・ウ・ヌ両首相会談の件」1961年11月26日、外交記録A'0358。
67) 同前。
68) 同前。
69) 同前。
70) 『朝日新聞』1961年11月25日。
71) 『読売新聞』1961年11月30日、『毎日新聞』『朝日新聞』1961年12月1日。
72) アジア局南西アジア課「池田総理のアジア四カ国(パキスタン・インド・ビルマ及びタイ)訪問」1962年4月、外交記録A'0357。
73) 『朝日新聞』1961年11月25日、夕刊。
74) Rangoon Embassy to Department of State, A101, 1962.8.14, NSF, box 16.JFKL.
75) 佐久間、前掲書、211-214頁。前掲「東南アジア関係資料〔「ビルマ事情」ほか〕」。
76) Memorandum of Conversation, Survey of Asian Problems, 1961.11.2, ESCF,1949-63, Entry 3051B, box 267. NA.
77) Tokyo Embassy to Department of State, First Meeting of the Joint United States-Japan Committee on Trade and Economic Affairs, November 2,3, and 4, 1961, 1961.11.13, ESCF, 1949-63, Entry 3051B, box 266.NA.
78) 樋渡由美「岸外交における東南アジアとアメリカ」『年報　近代日本研究』第11号(山川出版社、1989年)226頁。
79) アメリカ局北米課「池田総理、ロバート・ケネディー司法長官会談の件」1962年3月5日、外交記録A'0401。
80) Sutterlin to Department of State, 1962.1.31, RG 84, Records of the U.S. Foreign Service Posts, Japan, Tokyo Embassy(hereafter FSPTE), 1962, box 85, NA.
81) Tokyo Embassy, "Visit of Governor Averell Harriman, Assistant Secretary for Far East, March, 1962", FSPTE, 1962, box 82, NA.
82) 亜西「南西アジア情勢」1962年8月17日及び欧亜局「大平大臣訪欧用会談要領案」1962年8月31日、外交記録A'0357。
83) 矢口発大平宛「ネウィン大将日本招待方に関する件」1962年8月1日、第261号、外交記録A'429。
84) 欧亜局「池田総理訪欧資料」1962年10月25日、外交記録A'0365。
85) アジア局「ビルマ賠償再検討問題」1962年9月4日、外交記録B'0815。
86) 前掲「池田総理訪欧資料」。

87) 欧亜局「池田総理訪欧の際の会談要旨」1962年12月、外交記録A'0363。
88) アジア局「ビルマ賠償再検討交渉方針案」1963年1月4日、外交記録B'0185。
89) ア西「ビルマ賠償再検討問題交渉方針に関する各省会議要旨」1963年1月9日、外交記録B'0185。
90) アジア局「ビルマ賠償再検討第一回全員会議議事録」1963年1月14日、ア西「第三国に及ぼすべき影響及びその対策」1960年10月4日、外交記録B'0185。
91) 根本発大平宛「ビルマ賠償再検討東京会議に関する報道の件」1963年1月22日、第53号、外交記録B'0185。
92) アジア局「大平、アウン・ジー両大臣非公式会談(第1回)議事録」1963年1月14日、外交記録B'0185。
93) アジア局「ビルマ賠償再検討交渉第4回非公式会談議事録」1963年1月18日、外交記録B'0185。
94) アジア局「大平・アウン・ジー両大臣非公式会談(第5回)議事録」1963年1月21日、外交記録B'0185。
95) アジア局「大平・アウン・ジー両大臣非公式会談(第6回)議事録」1963年1月22日、外交記録B'0185。
96) 小田部大使「1月23日夜の大平・オンジー両大臣非公式会談議事要旨」1963年1月23日、外交記録B'0185。
97) 『読売新聞』1963年1月25日。
98) アジア局「大平・アウン・ジー両大臣非公式会談(第7回)議事録」1963年1月24日、外交記録B'0185。
99) British Embassy, Rangoon to the Earl of Home, "Burmase-Japanese Reparations Agreement", 1963.4.24, British Embassy, Tokyo to the Earl of Home, "Japan Burma Reparation Agreements reached on January 25", 1963.2.4, *Foreign Office files for Japan and the Far East: series two, British Foreign Office files for post-war Japan, 1952-1980* (hereafter *FOJF*) (Wiltshire: Adam Matthew Publications, 1998, microfilm), r126.
100) 前掲「ビルマ賠償再検討東京会議に関する報道の件」。
101) 前掲「ビルマ賠償再検討問題」。
102) 佐久間平喜氏インタビュー、2007年12月7日。『朝日新聞』1963年1月25日、『毎日新聞』1963年1月25日も参照。
103) 佐久間、前掲書、71頁。
104) 小田部発大平宛「ネウィン准将に対する訪日招請に関する件」1963年5月21日、第319号、外交記録A'429。
105) 小田部発大平宛「ア准将の辞職に関する件」1962年2月10日、第98号及び小田部発

大平宛「ア准将の辞職に関する件」1962年2月10日、第94号、外交記録B'0815。
106) ア西「アウン・ジイ准将の下野の原因について」1963年2月15日、外交記録B'0185。欧亜局も同様の懸念を持っていた（欧亜局英連邦課「池田総理、大平大臣とヒューム英外相との会談 I 発言資料」1963年3月26日、外交記録A'0411）。
107) British Embassy, Rangoon to the Earl of Home, 1963.4.24, *FOJF*, r126.
108) 根本発大平宛「賠償再検討交渉の妥結に関する新聞報道の件」1963年1月26日、第60号、根本発大平宛「賠償交渉妥結に関する各界反響の件」1963年1月30日、第71号、及びア西「賠償交渉妥結に対するビルマ側反響」1963年1月31日、外交記録B'0185。
109) 南西アジア課「第2回日英定期協議第1回事務レベル会談におけるアジア局長発言要領」1964年4月23日、南西アジア課、無題（第2回日英定期協議用資料）、1964年4月15日、外交記録A'427。
110) CIA, Office of National Estimate, "Outlook in Burma", 1963.4.17, Rangoon Embassy to Department of State, no. 556, 1962.6.1, NSF, box 16.JFKL.
111) Ball to the President, "The Burma Problem", 1963.5.4, NSF, box 16.JFKL.
112) Read to Bundy, "Appointment with the Presient for Ambassador Henry A. Byroade", 1963.9.5,NSF, box 16.JFKL.
113) 南西アジア課「第2回日英定期協議用資料」1964年4月15日、外交記録A'427。
114) Tokyo Embassy, "Visit of Governor Averell Harriman, Assistant Secretary for Far East, March, 1962", 1962. 3. 23, FSPTE, 1962, box 82, NA.
115) Memorandum of Conversation, "Luncheon Meeting between the Secretary of State and Foreign Minister Ohira of Japan", 1962.12.4, *United States and Japan; Diplomatic, Security and Economic Relations, 1960-1976*, (hereafter *USJ*) The National Security Archive, 2000, microfiche, sheet 29.
116) *Ibid*.
117) 佐久間平喜氏へのインタビュー、2007年12月2日。
118) 前掲「第12回アジア・太平洋地域公館長会議議事要録」。
119) Oral History, Everton J. Scott (Ambassador to Burma), JFKL.
120) CIA, Office of National Estimate, "Outlook in Burma", 1963.4.17, NSF, box 16, JFKL.
121) 前掲「賠償交渉妥結に対するビルマ側反響」。
122) "Highlights from the Secretary's Policy Planning Meeting held May 5, 1964", 1964.5.11, *USJ*, sheet 50.

あとがき

　ジョージ・W・ブッシュ（George W. Bush）政権はテロを機会ととらえ、その戦いを前面に出しながら、イラクと中東全体の民主化に踏み出した。その結果、圧倒的軍事力で、サダム・フセイン政権をごく短期間のうちに崩壊させることができた。しかし、新生イラクを作り上げる占領過程で、さまざまな困難に直面している。民主党が議会で優位にたっており、ブッシュ政権のイラク政策に反対しているし、アフガニスタンにおいても、アメリカの展望があまり明確とはいえず、混沌とした状況になっている。通常、大統領選挙では国内問題が大きな争点になることが多いが、2008年の大統領選挙は例外的にイラク問題を中心とした外交問題が大きな争点だ。

　アメリカ外交史において、ブッシュ政権の外交政策とは特殊なものなのだろうか、それとも、アメリカ外交の伝統を受け継いでいるのであろうか。そういったアメリカ外交の特徴を再検討することによって、現在のアメリカを理解する一助としたい。本書では、アメリカ外交の特長を抽出するという点を共通の問題意識としてもち、さまざまなバックグランドをもつ9人の研究者が理論研究と事例研究を行った。また、イデオロギーの統一をおこなわず、保守的な見解を持つ方と革新的な意見の方の論稿をひとつの本に並存させた。この多様性こそ本書の最大の特長である。

　本書出版の契機を与えてくれたのは大学教育出版の佐藤守社長である。さらに、大学教育出版からの寄付金によって2008年度、大阪大学に寄付授業科目「国際政治を考える―アメリカ外交の分析：歴史的展開と現状分析―」を設置することができた。佐藤社長に心より御礼申し上げたい。また、厳しい日程の中、編者の修正要請などに真摯にかつ迅速に応えてくれた執筆者の皆様にも感

謝申し上げたい。
　最後に、3人の子供の育児という裏方に徹する昌子の存在があってこそ、本書の執筆と編集に携わることができた。知音女房に多謝。

2008年2月

兵庫県川西市の自宅にて
杉田　米行

執筆者紹介

序章、あとがき　杉田　米行（すぎた　よねゆき）（編者）

1962年大阪生まれ。大阪大学言語文化研究科准教授。主な著書に Mark E. Caprio and Yoneyuki Sugita eds., *Democracy in Occupied Japan: The U.S. occupation and Japanese politics and society* (New York: Routledge, 2007); *Pitfall or Panacea: The Irony of US Power in Occupied Japan 1945-1952* (New York: Routledge, 2003);『ヘゲモニーの逆説：アジア太平洋戦争と米国の東アジア政策、1941年－1952年』（世界思想社、1999年）など。

第1章　大賀　哲（おおが　とおる）

1975年東京生まれ。英国エセックス大学政治学部博士課程修了（Ph.D.）。九州大学大学院法学研究院・准教授。主な業績に「『帝国』の内なる相対化―グローバル・テロリズムと正戦／リアリズム論争」杉田米行編『アメリカ〈帝国〉の失われた覇権』三和書籍、2007年；「安全保障とアイデンティティ－ASEAN地域フォーラム（ARF）における予防外交の展開とアジア地域主義」杉田米行編『アジア太平洋地域における平和構築』大学教育出版、2007年；「国際関係思想研究にむけて―国際政治学からの視座」『創文』2006年10月号など。

第2章　三牧　聖子（みまき　せいこ）

1981年東京生まれ。東京大学大学院総合文化研究科博士課程。2006年度イェール大学マクミランセンター調査研究員、2007年度より日本学術振興会特別研究員。主な業績に、「リベラリスト石橋湛山の『リアリズム』― リベラルな政治闘争」『国際政治』152号（日本国際政治学会、2008年）など。

第3章　西川　秀和（にしかわ　ひでかず）

1977年大阪生まれ。早稲田大学社会科学研究科博士後期課程満期退学。早稲田大学国際言語文化研究所客員研究員・大阪大学非常勤講師。最近の業績：『昭和天皇の全国巡幸』（アーカイブス出版、2008年）、「ベルリン封鎖と1948年の大統領選」『社学研論集』10（早稲田大学社会科学研究科、2007年）、「ケネディ大統領のレトリック：キューバ危機を事例として」『社学研論集』9（早稲田大学社会科学研究科、2007年）など。

第4章　高光　佳絵（たかみつ　よしえ）

1970年生まれ。2000年、一橋大学大学院博士後期課程修了、博士（法学）。現在、千葉大学大学院人文社会科学研究科助教。主な著書に『アメリカと戦間期の東アジア ―― アジア・太平洋国際秩序形成と「グローバリゼーション」』（青弓社、2008年刊行予定）、服部龍二・土田哲夫・後藤春美編『戦間期の東アジア国際政治』（共著、中央大学出版部、2007年）、「華北分離工作をめぐる国際関係―米国国務省極東部の政策転換」『国際政治』第148号（2007年3月）、「アメリカ外交における中国治外法権撤廃問題と互恵通商協定」『史学雑誌』第110編第9号（2001年9月）、ルイーズ＝ヤング著、加藤陽子・川島真・高光佳絵・千葉功・古市大輔訳『総動員帝国』（共訳、岩波書店、2001年）など。

第5章　佐々木　豊（ささき　ゆたか）

1959年東京生まれ。米国ラトガーズ大学 Ph.D.（歴史学、2005年）。相愛大学人文学部教授。主著："The Struggle for Scholarly Objectivity: Unofficial Diplomacy and the Institute of Pacific Relations from the Sino-Japanese War to the McCarthy Era." Ph.D. dissertation, Rutgers

University, New Brunswick, 2005；『現代アメリカの外交 ― 歴史的展開と地域との諸関係』（分担執筆）（ミネルヴァ書房、2005年）；「ロックフェラー財団と太平洋問題調査会 ― 冷戦初期の巨大財団と民間研究団体の協力／緊張関係」『アメリカ研究』37号、2003年など。

第6章　藤原　郁郎（ふじわら　いくろう）

コロンビア大学大学院社会科学計量方法論研究科卒。大阪大学外国語学部、アジア太平洋大学非常勤講師。主な論文に "Dilemma in American Gun Society: Quantitative Analyses of Brady and Shall-Issue Laws with Fifty-State Panel Data,"（『大阪外国語大学論集36号』、2007年）など。

第7章　Mark E. Caprio（マーク・E・カプリオ）

1957年米国生まれ。立教大学異文化コミュニケーション学部教授。主な著書に Mark E. Caprio and Yoneyuki Sugita eds., *Democracy in Occupied Japan: The U.S. occupation and Japanese politics and society* (New York: Routledge, 2007); マーク・E・カプリオ編『近代東アジアとグローバリゼーション』（東京：明石書店、2007）など。

第7章　島村　直幸（しまむら　なおゆき）（翻訳者）

1970年東京生まれ。中央大学など非常勤講師。主な論文に「冷戦後の大統領と議会 ― 共和党多数議会の成立とクリントン政権の外交」吉原欽一編『現代アメリカの政治権力構造 ― 岐路に立つ共和党とアメリカ政治のダイナミズム』（日本評論社、2000年）；「〈書評論文〉アメリカ議会と対外政策プロセス」『国際政治』第133号（2003年）、翻訳にヘンリー・ナウ（村田晃嗣ほか訳）『アメリカの対外関与 ― アイデンティティとパワー』（有斐閣、2005年）など。

第8章　吉次　公介（よしつぐ　こうすけ）

1972年長崎生まれ。沖縄国際大学法学部准教授。博士（政治学）。主な論文に、「知られざる日米安保体制の"守護者" ― 昭和天皇と冷戦」『世界』2006年8月号、「池田＝ケネディ時代の日米安保体制」『国際政治』126号、2001年など。

■編者紹介

杉田　米行（すぎた　よねゆき）

1962年大阪生まれ。大阪大学言語文化研究科准教授。主な著書に Mark E. Caprio and Yoneyuki Sugita eds., *Democracy in Occupied Japan: The U.S. occupation and Japanese politics and society* (New York: Routledge, 2007); *Pitfall or Panacea: The Irony of US Power in Occupied Japan 1945-1952* (New York: Routledge, 2003);『ヘゲモニーの逆説：アジア太平洋戦争と米国の東アジア政策，1941年－1952年』（世界思想社，1999年）など。

アメリカ・アジア太平洋地域研究叢書　第2巻

アメリカ外交の分析
― 歴史的展開と現状分析 ―

2008年4月15日　初版第1刷発行

■編　　者──杉田米行
■発　行　者──佐藤　守
■発　行　所──株式会社 大学教育出版
　　　　　　　　〒700－0953　岡山市西市855－4
　　　　　　　　電話(086)244－1268㈹　FAX(086)246－0294
■印刷製本──サンコー印刷㈱
■装　　丁──原　美穂

Ⓒ Yoneyuki Sugita 2008, Printed in Japan
検印省略　　落丁・乱丁本はお取り替えいたします。
無断で本書の一部または全部を複写・複製することは禁じられています。

ISBN978－4－88730－832－9